儒家美學 × 道家哲學 × 禪宗實踐
靜觀生活的美，古代文人日常融入現代文化

劉悅笛，趙強 著

中國古典生活美學

將儒家、道家、禪宗的美學思想融入生活
生活中的古典美學，讓日常瞬間轉化為永恆的藝術

◎禪意生活，禪茶一味中領悟生活的精緻與深遠
◎風雅集，琴棋書畫，品味古代文人的智慧與藝術
◎從孔子到庖丁，且看美學如何塑造文人生活的每一面
◎書畫、花道，古典藝術滲透現代家居，美化心靈與居所

目錄

前言
從生活的美學到審美的生活

　　我們的時代，生活愈來愈審美化，「生活美學」應運而生。

　　生活美學，既是「全球美學」，也是「中國美學」。

　　生活美學，之所以成為全球美學的最新主潮，成為中國美學的最新思潮，實因生活藝術化與藝術生活化之世界大勢。然而，中國美本然就是生活美。中國人據於儒，依於道，逃於禪，形成了活生生的審美生活傳統。從中西交流來看，這世界「既平且美」！

　　生活美學，既是當代美學，又是古典美學。

　　當代人，既需要全球的生活美學，又需要審美的中國生活。中國美學不只是西學的「感」學，而更是本土的「覺」學。美學恰是一種幸福之學，生活美學生根於華夏，由此「審美代宗教」才可能成就理想之路。從古今交融來看，這世界「風月無邊」！

　　生活美學，既是感覺之學，亦是踐行之道。

　　生活美學並非玄學空論，而是要真正融入生活中。宗教要回答「生活值得過嗎」，美學則回應「何種生活值得追求」，美學遂成第一哲學。沒有宗教的生活有何種意義，恰恰是全球的未來難題，中國生活美學智慧或許可以提供一個全新的答案。從知行交合來看，這世界「大美生生」！

　　這便是生活美學得以生存的理由，它不為美學而存活，而為生活而存在。

　　我們要的，並非生活的美學，而是審美的生活……

上篇

生活成美：據於儒・依於道・逃於禪

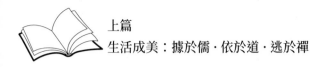
第一章
從「孔顏樂處」到「儒行之美」

禮作於情。

—— 《性自命出》

樂其生，遂其性。

—— 程頤〈養魚記〉

（孔子）其教人也，則始於美育，終於美育！

—— 王國維〈孔子之美育主義〉

為何吾人文明古國，被稱為「禮儀之邦」[001]？因由古至今，中國自有一派「禮樂風景」！

先賢孔子「給人們以整個的人生。他使你無所得而暢快，不是使你有所得而滿足；他使你忘物、忘我、忘一切，不使你分別物我而逐求。怎能有這大本領？這就在他的禮樂」[002]。

禮樂，這種「人世的風景」，曾被分而觀之：樂是「風」，禮是「景」。[003]

---

[001] 目前，已有論者指出「禮儀之邦」乃「禮義之邦」的誤寫，但無論怎樣說，「禮儀之邦」卻更能為中國民眾所接受，「禮義之邦」傾向於將中國描述為單純的倫理社會，「禮儀之邦」則是另有一番風度與風貌。
[002] 梁漱溟：《中國民族自救運動之最後覺悟》，上海中華書局1933年版，第68頁。
[003] 胡蘭成：《中國的禮樂風景》，中國長安出版社2013年版，第61頁。

中國人世的風度與世間的景緻，都濡化著「儒家之美」，自宋以後的儒生就常論常新的，這種「美」意與「樂」意，即「孔顏樂處之意」！

「尋孔顏樂處，所樂何事？」此乃宋明理學之後，孔門儒學的核心議題之一。

明清之際的泰州學派，更以「樂」為立學旨歸，其創始人王心齋的〈樂學歌〉有唱：

樂是樂此學，學是學此樂。不樂不是學，不學不是樂。樂便然後學，學便然後樂。樂是學，學是樂。於乎，天下之樂，何如此學。天下之學，何如此樂！[004]

此學，指「求聖求賢」；此樂，即「孔顏樂處」。

這就要從讚美儒生的「風月無邊」談起。

▶「風月無邊」需吟風弄月

「風月無邊」與儒家何干？儒家豈能「風花雪月」？

「風月無邊」，這個看似風花雪月的老詞，居然不是野道與狂禪之妄論，而是語出自表面上規規矩矩、非禮勿動的儒生。

那位南宋大儒朱熹，儘管一心嚮往存天理而滅人欲，但在為另一位老前輩濂溪先生勾勒人品素描的時候，卻嘆其曰：「風月無邊，庭草交翠」。[005]朱老夫子在讚美儒學同道的時候，竟如此詩意盎然。殊不知，他也有「萬紫千紅總是春」和「昨夜江邊春水生」的名詩名句。看來，濂溪

---

[004] 王艮著，陳祝生等點校：《王心齋全集》，江蘇教育出版社 2001 年版，第 54 頁。
[005] 朱熹：《晦庵先生朱文公文集》卷八十五《六先生畫像·濂溪先生》，《四部叢刊》本，上海商務印書館 1939 年影印版。

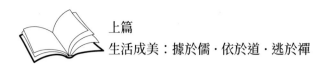
先生真「活得」更有詩意了。

這位濂溪先生，就是周敦頤。畢生獨愛蓮花的他，在〈愛蓮說〉裡面，以「中通外直，不蔓不枝，香遠益清，亭亭淨植」之蓮，作為人格的象徵。千古名言「出淤泥而不染，濯清漣而不妖」似乎成了宋朝之後儒生的修身之標尺：渾濁的現實如淤泥，高潔的人格似青蓮。

原來，「風月無邊」也本不是描繪風景的，而是言說人物的。後世的文人墨客皆用「風月無邊」或「無邊風月」寫客觀之景、抒主觀之情，而且都與古代名勝相聯。岳陽樓三樓的東西兩聯就短短八字──「水天一色，風月無邊」，落款為「長庚李白書」，不知真假。就連乾隆帝下江南，行至西湖，也曾為「無邊風月」亭題寫了匾額。那麼，為何可對一位儒生贊曰「風月無邊，庭草交翠」呢？分明「風月」是言天際的，「庭草」則是說家院的，究竟與人何關？與儒何涉？

有趣的是，後世人描摹濂溪先生的為人，還常常用「光風霽月」這樣意思差不多的詞語。

「光風霽月」這般的美景，時常出現。「光風」，乃雨後初晴之際的風；「霽月」，指雨雪初止之時的月。儒生倘若能得此風月，乃是說他的人格達到了某種高境。如此清新明淨之勝景，用來描繪儒者之精神境界，可謂妙哉！在這境與界裡面，充溢著中國人活生生的美感。

無論是「風月無邊」還是「風光霽月」，都需要有人來「吟風弄月」。而這人，就是那位被贊為「風月無邊，庭草交翠」的北宋大儒──濂溪先生。

▶「庭草交翠」有生生之意

先來說「庭草交翠」。

話說北宋理學家程明道（程顥）、程伊川（程頤）兩兄弟，曾共學於濂溪先生。據《二程遺書》所記：

> 周茂叔窗前草不除去，問之，云：「與自家意思一般。」即好生之意，與天地生意如一。[006]

好個「與自家意思一般」！為何自我生生的雜草，卻能比擬為儒生的「本意」呢？

究其實質，乃是由於「仁心」，乃是由於內在的仁心發揚光大，而推及萬物，仁者與萬物俱化，皆有「生生之意」。難怪，程明道還說過「觀雞雛，此可觀仁」[007]，就連雞雛這樣的小生命都可以見「仁」矣。

上面這段短短的記載，勾勒出一位樸質自然的儒生形象。書窗前雜草叢生，卻始終不除，人們奇怪而問之，便言「見春草而知造物生意」。萬事萬物都有「生生之意」，而仁者乃本有「好生之意」。只有如此這般，如此這樣的人，才能達到那種生生不已的「仁學天地」。

這「與仁同體」，不僅弟子程明道當場便頓悟參透，而且直到明代儒者王心齋那裡，也相當明瞭：

> 周茂叔「窗前草不除」，仁也。明道有覺，亦曰：「自此不好獵矣。」此意不失，乃得滿腔子是惻隱之心。故其言曰：
>
> 「學者須先識仁，仁者渾然與物同體。」[008]

---

[006] 程顥、程頤著，潘富恩導讀：《二程遺書》，上海古籍出版社 2000 年版，第 112 頁。
[007] 程顥、程頤著，潘富恩導讀：《二程遺書》，上海古籍出版社 2000 年版，第 111 頁。
[008] 王艮著，陳祝生等點校：《王心齋全集》，江蘇教育出版社 2001 年版，第 9 頁。

程顥（1032—1085）和程頤（1033—1107）

「仁者渾然與物同體」，活脫脫一派人與天地合體的儒學高境，人道與天道遂而並流同一：不僅人心皆「仁」，而且天地俱「仁」。

人心滿仁，則「滿腔子是惻隱之心」；萬物皆仁，則「仁體充塞乎天地人物而無間矣」[009]。這種與仁同體，實乃物我合一，亦即「在我者亦即在物，合吾與物而同為一體」[010]。這「仁」本就是生生的，否則那就會「麻木不仁」。

濂溪先生之後，先有「理學」大興，後有「心學」崛起，但都不離此「生生」之意，從而走出了一門不同於原始儒家的「新仁學」。

理學大宗朱熹，就直接從「生意」的角度推仁，認定「仁是天地之生

[009] 羅汝芳：《盱壇直詮》上卷，廣文書局 1997 年版，第 66 頁。
[010] 羅洪先：《念庵羅先生集》卷一《答蔣道林》，《四庫全書存目叢書》集部第 89 冊，齊魯書社 1997 年版，第 491 － 492 頁。

氣」，春之生氣長於夏，遂於秋而成於冬，並與仁、義、禮、智相對，但
他卻鮮言仁者與天地為一；而心學祖師陸九淵，則從孩童時代起，就省悟
出「宇宙內事乃己分內事，己分內事乃宇宙內事」之道理，緣由就在：「人
與天地萬物，皆在無窮之中者也」！

上文說到，當哥哥的程明道有感於其師的雜草不除，甚至從此「不好
獵」矣！這令人又想起弟弟程伊川的故事。他年輕的時候，看到家人買小
魚餵貓，於是不忍之心頓生，遂選擇了百餘條能活的魚，養於書齋之前的
石盆池裡，「大者如指，細者如箸」，終日觀賞，「始舍之，洋洋然，魚之
得其所也；終觀之，戚戚焉，吾之感於中也」。伊川究竟由此「感」到了
什麼？那便是他所說的「樂其生」而「遂其性」。儒生觀魚，乃是返回到
內心的「誠」意，並由條條小魚推廣到世界萬物：「生汝誠吾心。汝得生
已多，萬類天地中，吾心將奈何？魚乎！魚乎！感吾心之戚戚者，豈止魚
而已乎？」

觀魚，這原本是道門莊學長項，漢唐諸代的儒生們鮮有論之，但到了
宋明之際，卻常被提及，北宋儒生張九成就欲由觀魚窺見「造物生意」：

張橫浦曰：明道書窗前有茂草覆砌，或勸之芟。曰：「不可。欲常見
造物生意。」又置盆池，畜小魚數尾，時時觀之。或問其故，曰：「欲觀
萬物自得意。」草之與魚，人所共見，唯明道見草則知生意，見魚則知自
得意。此豈流俗之見可同日而語？[011]

「觀萬物自得意」，豈能為流俗所見？此乃「觀天地生物氣象」也！

一方面，從萬物角度講，正如程明道所體悟到的——「萬物靜觀皆
自得」；另一方面，從仁者角度論，正如張橫浦所體悟到的——「欲常

---

[011] 黃宗羲：《宋元學案》卷五，中華書局 1986 年版，第 38 頁。

見造物生意」。其實，「萬物靜觀皆自得」這句詩還有後三句，「四時佳興與人同，道通天地有形外，思入風雲變態中」，明道與橫浦之義是大體相通的。

《中庸》中引過《詩經》的一句話：「鳶飛戾天，魚躍於淵」，充滿了「活潑潑」的生意之美。後代的儒生們，在反反覆覆體會這段話的深意，闡發《中庸》「發育萬物」之智慧。程顥認為，如若「會得時，活潑潑地；不會得時，只是弄精神」[012]。關鍵就在於，真正地體會到鳶飛魚躍的「天地之化」，否則那只是徒然解詞而已。

「活潑潑地」，故充滿生氣，「鳶飛魚躍」，故怡然自得，由此，方能得到儒家所謂「反身而誠，樂莫大焉」之「大樂」。

所以，泰州學派的創始者王心齋與極端儒生羅近溪就此分別贊曰：

天性之體，本自活潑。鳶飛魚躍，便是此體。[013]
鳶飛魚躍，無非天機。聲笑歌舞，無非道妙。發育峻極，眼前即是。[014]

上至天，鳶飛於天，下至地，魚躍於淵，天地滿溢生機，活潑潑地氣象，真是一派「吾與生生」之景呀！

▶「孔子閒居」為與天地參

剛才說到了周敦頤的幽居之樂，那麼，孔子本人是如何「居」的呢？
所幸《禮記》裡面，有一篇重要的文字 —— 〈孔子閒居〉。閒居，此

---

[012] 程顥、程頤：《二程集》，中華書局 1981 年版，第 59 頁。
[013] 黃宗羲：《明儒學案》卷三二《泰州學案一》，中華書局 2008 年版，第 711 頁。
[014] 羅汝芳：《盱壇直詮》下卷，廣文書局 1997 年版，第 69 頁。

一個「閒」字，就已經將孔子所具有的那種閒情和盤托出，但此「閒」實卻「不閒」。

的確，與實現政治理想相比，與在外謀求功事相較，孔子似乎更喜歡獨自居家時的「申申如也，夭夭如也」。換句話說來，有誰不喜歡那種無拘無束、閒適散淡的居家生活，反倒喜歡為了功名利祿碰得頭破血流呢？然而，孔子的本意，似乎並沒有那麼簡單。

「孔子閒居」的目的，乃在於以「仁」與天地參！

如此看來，宋明理學試圖以孟學對孔學返本開新，其所倡導的「新仁學」取向，即內現「心體」之仁而外顯天地之仁，起碼在《禮記》那裡就已初見端倪，其時的孔子就有了參贊天地的智慧。

焦秉貞 〈孔子聖蹟圖・退修詩書〉清代
現藏於美國聖路易斯美術館

在孔子看來，這「原」，實乃指向了文明的人性化與自然化的本源，實乃在於「仁」矣！

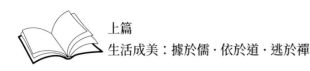
「仁」既為禮樂之發，又化形為禮樂，實為禮樂之本。孔子實乃將這種「仁愛」無限外推，直至推廣到整個天地之間！

所以說，只有回返到「禮樂之原」，才能獲得雙重的效果：一是「致五至」，二是「行三無」！

何為「五至」呢？按照〈孔子閒居〉所記，孔子對答說：

> 志之所至，詩亦至焉；詩之所至，禮亦至焉；禮之所至，樂亦至焉；樂之所至，哀亦至焉。哀樂相生，是故正明目而視之，不可得而見也；傾耳而聽之，不可得而聞也。志氣塞乎天地，此之謂五至。[015]

所謂「五至」，就是志至、詩至、禮至、樂至與哀至。而且，這五者是按順序通貫到底的。作為民之父母，一定要做到「君子以正」。由內心之志出發，志發而為詩，以詩言志。興於詩，進而據於禮，禮又與樂配，回返到哀，最初哀樂相生，使得志滿天地。只要達到了此種境地，才能先知四方之敗，而免民於水火之虞。

進而，何為「三無」呢？

簡單地說，就是「無聲之樂」「無體之禮」與「無服之喪」。

這種「三無」精神，實乃君子要身體力行的。孔子引用《詩經》的三句詩，分別來解這「三無」到底意味何事：

其一，《詩經》云「夙夜基命宥密」，乃「無聲之樂」也。這是說，文武二王行安民之政，朝夕謀政既寬又靜，百姓由此獲得的愉悅心境，猶如充塞天地的美妙音樂。

其二，《詩經》云「威儀逮逮，不可選也」，乃「無體之禮」也。這是說，高尚的道德品質自然外化出來，從而形成了「安和之貌」，達到濡化

---

[015] 鄭玄注，孔穎達疏，呂友仁整理：《禮記正義》下冊，上海古籍出版社 2008 年版，第 1940 頁。

世間的「聞習」效果。

其三，《詩經》云「凡民有喪，匍匐救之」，乃「無服之喪」也。這是說，奮不顧身地解救人民於苦難之中，從而以「至愛」的品性來救世。

由此，孔子極盡美言，來盛讚這種「三無」的精神：

無聲之樂，氣志不違；無體之禮，威儀遲遲；無服之喪，內恕孔悲。無聲之樂，氣志既得；無體之禮，威儀翼翼；無服之喪，施及四國。無聲之樂，氣志既從；無體之禮，上下和同；無服之喪，以畜萬邦。無聲之樂，日聞四方；無體之禮，日就月將；無服之喪，純德孔明。無聲之樂，氣志既起；無體之禮，施及四海；無服之喪，施於孫子。[016]

實際上，〈孔子閒居〉最初落實到君子如何「與天地參」的問題，孔子真是「高著一雙無極眼，閒看宇宙萬回春」呀！[017]

既然先王之德是「參於天地」的，那麼，效法他們的君子們也要「無私而勞天下」。君子的生命需克服「自私」的有限，而達於宇宙天地的「無私」境界，這也是由於四時庶物「無非教也」。人若達到「參天地」之境，必要效法天地日月的「無私」之德，奉獻出生命的至愛，從而與天地合流。

《易傳》有曰：「天地之大德曰生」，天行健，君子也當自強不息。後世的心學大師王陽明，亦深得此意——「仁人之心，以天地萬物為一體，訢合和暢，原無間隔」！[018]

這便是從孔子那裡得以開啟的「參贊化育」的生命智慧——徹達宇

---

[016] 鄭玄注，孔穎達疏，呂友仁整理：《禮記正義》下冊，上海古籍出版社 2008 年版，第 1942 頁。
[017] 陳獻章著，孫通海點校：《陳獻章集》，中華書局 1987 年版，第 649 頁。
[018] 王守仁著，吳光等編校：《王陽明全集（新編本）》第 1 冊，浙江古籍出版社 2010 年版，第 207 頁。

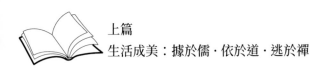

宙生命之一體性。這種明天地萬物一體之義，它已普遍浸漬於中華民族的心髓之中了。

▶出入之間的「吾與點也」

再詳說那「風月無邊」。

還是二程與他們的老師濂溪先生的故事。程明道曾回憶起這樣的一次相遇：

> 某自再見周茂叔後，吟風弄月以歸，有「吾與點也」之意！[019]

這「吟風弄月」，大概就與「風月無邊」相對，風可「吟」，月可「弄」，這都是一種瀟灑的審美心態使然。這便引申出「吾與點也」這段孔子的千古傳奇。

在整部《論語》裡面，記述孔子對話的〈先進〉篇，出現了一段罕見的完整段落：「四子侍坐」。與《論語》大都記述孔聖人的言行語錄不同，這段「侍坐」大概構成了其中最有故事情節的一段佳話。

侍坐的「四子」，就是孔子心愛的四個徒兒：子路、曾皙（又名曾點）、冉有和公西華，他們某日陪著孔子而坐，當時的故事情境大致是這樣的，孔子對弟子問道：你們都說沒人了解我，如果有人了解並任用你們的話，那你們會如何做呢？這時，師徒之間的對話由此展開。

以「勇」而著稱的子路迫不及待，他首先對答：

> 千乘之國，攝乎大國之間，加之以師旅，因之以饑饉，由也為之，比及三年，可使有勇，且知方也。

---

[019] 程顥、程頤著，潘富恩導讀：《二程遺書》，上海古籍出版社 2000 年版，第 112 頁。

　　這是軍事家的派頭。子路自誇，可以引領大軍周旋於諸國之間，並誇口說只用三年，就使得百姓們勇敢無畏並明曉此理。聽罷，孔子不禁笑了，那是由於「為國以禮，其言不讓」，這種不謙遜的大無畏態度，使孔聖人搖頭笑之。

　　接著出場的是那位善於理財的冉有，他沒有子路那樣的雄心膽略，但卻有經濟家的能力。他對答：

　　方六七十，如五六十，求也為之，比及三年，可使足民。如其禮樂，以俟君子。

　　只要給他一處小地方，不到三年，冉有自認就能使百姓富足，但要推行禮樂，那還得讓賢於君子呀。顯然，冉有不能以禮樂治之，但孔子認為，無論是五六十里還是六七十里的小地方，不仍是需禮樂之治的「國」嗎？大小又有何妨？

　　公西華似乎最為謙遜，但是他仍有政治家的胸懷。他對答：

　　非曰能之，願學焉。宗廟之事，如會同，端章甫，願為小相焉。

　　他自謙只能做個小相，勤加學習，穿著禮服，戴著禮帽，只能主辦祭祀和接待來賓而已。難道這位公西華所論並非「治國之事」嗎？孔子反而認為，無論是祭祀還是外交都是國事，但公西華所做的事仍為小事，關鍵是誰能做孔子心目中的「大事」呢？

　　最後，孔子才轉而問到了「習禮愛樂」的曾點，問他的志向究竟如何呢。

　　當時的曾點正在輕輕鼓瑟，看似散淡無語，卻在靜聽各位的高見。聽到老師問到自己，他鼓瑟的聲音漸漸稀落下來，鏗的一聲停止了彈奏，放下了瑟，說他的志向與三人大不相同，並對答：

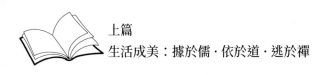

莫春者，春服既成，冠者五六人，童子六七人，浴乎沂，風乎舞雩，詠而歸。

剎那之間，這就為大家描畫出一幅美好的「暮春景象」。

由此，孔夫子喟然嘆曰：「吾與點也！」

這就是著名的「曾點之志」。

為何孔子唯獨讚賞了曾點呢？無論是子路的統攝千軍萬馬、冉有的走向國富民強，還是公西華的善於祭祀外交，在孔子看來無非是「各言其志」罷了。

按照儒家「出仕」的基本取向，征戰雖未必可取，但走富民與崇禮之路，似乎也理應大加讚許的。但孔子卻沒有，並在這三人走後，在與曾點的對答當中，一一指出了他們的缺憾，而獨賞曾點的志向。

從表面上來看，如果比較這四種人的四種「志」，子路、冉有和公西華的志向，無疑都是入世的，他們所做的都是此世積極的事業，而唯獨曾點則是一派出世的取向。因為，他拒絕了三位師兄弟的入世之舉，而要走一條「舞雩詠歸」的新路。

但事實上並非如此，下面我們就要證明，為何曾點看似要出世，其實也是入世之人。換句話說，曾點是貌「出」而實「入」的。「吾與點也」的出入之間，還是別有一番深入道理的。

問題還是那個老問題，為何孔子獨獨欣賞曾點「舞雩詠歸」的人生規劃呢？

焦秉貞〈孔子聖蹟圖・作歌丘陵〉 清代 現藏於美國聖路易斯美術館

▶「舞雩詠歸」之活潑現場

孔子之所以讚美曾點，難道就因為曾點是一位「遊玩家」嗎？

孔子不喜軍事家的勇猛與不謙，不喜經濟家的實用與小氣，不喜政治家的規約與謙恭，難道卻單單鍾情於「遊玩家」的灑脫與不羈嗎？

在曾點鼓瑟之後，那段「舞雩詠歸」的著名場景，大都被後世闡釋為一場春遊而已，而且還是一場乘興而來，盡興而歸的春遊。簡直就是一場「審美之遊」呀！從這個眼光看來，說曾點是孔門弟子當中最大的「審美家」，恐怕也不為過，而孔子本人也嚮往這種「審美的風度」。

那麼，這場春遊究竟能灑灑到何種程度呢？你大可如此想像一番，春暖花開，換上輕便著裝，偕五六個同道好友，帶六七個少年學子，如此愜意而輕鬆地沐浴於沂水之中，迎著和風，優遊於舞雩臺上，唱著歌曲，最終興盡而歸⋯⋯

今天的老百姓，曾用口頭語這樣「翻譯」說：「二月過，三月三，穿上新縫的大布衫。大的大，小的小，一同到南河洗個澡。洗罷澡，乘晚涼，回來唱個〈山坡羊〉。」哈哈，儘管是打油詩一首，但真是精妙好譯！

然而，我們要知道，真正的「歷史現場」是怎樣的，那個活潑的現場，到底承載與透露出哪些文化訊息。

也就是說，曾點帶著五六個冠者、六七個童子，他們到沂水去到底做什麼？幹嘛偏偏到祭壇那裡去遊覽？他們暮春去沐浴、乘涼，然後歌唱而歸，難道只是遊樂而已嗎？所謂「春沐風詠」之主要鵠的，究竟何在呢？

那就讓我們做些還原工作吧，去還原「舞雩詠歸」的歷史情境與文化場景。

與古本《論語》成書年代最為接近的兩種說法最有說服力。其中一種是「盥濯祓除（祓禊）」之說。

暮春者，季春三月也。春服既成，衣單袷之時，我欲得冠者五六人，童子六七人，浴於沂水之上，風涼於舞雩之下，歌詠先王之道，歸夫子之門。[020]

請注意，在這裡，儘管說的主要是祭祀，但是又被平添上了歌詠的內容，那就是所謂「先王之道」。這才是被歸於儒學孔門之下的真正緣由。因此可以說，這場祭祀實為儒生在授業嘛，但難道就是一場傳授儒學的純教學活動嗎？曾點由此也成了一位教育家？

根據另一種說法，曾點志向乃是主持雩祭。

「雩祭」即祈雨，從「雩」這個字形上就能看出，它是求雨的專祭。出於消災避難的目的，無論是臨大旱還是恐小旱，古人求雨的祭祀至關重

---

[020] 何晏：《論語集解》，《四部叢刊》本，上海商務印書館 1922 年影印版。

要。早在殷商之際，雩祭就已很流行，以農為本的周朝祈雨之習尤盛，宮中還專設了雩祭官與舞雩的巫女。

　　日本的漢學家西岡弘，甚至為曾點與其所攜帶的眾人都分配了「戲劇角色」：暮春三月雩祭之時，曾點穿上祭服，自任祭祀中的「神屍」，得冠者五六人為「工祝」，而童子六七人為「舞者」，他們行禊於沂水邊，然後在舞雩臺上祈雨，歌詠而饋祭神明。這種還原真的很徹底，演出的人物們，大大小小似乎都成了「神職人員」，頗令人會心一笑。

　　但追本溯源，這「雩祭」之說，較早還是中國漢代思想家王充所提出的精妙看法。

　　有趣的是，他認定曾點是「欲以雩祭調和陰陽」，這就又引入新的東西，也就是「陰陽調和之說」。這說明了，王充也是一位「還原者」，每個還原「舞雩詠歸」文化現場的人，都是從自己的歷史環境出發，就像王充難脫漢代的語境與情境一樣。

　　不管怎樣說，王充在《論衡·明雩》裡面，還是給我們展現出了更多歷史的真實訊息：

　　魯設雩祭於沂水之上。暮者晚也，春謂四月也。春服既成，謂四月之服成也。冠者、童子，雩祭樂人也。浴乎沂，涉沂水也，象龍之從水中出也。風乎舞雩，風，歌也。詠而饋，詠歌饋祭也，歌詠而祭也。[021]

　　你瞧，就連涉水沐浴時像「如龍出水」一般的隊形，都被王充深描了出來。王充不僅確定了具體的時節與樂人的角色，而且，「祭」無疑成了「舞雩詠歸」的核心 —— 因為從「風乎舞雩」、「詠歌饋祭」到「歌詠而祭」，都以「祭」一字貫之。

[021] 黃暉：《論衡校釋》，中華書局 1990 年版，第 674 － 676 頁。

　　由此得見，曾點的行為，可能與當時在魯國興盛的祭祀之禮直接相關，而不僅僅是一場春遊或授業活動。

　　所以說，曾點不是因「遊玩家」而被贊，那才是玩「物」喪「志」呀，而是由於他始終是為「習禮家」！他才是真正的「樂道者」！

　　而此「道」，非彼道，非老莊之「自然之道」。此「道」，乃《論語》所謂「士志於道」之道。曾點恰恰因走了這個「正道」，他的一番言論才說到了孔老夫子的心坎裡。徒言志，師喟嘆，乃是由於師徒二人心存戚戚焉！

　　曾點之志，乃是「士志於道」當中的最高之道！

▶「崇禮之美」的人格魅力

　　還是回到對「風月無邊」的解說。

　　說了這麼多，還得繞回那個故事，程顥看到他的老師周敦頤歸來的故事。周敦頤「吟風弄月而歸」，也就好似曾點「浴乎沂，風乎舞雩，詠而歸」。大多數的宋明理學家仍是以「儒」目「儒」心來言說此事，來讚美儒學「同道」與「同仁」的。

　　然而，要體悟到「曾點之志」，還得取決於接受者的境界所達到的程度。陸九淵在〈與姪孫睿書〉中就體悟說：「二程見茂叔後，吟風弄月而歸，有『吾與點也』之意，後來明道此意卻存，伊川已失此意。」[022]

　　兩個兄弟，兩個弟子，程顥與程頤，他們的感受竟是不同的，境界也是有差別的。這是由於，每個人的道德之境是分層次的，所以他們所能感受到的境界亦是有差異的。程顥恰恰感受到了曾點與孔子相通之處，然而，程頤卻沒有達到這個境界。還有另外相反的一種情況，那就是對於

---

[022] 陸九淵著，鍾哲點校：《陸九淵集》，中華書局 1980 年版，第 401 頁。

「曾點之志」過度闡釋。

再來看「風月無邊」這個詞的創造者朱熹，他是如何來看曾點的？在這位理學大師的眼裡，曾點竟有了自成一派的「曾點氣象」！這顯然是屬於「闡釋過度」的情況。

從理學家那裡開始，曾點就被賦予了某種「氣象」，而此前，則沒有人如此地將曾點推上神壇。說儒生有了「氣象」，似乎就說他近於聖人了。所以呢，「觀聖賢氣象」乃為宋明理學家所喜言。

所謂「聖人氣象」，是說聖人才獨有的氣象，而這氣象是由聖人人格生發出來的。在宋明理學那裡，先有功夫而後方有樂處，由此自然形成了聖人的氣度與格局、態勢與風度。所謂「孔子與點，蓋與聖人之志同，便是堯舜氣象也」[023]。

朱熹就這樣，以「誰知乾坤造化心」之胸懷，直接將曾點「聖化」了：

> 曾點之學，蓋有以見夫人欲盡處，天理流行，隨處充滿，無少欠闕。故其動靜之際，從容如此，而其言志，則又不過即其所居之位，樂其日用之常，初無捨己為人之意。而其胸次悠然，直與天地萬物上下同流，各得其所之妙，隱然自見於言外。[024]

這種說法讓人驚訝！毫無疑問，這就將「曾點氣象」推向了理學的至上高峰，也毋庸置疑，這巔峰也就是理學家生命理想的窮究之處。所以說，朱熹所求的「仁之全體」正是此境，須識得此處才會有「本來生意」。

在「天理流行，隨處充滿」的場景裡面，曾點之身中與心內都充滿了「美、大、聖、神」的光輝，這簡直就是孟子所說的「充實之謂美」！

---

[023] 朱熹：《四書章句集註》，中華書局 1983 年版，第 131 頁。
[024] 朱熹：《四書章句集註》，中華書局 1983 年版，第 130 頁。

曾點內在的道德光輝被放射了出來，而與天地相往來，這不就是朱熹讚美周敦頤的「風月無邊」嗎？周敦頤所吟之風與所弄之月，都因這般天地境界而「無邊無際」了。正如陳獻章所描述的那樣：「無內外，無終始，無一處不到，無一息不運。會此則天地我立，萬化我出，而宇宙在我矣！」[025]

北宋儒生邵雍所謂「不出戶庭，直際天地」[026]，所以才叫「風月無邊」！

然而，無邊並不是無極，而是在無邊與有邊之間，形成了有無相生的關聯。這也就是江右學派儒生羅洪先所說的「無內在可指，無動靜可分」之極境，也就是「所謂無在而無不在」。[027] 致力於弘揚心學的南宋儒生楊簡，他說得更為明顯：「天地有象、有形、有際畔，乃在某無際畔之中。」[028] 此言說到了點上。

然而，這些崇「理」而非崇「禮」的理學家，在將孔子及曾點的形象推到了「神聖」的地位之上。以朱熹為代表，他們把曾點之志過度道德化了，而程頤則沒有把握到風月而歸的「審美化」意味，只有在程顥那裡，美與善之間才是水乳交融、絕無隔閡的。

這種活潑潑的意味，在後代儒生那裡，透過理學對孟學的闡發，特別到了明朝就被體會為「舞雩趣味」。正如明代儒生陳獻章所說的那樣：

舞雩三三兩兩，正在勿忘勿助之間。曾點那些兒活計，被孟子一口打併出來，便都是鳶飛魚躍。[029]

但歷史的實情，究竟是怎樣的呢？

[025] 陳獻章著，孫通海點校：《陳獻章集》中華書局 1987 年版，第 217 頁。
[026] 邵雍著，郭彧整理：《邵雍集》，中華書局 2010 年版，第 413 頁。
[027] 羅洪先：《念庵羅先生集》卷一《答蔣道林》，《四庫全書存目叢書》集部第 89 冊，齊魯書社 1997 年版，第 491－492 頁。
[028] 楊簡：《慈湖先生遺書》，山東友誼出版社 1991 年版，第 963 頁。
[029] 陳獻章著，孫通海點校：《陳獻章集》卷五上冊，中華書局 1987 年版，第 217 頁。

法國漢學家格拉耐（M.Granet）的考證，變得更加明確也更加狹窄了。在他的還原裡，既沒有歌先王之歌的內容，也沒有如龍般出水的形式。「舞雩詠歸」的唯一目的即祈雨（而非布道），儀式的主要部分乃過河（而非沐浴）：

> 春天的季節（儘管時間有所變化，但無論如何也在春服做完之時）為了乞雨而在河岸進行祭禮。祭禮由兩組表演者參加，進行舞蹈和歌唱，然後以犧牲和饗宴而告終。儀式的主要部分是渡河。[030]

儘管，我們無法真正還原歷史的活動現場，其實也沒有任何人能做到（從王充到我們都是不同時代的「還原者」而已），但無論根據「祓除」還是「雩祭」的記載，曾點之志在於進行關乎「禮」的崇高化的活動，這基本上還是可以肯定的。

我們而今體會，孔子在《論語·先進》所說的「詠而歸」倒更像是「詠而饋」，不是唱著歌而歸返，而是返回後喝酒吃肉。這可是個大差異，「詠而歸」重在描摹心境，「詠而饋」重在實用滿足。

從「歸」到「饋」，理由何在？一方面，據《經典釋文》解：「歸」，「鄭本作饋，饋酒食也」，「饋」應為「進食」之意[031]；另一方面，國學大師王國維也考證《論語·陽貨》曰：「歸孔子豚，鄭本作『饋』，魯讀『饋』為『歸』，今從古。」[032] 大概是說，魯國的方言讀法，使得後人將「饋」當成「歸」了。

由此而論，如果當「歸」講，那麼曾點所描述的，就是一場愉悅經驗由始至終的完成過程，所謂「乘興而來，盡興而歸」也。如果當「饋」來

---

[030] [法]格拉耐著，張銘遠譯：《中國古代的祭禮與歌謠》，上海文藝出版社1988年版，第150頁。
[031] 陸德明：《經典釋文》卷二四《論語音義》，《四部叢刊》本，上海商務印書館1922年影印版。
[032] 王國維：《觀堂集林》卷四，《書論語鄭氏注殘卷後》第1冊，中華書局1959年版，第172頁。

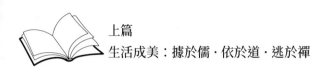

說，那麼曾點活動的著眼點恐怕就落在祭禮之上。

在「舞雩詠歸」之後，隨著歷史的流逝，祭的內涵雖未被沉積下來，但是禮的「外殼」卻存留了下來。現在看來，這可能更符合古本《論語》的原意。

用更簡單的話來說，曾皙由於「明古禮」而被孔子所讚賞，而其他三位則因「無志於禮」而不被認可，這才是「吾與點也」的真意！

所以說，孔子讚美曾點是「習禮之人」而非「遊樂之徒」。孔子對曾點這種內心深處的認同，其核心就在於祭禮之「禮」，而非單純的「審美」，中國人的審美從來不是「為審美而審美」那樣的純粹。

在孔子看來，曾點所嚮往的乃是「崇禮之美」，美附庸於禮而並不獨立於禮，這是一種「危乎高哉」的人格魅力。

▶「禮者履也」之生活藝術

「禮」，這個詞原本是何意？

《說文解字》裡面說得很清楚：

> 禮，履也。所以事神致福也。[033]

「禮」，一義是履行，履而行之；二義關乎祭祀，「事神」與「致福」是也。

這意味著，從本意上來說，「禮」首先是「踐履」。「履，足所依也」，「禮」當然就如走路那般而有所依循，「凡有所依皆曰履」也。但這只是字義的一個方面。

---

[033] 段譽裁注，許慎撰，許唯賢整理：《說文解字注》，江蘇鳳凰出版社 2007 年版，第 3 頁。

另一方面的含義為,「禮」脫胎於「祭」,從歷史形成來看,中國的教是為禮教,同樣也是源於巫史,但較之其他文明,華夏文明更早地將巫理性化從而形成禮制。正如古文字學家段玉裁所言:「禮有五經,莫重於祭,故禮字從示。」[034]

「示」是禮字的左半部。這個偏旁,它大概所顯露的是對神所「示」的敬意行為。「禮」字裡面所包孕的「敬神」之義,嶄露出了禮的歷史根源。

再來看右半部。作為繁體字的「禮」,它的右部,上「曲」下「豆」,形似盛放食物的器皿,實乃「行禮之器也」。如此看來,「禮器」更是要「行履」的,是在行禮過程當中被使用的。很有可能是造字的古人因為看到了這些祭器而發明了這個字。

「禮」的英文,往往譯成 Rite 抑或 Ritual,將「禮」類比於西方宗教的那種儀式、典禮與慣例。中國的古禮 —— 升、降、齋、筮、朝、覲、盥、饋、冠、婚、喪、祭、朝、聘、鄉、射 —— 無疑都是有一定成規的禮儀活動,甚至被看作繁文縟節。

然而,「禮」只是中規中矩的規約嗎?為何中國人總是將禮與樂並提?

在所謂的「克己復禮」當中,行禮者當然要規範自己並符合於禮,這是沒問題的。但與此同時,《禮記》裡所記載的那種「言語之美,穆穆皇皇」、「朝廷之美,濟濟翔翔」、「祭祀之美,齊齊皇皇」[035],卻顯露出行「禮」過程當中的充沛「美」意。

清末名流辜鴻銘,這位先是全盤西化,後又皈依本位文化的著名文

[034] 段響裁注,許慎撰,許唯賢整理:《說文解字注》,江蘇鳳凰出版社 2007 年版,第 3 頁。
[035] 鄭玄注,孔穎達疏,呂友仁整理:《禮記正義》中冊,上海古籍出版社 2008 年版,第 1393 頁。

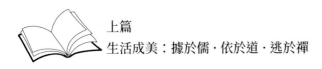
人，在大家都剪掉辮子之後，卻又梳起了小辮。他居然一反西學的普遍譯法，而堅持將「禮」翻譯為 Art，也就是藝術！

於是，孔子所說的「禮之用，和為貴」當中的禮之行，就被翻譯成「the practice of art」，也就是「藝術的實踐」。可是，藝術往往是自發的，當「以禮節之」之類強調禮的規範的時候，辜鴻銘則將「禮」翻譯為「the strict principle of art」，意為「藝術的嚴格原則」。

贊同辜鴻銘的也大有人在。〈生活之藝術〉是周作人的一篇名文。其中，這位大作家就認定：「生活之藝術這個名詞，用中國固有的字來說便是所謂禮。」

他認同國外學者斯諦耳博士所言，中國古人之「禮」並非空虛無用的一套禮儀，而是養成「自制與整飭」的動作之習慣。而且，唯有能「領解萬物感受一切之心」的人，才有這樣安詳的容止。所以說，「禮」在這個意義上才是 Art。這種生活藝術，在有禮節、重中庸的中國本來就不是什麼新奇的事物。

所謂「生活之藝術」就是「微妙地美地生活」。生活被分為兩種：

焦秉貞〈孔子聖蹟圖・學琴師襄〉清代 現藏於美國聖路易斯美術館

動物那樣的，自然地簡易地生活，是其一法；把生活當作一種藝術，微妙地美地生活，又是一法：二者之外別無道路。[036]

由此看來，道學家們倡導禁欲主義，反倒助成縱欲而不能收調和之功。禮教才是僵硬而墮落之物，而原本的「禮」，雖節制人欲但卻養成自制習慣，充滿了中國人本有的生活智慧：在禁欲與縱欲之間的調和。

禮，就是一門「生活的藝術」；「行禮」，就是在踐履這種「生活的藝術」。

孔子的生活本身，都充滿了生生之「美」意。

從孔子小時開始，「為兒嬉戲，常陳俎豆，設禮容」[037]，到他開始廣收門徒「教之六藝」，直到晚年「西狩獲麟」而感嘆「吾道窮矣」。其實，孔老夫子畢生都在實踐著「禮」的生活藝術，孔子本人也達到了「通五經」而「貫六藝」的境地。

正是這位至聖先賢，「習禮於樹下，言志於農山，遊於舞雩，嘆於川上，使門弟子言志，獨與曾點。……由此觀之，則平日所以涵養其審美之情者可知矣」[038]。

這一下子，就說出了孔子一生所做的五件事，其日常生活始終不離於「審美之情」。

第一是「樹下習禮」。

說的是，孔子率弟子周遊列國的時候，途經宋國的東門外，在一棵巨大的檀樹下習禮作樂。孔子師徒之所以過宋國而不入，乃是因宋國大司馬桓魋，報復孔子說其「速朽」，孔子恐遭其報復。即使在如此艱難的情況

[036] 周作人：〈生活之藝術〉，《語絲》1924 年第 1 期。
[037] 司馬遷：《史記·孔子世家》，中華書局 1963 年版，第 1906 頁。
[038] 王國維：〈孔子之美育主義〉，《教育世界》1904 年第 1 期。

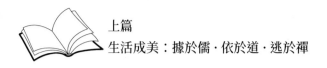
下，孔子仍不忘演習禮儀，可能主要是祭祀殷人的始祖商湯（因商丘一帶乃商湯發祥之地）。這說明，孔子畢生都已在踐履禮儀，樂始終也是與禮並行的，這就是所謂的「禮樂相濟」。

第二是「農山言志」。

孔子與子路、子貢、顏回遊於農山，讓三人各言其志。子路說，要在國難時，奮長戟，率三軍，在鐘鼓隆隆、旌旗飄飄的戰場上力戰卻敵，為國解難。孔子贊：勇士哉！子貢說，要在兩軍對壘之地，身著縞衣，頭戴白冠，陳說白刃之間，解兩國之患。孔子又贊：辯哉士乎！顏回笑而不語，孔子也讓其言志，顏回說，願得明主相之，廣施德政，使家給人足，永無戰事。孔子最心儀的當然是施「禮樂之治」的顏回。

第三是「遊於舞雩」。

這就是前面所說的「舞雩詠歸」，但「遊」這個字，卻點明祭禮過程確實是令人愉悅的。這與第五「獨與曾點」說的其實是同一個故事，通常稱為「吾與點也」。

第四是「嘆於川上」。

「嘆於川上」，無疑就是那句「子在川上曰：『逝者如斯夫，不捨晝夜』」。這是孔夫子對於時間發出的感嘆，生命流逝就如流水，令人思緒萬千，但真義仍在於以水喻君子之德：「以其不息者，似乎道之流，行而無盡矣。水之德若此，是故君子必觀焉。」老子似乎站在天上說「上善若水」，孔子腳踏實地在說「逝者如斯」，天地大道，氣化流行，生生不息。孔子並不因水逝而消極，他仍執著於踐行自己的「禮樂之志」。

孔子的這一輩子，習禮作樂、郁郁從周、積極出仕、以墮三都，周遊列國、四處行道，編纂六經、杏壇教學，卻只給後世留下一部記載言行的《論語》，而不像春秋戰國諸子那樣著書立說以求不朽，他到底要做什麼？

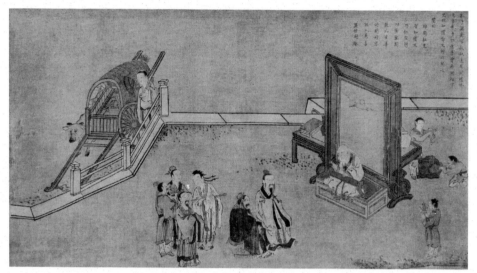

焦秉貞〈孔子聖蹟圖‧問禮老聃〉 清代 現藏於美國聖路易斯美術館

答案是唯一的：孔聖人並不是要立言得不朽，就像西方哲人那樣去追尋真理，而是要對人們的生活指引方向。假如孔子本人就是位哲學家的話，要知道，哲學的本意就是「希求智慧」，那麼，他關注的乃是生活智慧的哲學。

孔子的哲學，就是作為一種生活方式的哲學。

孔子的觀點是要踐行與經驗的，不僅是知，而且要行。所謂「孔子之學全在乎身體力行。孔子之學是實踐乎人生大道之學」[039]。

「孔子的觀點是實實在在地在日常生活中被感覺、被體驗、被實踐、被踐履的。孔子關注於如何安排個人的生活道路，而不是發現『真理』。」[040] 中國智慧在於照亮生活之路，而西方哲學則重於真理的發現。

所以說，孔子才是「知行合一」的鼻祖，所謂「踐仁履禮」正是此意。

[039] 梁漱溟：《思索領悟輯錄》，《梁漱溟全集》第八卷，山東人民出版社 2005 年版，第 34 頁。
[040] ［美］安樂哲、羅思文著，余瑾譯：《〈論語〉的哲學詮釋》，中國社會科學出版社 2003 版，第 5 頁。

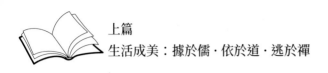
▶樂發乎情與「禮生於情」

「踐仁履禮」是筆者在山西古院所見的匾額所書，它言說了孔子要做的兩件事：一個是行「禮」，另一個是踐「仁」。

「習禮於樹下」，是行「禮」；「言志於農山」，是贊「禮」；「遊於舞雩」與「獨與曾點」，同是崇「禮」。似乎孔子的生活都是不離於「禮」的，但孔子只是以自己為表率遵循與規約了自古即有的「禮」，而他自己更重要的貢獻，乃是開啟了 —— 為「仁」之學。

仁，是孔子的獨特發現。

這個字，大家總以為是「兩個人」的意思，儒家本來就關注「人際之間」嘛，所以「人與人之間情同一體為仁」[041]。但最近發掘的竹簡卻發現，「仁」字的另一個古寫法則是「身」上「心」下，其中又有身心融合為一之義，這就迥異於西方自古希臘而來的，以心腦來統領身體的路數。

在孔子的生活那裡，行「禮」與踐「仁」，究竟是什麼關係呢？

孔子沒有直接說出的東西，我們在 1993 年 10 月發掘出來的竹簡上，卻得到了某種明示。這批珍貴的竹簡是在湖北荊門市郭店一號楚墓當中發現的。其中，被定名為〈性自命出〉的段落說：

仁，內也；禮，外也。禮樂，共也。

一句話，仁是內在的，禮是外在的，禮與樂是共在的！

這就同《論語‧八佾》所謂「人而不仁，如禮何？人而不仁，如樂何」，又何等近似！孔老夫子又曾說：「禮云禮云，玉帛云乎哉？樂云樂云，鐘鼓云乎哉？」禮不僅指玉帛而言，樂也不僅指鐘鼓而言，禮與樂都

---

[041] 梁漱溟：〈思索領悟輯錄〉，《梁漱溟全集》第八卷，山東人民出版社 2005 年版，第 36 頁。

不能流於形式。

　　禮，乃是孔子外在所行的；仁，那是孔子內在所養的。即使是祭祀於廟堂之高，那也是外在地「施禮」，即使是隆隆樂舞之盛，那也是外在地「作樂」，而都非內在地履「仁」。孔子將自己門派的開端，就定位在「仁」的感性基石之上。

　　在孔門儒學看來，關鍵是 ── 讓人成為人的 ── 那種人文化成之「仁」的提升。「仁生於人」，郭店楚簡的這四字，似乎只說對了一半，另一半則是「仁濡化人」。

　　中國古人常常以「體與用」關係論之，仁為禮之體，禮為仁之用，禮樂與共，所以樂也是仁之用。

　　郭店楚簡又記：「禮，交之行述也；樂，或生或教者也。」禮是交往行為的次序，樂則是生出人心或用作教化的。孔子關注的乃是外在的禮，如何伴著樂，成為人人內在自覺的「人心」，也就是秉承了「仁心」的人心。

　　實際上，中國人的人生觀是「人心」本位的。「孔子講人生，常是直指人心而言。由人心顯而為世道，這是中國傳統的人生哲學，亦可說是中國人的宗教。」[042] 但是，儒家卻並不是宗教，而是一種準宗教，此乃由於「禮樂使人處於詩與藝術之中，無所謂迷信不迷信，而迷信自不生。……有宗教之用而無宗教之弊；亦正唯其極鄰近宗教，乃排斥了宗教」[043]。這實際上就是「以審美代宗教」的中國「人心」傳統。

　　所以說，上面說到的「吾與點也」，關鍵即在於，曾點由外在的禮體會到了內在的「仁」意，所以才會有如沐春風般的「美感」與盡興而歸的「快意」。

---

[042] 錢穆：〈孔子與心教〉，《錢賓四先生全集》第 46 冊，聯經出版事業公司 1998 年版，第 31 ─ 32 頁。
[043] 梁漱溟：〈儒佛異同論〉，《中國文化與中國哲學》，東方出版社 1986 年版，第 443 頁。

孔子的一生，都在行之於「禮」、踐之以「仁」，同時也在不斷地習樂與演樂。

那麼，「樂」的功能何在呢？「樂」如何與禮相配？

樂的基本功能，在於「情」，樂發乎情，又陶養情。

所謂「夫樂者，樂也，人情之所不能免也」。這是說，樂關乎情，無情則無樂，有情必有樂。只有在漢語裡面，樂既是音樂之「樂」，又是愉悅之「樂」，二者在古人所撰的儒家《樂記》那裡，就被通用與貫通起來。

樂也是「情」的外化形式，「情動」發而為音：

> 凡音者，生人心者也。情動於中，故形於聲。聲成文，謂之音。

這便是中國人獨特的「主情」的音樂起源論，人心生音，情動而發，聲而成文，音樂遂成。樂音的初起，皆因人心感物而動，感而遂通，故而成聲。

更有趣的是，「聲」、「音」、「樂」，在中國傳統樂論那裡，早已被界分分明：

> 哀樂之情，發見於言語之聲，於時雖言哀樂之事，未有宮商之調，唯是聲耳。……次序清濁，節奏高下，使五聲為曲，似五色成文，即是為音。此音被諸絃管，乃名為樂。[044]

但無論怎樣說，「情」才是真正的感動者，才是直接的感動者，無論是「情發於聲」所指出的「情」要被動地以聲傳達出來，還是「情形於聲」所指出的「情」要主動地顯現於聲當中，最終都是說要「使情成

---

[044] 陳澔：《禮記集說》，中國書店 1994 年版，第 318 頁。

聲」，進而化作音，再配上樂，從而成為音樂，但這種「樂」實仍是詩樂舞合一的。

從歷史上看，禮與音樂合體的傳統，並沒有堅持多久。孔子所倡導的原始儒家的「禮樂相濟」的理想，隨著「樂」的衰微與「禮」的屢弱，在後代得到了轉化。

這種轉化就在於，從禮與作為「音樂」的樂的統一，轉到了禮與作為「愉悅」的樂的合一，也就是「禮」與「情」的合一。

禮樂相配的「樂」，終將被「情」所取代，這既有歷史的原因——「樂」逐步被取代抑或泛化——也有思想上的依據。「樂」背後的深度心理乃為情：「樂」足以陶冶性情，而「樂」對於人而言的內在規定，就在於「性感於物而生情」之「情」。

在原始儒家之後，樂不僅與禮逐步分殊了，而且，在後代的發展當中更多地脫離了宮廷體制，這究竟是為什麼呢？

有的人認為，作為「經」的《樂》亡於秦始皇的焚書坑儒，還有的人堅持認為，《樂》並非經，而只是附著《詩》後的樂譜而依於禮。

如果，《樂》經被焚，那麼，為何就文字而言六經當中唯獨缺失了《樂》經呢？如果，樂只是譜，那也說明了，樂的實施難以為繼：一方面，是樂的演奏和頌詠沒有流傳下來；另一方面，樂只是在文字的意義上與禮相匹配了。

所以說，無論是從歷史還是思想上看，「情」較之「樂」都成了更為根本、更為長久的儒家文化元素。正如「禮樂相濟」一樣，「禮」與「情」也是融會貫通的，但其中的「情」既是依據了生活踐履之「禮」的「情」，亦即踐行之「情」，又成了生活常情之「情」，亦即生存之「情」。

總之，「禮樂相濟」的儒家傳統，到後來被轉化為「情禮合一」的孔孟主流。

禮也是如此，禮與情竟如此相繫，就像情與樂相關一樣。「禮」所以被深諳國學的辜鴻銘翻譯為 Art，那也是由於中國人的禮本身早已浸漬與瀰漫了「人情」，素所謂「天道遠，人道邇；盡人情，合天理」[045]；而那無情的禮，只能走向道學家那種僵化的禁欲主義。

遺憾的是，自宋明理學以來，情始終被斥為「欲」而遭人唾棄，但郭店楚簡卻說出了儒家的本真之義：

> 禮作於情，或興之也。
>
> 禮因人之情而為之。
>
> 情生於性，禮生於情。

無論是禮自然性地「生」於情，還是人文化地「作」於情，抑或「因」循情而隨之，都強調禮的內在根基就在於得喜怒哀樂之「情」，而「興」恰恰就說明了這種「情」的勃發和滋生的特質。

儘管先秦時代「情」與「欲」難分，但二者的關係還是得到了妥當的處理。情包含欲，欲乃情的底層，如楚簡所說「欲生於性，慮生於欲」「念生於欲」之類，即是證明，原始儒家對於情欲關係，還是有公正的態度與看法的。

然而，自從漢儒力主「性」善「情」惡之後，中國儒家就走向了「以性制欲」的大路，因抑「欲」而貶「情」成了主流。直到明清之際的王夫之那裡，才重新尋求到了正確的情感結構，「性」在情之上，「欲」在情之下，這種三層動態結構，進而被歸納為「故情上受性，下授欲」。[046]

總而言之，孔門儒學的禮與樂，都是發自「情」的。孔子的「仁」本

---

[045] 邵雍著，郭彧整理：《邵雍集》，中華書局 2010 年版，第 447 頁。

[046] 王夫之著，王孝魚點校：《詩廣傳》，中華書局 1981 年版，第 23 頁。

身，就是浸漬情感性的，這是孔子獨特的人性論使然，楚簡所謂「情生於性，禮生於情」，就是明證。

原來，儒家的生活美學，就是以「情」為本的。

「情感動於衷而形著於外，斯則禮樂儀文之所從出，而為其內容本質者。儒家極重禮樂儀文，蓋謂其能從外而內，以誘發涵養乎情感也。必情感敦厚深醇，有抒發，有節蓄，喜怒哀樂不失中和，而後人生意味綿永乃自然穩定」[047]，真可謂「情深而文明」！

「情深而文明」這句話，本出自《禮記‧樂記》：

> 是故情深而文明，氣盛而化神，和順積中而英華發外，唯樂不可以為偽。

《禮記》本意是說「情」發於極深的生命根源，當它勃發出來使生命充實就會「氣盛而化神」，從而流溢位「樂」的節奏形式。它的基本內涵就指向了人文化的實踐，所謂「樂為德華，故云文明」是也。

只有「情深」方可「文明」，「情」的實施，乃是儒家之美善得以形成的內在動因，由此才能進行「成人」的文明化的踐行。

▶生命歷程以「深情踐仁」

回到孔子的《論語》。

《論語》是孔子言行的「近真寫照」，儘管看似駁雜零亂而無系統可言，但是，讀畢全書，孔子活生生的生活形象，卻栩栩然躍於紙上。

在那裡，孔子是普通活人，有說有笑，有情有欲，也發脾氣，也做蠢

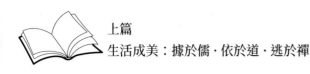
事，也有缺點錯誤，並不像後儒註疏中所塑造的那樣道貌岸然，一絲不苟，十全十美，毫無瑕疵。……學生們也一樣是活人，各有不同氣質、個性、風貌、特長和缺點。[048]

被聖人化與傳奇化的孔子，從漢代開始，就被打扮成一位不食人間煙火與沒有人間情愫的教主或者神人，他的門徒也是如此，特別是門下七十二位賢人中在《論語》裡面被提到的那些。但此乃大大的曲解，也是大大的遺憾。

孔子《論語》的主要特色，恰恰在於其所勾畫出來的孔子，乃是一位有血有肉、有情有義的仁者，甚至稱孔聖人為「性情中人」，似乎也不為過。

性與情，往往被聯用為「性情」或者「情性」。但奇怪的是，首度將兩字合一的，卻是道家學派的扛鼎之作《莊子》。走自然主義路線的道家，自然反對崇尚禮樂的儒家，並批駁道：「性情不離，安用禮樂？」[049]

但這種對於儒家的批判，卻會有些讓孔子自己感到受了委屈。在孔門儒學那裡，「性」也是自然的，它乃人的內在所本有的善性，只有當觸物而動方能外化為情，所謂「喜怒哀樂之氣」乃是「性」，「及其見於外」就生出喜怒哀樂之「情」。

「情」是人們基本的悲喜、好惡、哀樂的真實呈現，情真才能顯露出「性」。整部《論語》所描繪的孔子形象之所以是可信的，乃是由於，孔子本人就是如此「真性情」的人！

郭店楚簡也說「信，情之方也。情出於性。」，「信」乃致情之方，只

[048] 李澤厚：《論語今讀‧前言》，三聯書店 2008 年版。
[049] 陳鼓應：《莊子今注今譯》中冊，中華書局 2001 年版，第 247 頁。

有如此，「情」才能出於自然本性之「性」，因而「禮」才能由此發自於「情」。

如果再將孔子的禮樂傳統加上，我們可以大致地說，起碼在孔子本人那裡，「性、情、樂、禮」形成了一脈相承的思想邏輯，孔子不是「寡情」而是處處「深情」的。

那麼，畢其一生，孔子如何深情地來踐行「仁」道呢？如何真正還原孔子的真形象呢？

這就要喜、怒、哀、樂話孔子。《中庸》有云：「喜怒哀樂之未發，謂之中；發而皆中節，謂之和。」這種對於情感「未發與已發」的尋求，其實指向的是「喜怒哀樂中節而止」的中和之態。

孔子之「喜」從何來？

首先就是學習。

《論語》開篇就是關於學習的〈學而〉，大家耳熟能詳。首句就是「學而時習之，不亦說乎」，次句便是「有朋自遠方來，不亦樂乎」。孔子這裡的「學」，所學的本身乃是「演習」禮樂、「複習」詩書等包孕審美內蘊的典籍，最終的目的，還是在於塑成「完美的人」。

在孔子那裡，無論是時常溫習還是會見友朋，透過所學與所交的，都要達到的是一種帶有「審美性」的高級「悅樂」。誠如現代學者馬一浮所闡明：

> 悅、樂都是自心的受用。時習是功夫，朋來是效驗。悅是自受用，樂是他受用，自他一體，善與人同。故悅意深微而樂意寬廣，此即兼有《禮》、《樂》二教義也。[050]

---

[050] 馬一浮：〈論語首末二章義〉，《馬一浮集》第一卷，浙江古籍出版社 1996 年版，第 28 頁。

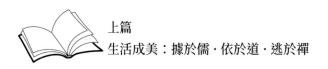

學習是自得其悅，交友是與他人樂，這才是孔子所喜的。學習只是生活的第一步，學又與教相對，作為教育家的孔子最常從教學裡面獲得喜悅。每當看到學生有所進階之時，孔子就會表露出喜悅之情，這是值得注意的。

子貢問孔子：「貧而無諂，富而無驕」，如何呢？孔子答曰：「貧而樂道，富而好禮」豈不更好？子貢再問：這就是《詩經》所說「如切如磋，如琢如磨」嗎？孔子欣喜學生能有此長進，就此可以與子貢論《詩》了。還有一次，孔子提到「繪事而後素」，意為先有白底而後有畫，子夏接著問：這不就是說，禮乃後起的嗎？孔子非常欣慰，並認為學生對自己也有啟發：仁先於禮並重於禮，仁心乃是禮的「底子」，所謂教學相長是也。

孔子之「怒」從何來？

那就是「違禮僭樂」。

孔子嚮往鬱郁周道，自認所生的春秋時代，真乃禮崩樂壞的時代。每當看到周禮不行的時候，孔子總是深感憤慨。有一次竟達到了「是可忍也，孰不可忍」的極怒狀態。這是因為，他看到了這樣的違背禮樂之事：魯大夫季氏竟敢用天子的禮樂等級行八佾樂舞於庭上，這事在《論語・八佾》一開頭就被提及，可見孔子的憤怒程度給編撰者印象之深。

當然，更多的時候，孔子面對不合禮儀之事而心生怒意，他內心的準則是出於「仁」之道。我們沿用至今的許多成語，都是來自這些孔子所親歷的故事。當宰予白日睡覺而疏於學道，孔子怒其不爭而責曰：「朽木不可雕也！」當看到用俑來殉葬，孔子甚至怒罵道：「始作俑者，其無後乎？」當子路未答葉公之問孔子的時候，孔子也會大為不滿，並責備子路說：難道你不知道我是「發憤忘食，樂以忘憂，不知老之將至」的人嗎？

就連「禮壞樂崩」這個詞，也來自宰予問孔子「三年之喪」是否太長了的對話，在這段對話的最後，孔子還怒而斥這位弟子「不仁也」。

孔子之「哀」從何來？

那主要是人之死也。

孔子始終關注於「人」，當家裡馬廄發生火災，他退朝而歸，所問的第一句就是：「傷人乎？」人的死亡，就成了孔子「大悲大哀」之根源。據《論語‧述而》所記，孔子在有喪事的人家吃飯，不曾吃飽過，他因為悲哀而停止了禮樂之歌。在《論語》裡面所記最多的，就是孔子心愛的一位又一位弟子，先他離世而去的時候，孔子一次又一次發出白髮人送黑髮人那種悲痛欲絕的哀聲。

這種悲哀的最高潮，出現在最中意的弟子顏回早逝之時，孔子甚至對天疾呼：「噫，天喪予！天喪予！」其愛也深，其哀也深，仁者愛人是也！孔子面對所崇敬之天發出如此的呼號，可見其哀！哀莫大於心死，孔子甚至感喟，顏回之死乃是「天亡我也」，因為其學其說每個弟子都未能得其全面，真乃後繼無人也！當孔子本人感到自己「人之將死」之時，還會感嘆「久矣吾不復夢見周公」，這又是緣何呢？因為，人生將終，仁道不行，這恐怕是孔子所能感到的那種最深層的大哀吧！

孔子之「樂」從何來？

那就是「天地境界」。

可見，在孔門儒學那裡，無論是喜，是怒，還是哀，都無法高於此等的「樂事」！

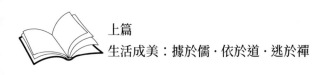
▶「孔顏樂處」的天地境界

談「儒家之美」，本章即從「孔顏樂處」開始談起，窮究其「所樂何事」。

孔子就是這樣來描述顏回之「樂」的：

子曰：「賢哉，回也！一簞食，一瓢飲，在陋巷，人不堪其憂，回也不改其樂。賢哉，回也！」（《論語・雍也》）

子曰：「飯疏食，飲水，曲肱而枕之，樂亦在其中矣。不義而富且貴，於我如浮雲。」（《論語・述而》）

這就孔子所認為的人生的幸福。

這種幸福的選擇，是孔門儒生的個體選擇，並不是民眾的共同選擇。中國人的幸福觀念，似乎可以追溯到「福」的觀念，所謂五福：「一曰壽，二曰富，三曰康寧，四曰攸好德，五曰考終命」。這是儒家《尚書・洪範》裡面的記載，那是「詩云時代」的共同取向，但到了「子曰時代」，卻有了不同的個體化的抉擇。

「一簞食，一瓢飲」，說的是飲食之少；「飯疏食，飲水」，說的是飲食之貧；「在陋巷」，說的是住居之困；「曲肱而枕之」，說的是住居之窮。其實，說的都是物質生活品質是低下的，處於「富且貴」的反面。儘管如此，顏回也「不改其樂」，仍樂在其中。

有趣的是，在孔子讚美顏回為賢者時，還說了「人不堪其憂」。這就揭示了中國古典思想的「憂樂圓融」的架構，也就是「通天下之憂樂」的儒家架構：

仁者在己，何憂之有？凡不在己，逐物在外，皆憂也。「樂天知命故不憂」，此之謂也。若顏子簞瓢，在他人則憂，而顏子獨樂者，仁而已。[051]

儒家思想的生發，是出於生活的憂患意識，不過儒家是發於憂患而要求加以救濟，所憂患的是天下國家，關注的生發點仍是人的生活價值。在終極所求上，儒家經由「樂」所求的「大樂與天地同和」，皆指向了「樂志樂神」的極境，這也接近於現代哲學家馮友蘭所論的「天地境界」。

按照馮友蘭的闡釋，有了「天地境界」的人，對於宇宙人生就已有了完全的了解，因為「知天」乃「事天」的前提，而且，這種了解才是對宇宙人生的最終覺解。因此，「天地境界」使得人生獲得了最大的意義，使得人生獲取了最高的價值，這也是樂道者所能獲得的最佳的酬答。

然而，僅僅將孔顏樂處視為「天人之樂」，還是不夠的。這是由於，「天人之樂」是作為孔顏樂處的頂層設計而存在的，但它並不能走向那種一塵不染的超感性生活。在這個意義上，朱熹對於孔顏樂處之道理的闡發，實在是高蹈於太玄，從而失去了現實的根基：

這道理在天地間，須是直窮到底，至纖至悉，十分透澈，無有不盡；則與萬物為一無所窒礙，胸中泰然，豈有不樂！[052]

與朱熹的理解相反，在根基的層面上，那種以「七情之正」為標準的世俗之樂，恰恰構成了孔顏樂處的基礎部分，但並不會走向那種為欲所驅的非理性生活，而諸如提出「童心說」的李贄那樣的狂儒，恰恰是為了反駁天理人欲而提出的。

---

[051] 程顥、程頤著，王孝魚點校：《二程集》，中華書局 2004 年版，第 352 頁。
[052] 黎靖德編，王星賢點校：《朱子語類》，中華書局 1986 年版，第 795 - 796 頁。

　　心學祖師王陽明在答門人欲求「孔顏真趣」時說得好：「樂是心之本體，雖不同於七情之樂，而亦不外於七情之樂。」[053] 更有甚者，直接將這種樂處當作了「即體即用」的快活：「所謂樂者，竊意只是個快活而已。豈快樂之外復有所謂樂哉？生意活潑、了無滯礙，即是聖賢之所謂樂。」[054]

　　孔顏樂處，既不是超感性的生命，也不是非理性的生活，它將理性與感性融會起來，它不離生活又趨向生命，它既以德為「基」，又以美為「頂」。

　　後世的儒生們，都在追求這種「孔顏樂處」。以北宋儒生邵雍做個例證吧，《宋史》裡面就記載了他的風度與風神：

　　雍歲時耕稼，僅給衣食。名其居曰「安樂窩」，因自號安樂先生。旦則焚香燕坐，晡時酌酒三四甌，微醺即止，常不及醉也，興至輒哦詩自詠。春秋時出遊城中，風雨常不出，出則乘小車，一人挽之，唯意所適。士大夫家識其車音，爭相迎候，童孺廝隸皆歡相謂曰：「吾家先生至也。」[055]

　　這種孔顏樂處，顯示出儒家的知與行構成了一門獨特的「生活美學」，曾點之樂也是如此。在孔門儒家那裡，孔顏樂處與曾點之樂往往被視為一體，所謂「鼓瑟鳴琴，一回一點。氣蘊春風之和，心遊太古之面」[056]。早在 1904 年，國學大師王國維發表的〈孔子之美育主義〉一文裡，有句可謂一語中的之語：

---

[053] 王陽明：《王陽明全集》卷二〈答陸原靜書〉，上海古籍出版社 2006 年版，第 70 卷。
[054] 黃宗羲：《明儒學案》卷三十四，中華書局 2008 年版，第 791 頁。
[055] 脫脫等：《宋史》卷四二七，中華書局 1977 年版，第 12727 頁。
[056] 陳獻章：《陳獻章集》卷四，中華書局 2008 年版，第 275 頁。

今轉而觀我孔子之學說。其審美學上之理論雖不可得而知，然其教人也，則始於美育，終於美育。[057]

這就像《論語》開篇即言「悅」、「樂」，以感性化為始，直到「孔顏樂處」為窮究之處，又以感性化為終。孔子的整個生活大美學，可以說，皆為從審美開始，以審美終結，而且都與「成人」的理想相關。

從審美開始，其實乃是「興於詩」；以審美終結，實際就是「成於樂」；中間擔當起來兩端的，則為「立於禮」。所以說，孔子才為後人排出如此的邏輯順序：興於詩，立於禮，成於樂。

「成於樂」，透出孔子一生對於古禮樂的追求。《史記·孔子世家》曾記孔子學鼓琴於師襄的故事，記述了孔子在學鼓琴時境界的層層提升：亦即從「習其曲」、「習其數」、「習其志」直達「得其為人」的高境。與此同時，孔子更樂於傾聽古樂，在齊地聽〈韶〉樂時竟「三月不知肉味」，贊〈韶〉「盡善盡美」，並嘆之曰：「不圖為樂之至於斯也。」

在孔子的知行合一那裡，人生就是這樣的一個「深情踐仁」的生命過程，《論語·為政》將這種生命歷程記載了下來：

吾十有五而志於學，三十而立，四十而不惑，五十而知天命，六十而耳順，七十而從心所欲，不踰矩。

孔子的確是從學禮樂開始的，隨著年歲增長，生命逐層豐滿與完善，直至達到了「從心所欲不踰矩」的自由狀態。

在《論語集釋》裡面，論述到這一生命歷程的時候，曾引明儒顧憲成的《四書講義》說：「這章書是夫子一生年譜，亦是千古作聖妙訣。」[058]

---

[057] 王國維：〈孔子之美育主義〉，《教育世界》1904 年第 1 期。
[058] 程樹德著，程俊英、蔣見元點校：《論語集釋》，中華書局 1990 年版，第 79 頁。

該闡釋認定，孔子自十五志於學至四十而不惑，是「修境」；五十知天命，是「悟境」；六十耳順至七十從心，是「證境」。

唯有到了「證境」的最高處，才能「順心而為」，才能「自然合法」，「動念不離乎道」，這豈不是一種建於德境之上的「審美至境」乎！

這種「從心所欲而不踰矩」的生命境界，就是「儒家之美」的極致！聖人之境，凡人是難以企及的，但是在審美高境那裡，或許才有了「人人皆可成聖人」的通途！

焦秉貞〈孔子聖蹟圖‧在齊聞韶〉 清代 現藏於美國聖路易斯美術館

第二章
從「魚樂之辯」到「道化之美」

得至美而遊乎至樂。

—— 《莊子》

逍遙一世之上，睥睨天地之間。

—— 仲長統〈樂志論〉

遊心太虛，騁情入幻，振翮沖霄，橫絕蒼冥。

—— 方東美《原始儒家道家哲學》

「以出世的精神，做入世的事業」，這是許許多多中國人的人生觀。

儒家主導的生活，剛性進取，它是自強不息的動力源；道家倡導的生活，柔性如水，它是身心無為的慰藉劑。

這儒道互補的生活智慧，在中國人那裡，其實就構成了外儒而內道的結構。

道家是最天然的「生活美學」，它千百年來照亮了中國人的生活之路。「道家以自然為宗，其自然即指生命之自然，其所云生命又涵括宇宙萬有為一大生命也。」[059]

---

[059] 梁漱溟：〈思索領悟輯錄〉，《梁漱溟全集》第八卷，山東人民出版社 2005 年版，第 30 頁。

►「濠梁觀魚」總有兩般心胸

杭州有處名勝玉泉，位於仙姑山北翼的青芝塢口，舊有寺廟，名清漣寺。

自宋朝開始，玉泉池當中就被放養了魚，中國人總能從魚的擺尾悠遊當中，感受到萬般的自由。「玉泉魚躍」，早已成為西湖十八景之一，有古詩詠玉泉當年的勝景云：

寺古碑殘不記年，池清景媚且留連。金鱗慣愛初斜日，玉乳長涵太古天。投餌聚時霞作尾，避人深處月初弦。還將吾樂同魚樂，三複莊生濠上篇。[060]

還有宋人題有一副楹聯，刻於池畔亭柱上，上聯「魚樂人亦樂，未若此間樂」，下聯「泉清心共清，安知我非魚」。明代書畫大家董其昌也深得人與魚融合之感，他也題聯道：「魚有化機參活潑；人無俗慮悟清涼。」

無論是古詩的「吾樂同魚樂」，還是楹聯的「魚樂人亦樂」，都是源自《莊子・秋水》裡面的一段千古典故：

莊子與惠施，他們同遊於濠水橋上。

莊子先曰：那小白魚從容地游出，這是魚之樂呀！

惠子對曰：你非魚，怎知魚之樂？

莊子答曰：你非我，怎知我不知魚之樂？

惠子辯曰：我非你，固然不知你；你固然不是魚，你就不知魚之樂，那是顯然的呀！

---

[060] 王世貞：〈玉泉寺觀魚〉，《西湖天下叢書》編輯部編：《西湖詩詞》，浙江攝影出版社 2013 年版，第 74 頁。

莊子終日：請回到開頭。你說「你怎知魚之樂」云云，既然已經知道我知之，你還問我，那麼，我在濠水橋上就知魚之樂了。

李唐〈濠梁秋水圖〉（區域性） 宋代 現藏於天津博物館

這就是著名的「濠梁觀魚」的故事。

其中，那段論辯，便是「魚樂之辯」。兩人各執一詞，談鋒睿智，真乃妙趣橫生也！莊子所抒發的南華神理，未必占了理，但卻充滿哲思。

莊子與惠子之辯，正是審美家與邏輯家的爭辯。

首先，他們真都是論辯的高手，將詭辯的藝術，發揮到了極致。一個說，你不是牠，牠是魚，你怎知牠的樂？另一個說，你又不是我，雖然我是人，牠是魚，你怎知我不知牠的樂呢？這是論辯的核心。

惠子說的是：我與牠之間的關係，是難以同情的。起碼對於他來說，持一種不可知論的態度：莊子你又不是魚，你根本不能知道牠的樂，這從邏輯上是說得通的。

莊子反駁說：我與你之間的關係，是可以同情的，同樣，你與牠之間的關係，也是可以同情的，這是一種「獨與天地精神往來，而不敖倪於萬

物」的情懷。

惠子進而懷疑道：我不是你，所以不知你，但你也不是魚，魚之樂你一定不知。惠子好似一位嚴謹的邏輯家，一步一步進行平行推導：既然，人與人之間都難以同情理解，那麼，人與魚之間則更難以溝通與共振了。

莊子最後的答辯，與惠子的知識分析和環環推論相比照，似乎倒更像是詭辯論：既然開始你就說了我知魚之樂，那就證明，你已經知道了我知魚之樂了，我們之間又爭辯個什麼勁呢？

整個「魚樂之辯」就此結束，以莊子的審美壓倒惠子的認知而告終。論辯雙方的差異在於，「莊子偏重美學上的觀賞，惠子則重在知識上的判斷。莊周論魚樂，實乃出於藝術家心態之觀照」[061]。

透過「濠梁觀魚」的千古名篇，我們就得到了進入到道家生活美學的「楔子」。

「觀魚之樂」的心胸，乃是回返到事物本身去賞其美意，這就是莊子所說的「遊心於物之初」。魚只是萬物的表徵而已，但卻能「情以物興」，進而達到人與魚同樂的境界，從而使得「物以情觀」，這就是人與天地萬物的審美化的融會與心靈化的交往。

潘天壽 〈濠梁觀魚圖軸〉
1948 年 現藏於潘天壽紀念館

---

[061] 陳鼓應：《老莊新論》，商務印書館 2008 年版，第 312 頁。

這種「物我往來」的審美心態，在中國文化的審美傳統當中俯拾皆是：劉勰《文心雕龍》的「情往似贈，興來如答」，宗炳〈畫山水序〉的「含道映物」與「澄懷味象」，王昌齡《詩格》的「目睹其物，即入於心；心通其物，物通即言」，都是言說這種審美交往。

莊子在告訴我們，如何以審美化的心胸去與萬物同春，人要欣賞萬物的「美」、「情」與「悅」，進而獲得一種物我同心與萬物齊一的大美感。

一方面，「天地有大美而不言」，這是針對萬物本身的自然運作而言的，也就是天地大道的環圜運動自有美意；另一方面，「獨與天地精神往來」，這則是針對人本身的「體道」過程來說的，人「道」回歸於天「道」而冥契為一。

▶「法自之道」的踐行之道

「道」是什麼呢？道家之「道」，究竟是什麼呢？

「道」，在中文那裡，首先有道路之義，類似於英文的 Way，也有言說之義，也可翻譯為 Say。英文著作也一般將「道」直譯為 The way 或 path，抑或引申為 natural order（自然的秩序抑或規則）。

所謂「道可道，非常道」。《老子》這開篇的意思是說，道是可以言說的，但是並不是尋常的道呀。再體會老子的意思，可能潛臺詞是說：我在這裡所說的道，可不是你們通常所說的道呀。

早有漢學家指出，這裡的道，不是陸地上的「道道兒」，而其實應為

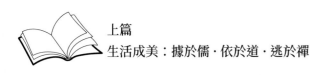

「水之道」。[062] 老子自己也大講「上善若水」。這就是「水之道」與「德之端」的合璧問題，老子五千言也被喚作《道德經》——「道」之「德」之「經」。

但是，道之「德」，絕對不是指道之「德行」，許多英文版《道德經》都將「德」誤譯為 Virtues（屬人的品德），那就完全從倫理主義曲解了道本身的「德」。其實，這個「德」，言說的乃是老莊之道的各種屬性與其顯現，而非屬人的德行，就像《莊子‧天地》篇說的，「通於天地者，德也」。

老子的整部《道德經》，說的乃是「道之隱」與「德之顯」的關係：道是內隱之核，德是外顯之象，前者透過後者而顯現，所謂「孔德之容，唯道是從」。[063]

然而，「道可道」這再簡單不過的三個字，居然還有另外的解法。「道」，按照從春秋到戰國的古代漢語用法，當它作為動詞用時，實多指「踐行」，道實乃「走道」的意思。

在這個意義上，「道」的深意，乃在於有規可循。「道可道」，它的新解是說，道是可以被按照規律遵循的，照此而論，道家的道，就不是「常道」抑或「恆道」了，而指向了一種人們的「生活方式」。

「道」，作為一種天地之內的最高存在，給予中國人的生活之路以智慧的指引，而道家的智慧，則是讓中國人對不可道之大道加以趨近與親和。

---

[062] 艾蘭著，張海晏譯：《水之道與德之端：中國早期哲學思想的本喻》，上海人民出版社 2002 年版，第 73 — 74 頁。
[063] 陳鼓應：《老子今注今譯》，商務印書館 2003 年版，第 156 頁。

老子像

眾所周知，哲學的本意就是「愛智慧」或者「希求智慧」。假如我們用現代漢語的方式，說老聃與莊周提供給中國人的乃是某種哲學的話，那麼，這種哲學也是作為一種「生活形式」而存在的，它無需高蹈於形而上的虛境。

所以說，「道」就是踐行之「道」，是中國人所踐履的一種基本生活方式。老莊的哲學，仍是「生活的哲學」，而不是「玄思的哲學」。

「道」這個字，是由「首」和「辶」共構而成的，如果望文生義的話，那麼似乎也可以說，道既是一種首要的執行方式，也是一種首要的踐行方式，真是道不遠人！

從宇宙論的高度，道家之「道」，已被老莊描述為亙古宇宙的始源，它是先於一切存在的存在。所以，道乃「天下始」、「天下母」，一切皆由「道生之」，「道生一，一生二，二生三，三生萬物」[064]，而後才有了世間千變萬化的事物，從而與「易」相通。

現代的巴哈伊教認為，「萬教歸一」，無論是上帝、佛祖，還是穆罕默德，都是一個神的分身而已。老莊則沒有陷入神創論的窠臼，更未執迷於迷信的空洞，而力求找到諸神之前的那種混沌的宇宙存在，認為它才是一切之一的最原初的「大在」。

老子最有名的名言，恐怕就是「道法自然」了。如果你去過道教聖地青城山，你會發現，許多影壁的白底之上，都大書特書這四個字。

道法自然，往往被從古至今的人們所誤解，好似自然就是現在意義上的「大自然」了。中國國家博物館曾有個重要展覽，就叫做「道法自然」，然而，展出的卻是美國大都會博物館的關於呈現自然的藝術品，英文原名為「Earth, Sea and Sky」（大地、海洋與天空）。

---

[064] 陳鼓應：《老子今注今譯》，商務印書館 2003 年版，第 233 頁。

　　道所法的，並不僅僅是天地自然，因為道乃是先天地而生的，其怎能取法於自己的後果？道正是如此，「寂兮寥兮，獨立而不改，周行而不殆」。

　　道所法的，乃是自然存在的方式，自然存在不是天地存在，而是「自自然然」的存在方式。道乃是「自道」或者「道自」的，也就是依循自身的存在方式而自然得以運作的，這方為執行於天地萬物之中的「大道」。

　　「人法地，地法天，天法道，道法自然」[065] —— 這才構成「道法自然」的原本語境。如果前三句都是三個字的話，那麼，最後也很可能是三個字 ——「道法自」。末端的「然」一字，則意在讓這種「法」之程式自我運作去吧！

　　人法地之「地」，可能比較接近於天地自然，它構成了人的生活的大環境。地法天之「天」，則指向了有了「天意」的執行規律，自然遵循之而生滅。但天最終還要法「道」，這種道成了一切規律的授予與調控者。然而，作為一切的本源之「道」又該效法什麼嗎？

　　按照《道德經》的邏輯，既然天地都法了道，道哪裡還有可能再返身遵循天地自然呢？所以說，「道法自己」才是老子的本意。在道家的創始者那裡，不僅「天」與「地」被劃開了，而且，「自」與「然」也是可以被分開的。

　　然而，表面上看，老莊是讓「人道」循「天道」，但實際上，所有一切都具有整一性，所謂「道通為一」就是這個意思。而且，任何意義上的道，都是需要人來踐行的，所以說，法自之「道」，最終仍是中國人的踐行之路。

---

[065] 陳鼓應：《老子今注今譯》，商務印書館 2003 年版，第 169 頁。

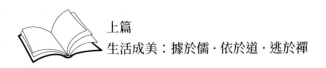
▶「道」似無情卻「有情」

「道」，是與萬物為一的，那麼，萬物又該如何？

這就要回到莊子的〈齊物論〉，哲學味最濃的那一篇。

從「道論」的角度觀之，萬物本是齊一的，這是莊子的世界觀。「天地一指也，萬物一馬也」，並不是說，天地都等於一個指頭，萬物都同於一匹馬，而是說，萬物皆「道」，它們是一體。天地再大，也可做一指觀，萬物再多，也可當一馬看，因為，道使之「內通」為整一。

這種齊物精神，從人融入「大道渾化」的角度來看，那就是「天地與我並生，萬物與我為一」的偉大精神。這意味著，參與「道化」之人，必洞夫萬物之情，而洞物莫如「順化」，所以才走向了「物化」，「不如兩忘而化其道」，遂形如槁木而心如死灰。

問題是，如此這般之「道」，如此這般之「人」，到底是「有情」，還是「無情」的？是「有情反被無情惱」，還是「有情世界無情人」？

惠子問莊子：「人故無情嗎？」莊子答：「是。」惠子問：「人而無情，何以叫做人？」莊子答：「道給予人貌，天給予人形，怎不能稱為人？」惠子問：「既然稱之人，怎麼無情呢？」莊子答：「這不是我所謂之情。我所謂的無情，乃是說人不以好惡來內傷其身，常順因自然而不人為的益生。」惠子問：「不去益生，怎能有他的身呢？」莊子答：「道給予人貌，天給予人形，不要以好惡來內傷其身。如今的你，卻在耗你的心神，勞你的精力，倚樹而吟唱，靠案几而休息。天授予你以完美之形，你卻仍以『堅白之論』而自鳴！」

由此看似，莊子真乃一位無情論者，至少也是寡情主義者，但事實上，恰非如此。

　　莊子首先承認，人是無情的。但，情是為人所「有」的，人若無情，還是人嗎？莊子進而認為，人當然是人，但人的貌是道給的，人的形是天賦的。關鍵就在於，如何理解莊子所說的「情」。這個「情」到底是什麼情呢？

　　莊子所嚮往的，其實是另一種清淨無為的「情態」，稱之為「大情」也無不可。莊子所認定的「無情」，並不是摒棄了人的喜怒哀樂之感情，而是順於天運而毫不人為的身心安頓。恰恰乃是「因自然」，才能無傷身心，這才是真正的「法天而貴真」呀！

　　在這個意義上，莊子的後學們對於孔門儒學進行了尖銳批判。從莊生的角度來看，儒家所推重的仁義禮樂那一套的形式，問題恰恰就出在其「虛情假意」上面，從而「失其性命之情」。所以，從「忘仁義」到「忘禮樂」，由此才能走向莊子所嚮往的「坐忘」狀態。翻過來，再從儒家之基調，來同情地理解莊子的無情：「情之正曰性情。情之賊曰情慾。『無人之情』者，無情慾之情，非無性情之情也。」[066] 如果說莊子是崇尚「真性情」的，那麼說得也沒錯。

　　實際上，考據由莊子本人完成的《莊子》內七篇，核心的文字就是〈養生主〉。過去人們總是將頭篇〈逍遙遊〉作為莊子美學的「自由」鵠的，認為「美在自由」，但是，莊子的生活美學的的確確以「養生」為主。養生的自由，應為生活之豢養裡所滋生出來的「自」由，即「自得其得，自適其適」。「性者，生之質也」，養生猶言「養性」，而非世俗意義上的養生。

　　從《莊子》的整個布局謀篇來看，第一篇〈逍遙遊〉來深描主觀的「自由」，第二篇〈齊物論〉來闡明客觀的「齊一」，直到第三篇〈養生主〉，才

---

[066] 鍾泰：《莊子發微》，上海古籍出版社 2002 年版，第 126 頁。

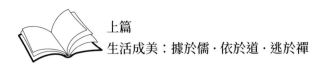

終將物我雙方歸之於「養生」。在莊子心目當中，養生的「神人」的情態，乃為「不食五穀，吸風飲露，乘雲氣，御飛龍，而遊乎四海之外」。[067]

莊子的養生之道，合乎自然，順乎自然，無思無為，身心恬淡。所謂「遊心於淡，合氣於漠，順物自然而無容私焉，而天下治矣」[068]。嵇康也有〈養生論〉，其中說「故修性以保神，安心以全身。愛憎不棲於情，憂喜不留於意，泊然無感，而體氣和平」[069]，這就是莊子「大情」之狀。

莊子自己真實的生活，《莊子》裡面記載得不多，但是一則「鼓盆而歌」的故事卻廣為人知。這個故事是說，莊子的妻子死去的時候，惠子去弔喪，竟然看到莊子蹲在那裡鼓盆而歌。當莊子面對惠子的質疑之時，他卻表現出一種超越生死的灑脫態度。

在失去親人之時，莊子卻不為「小情」所困，但在面對人類整體之時，莊子卻以一種「大情」對世界充滿了愛，此乃「恆物之大情也」，而對自己，亦要安其「性命之情」之道。魏晉時代，玄學關於聖人「有情還是無情」，就有一場曠日持久的爭論，莊周的「情本主義」的一面被極力彰顯了出來。

這種道家玄學的「情本主義」，特別是在六朝的重情之風裡面得以突顯，起碼從個人性情的現實趨勢來看，「有情論」無疑最終占據了上風。所謂「有生則有情，稱情則自然，若絕而外之，則與無生同。何貴於有生哉？」[070]「有情論」者如王弼、阮籍、嵇康，認定聖人並非「無心」、「無情」，「無」乃是情感均和的假象而已；「無情論」者如何晏與郭象，認為聖人內心是無情之「空」。空的觀念來自佛學。道家本是有情論，佛家則是去情論。

---

[067] 陳鼓應：《莊子今注今譯》，商務印書館 2007 年版，第 28 頁。
[068] 陳鼓應：《莊子今注今譯》，商務印書館 2007 年版，第 251 頁。
[069] 戴明揚校注：《嵇康集校注》，中華書局 2015 年版，第 220 − 230 頁。
[070] 向秀：〈難養生論〉，見戴明揚校注：《嵇康集校注》，中華書局 2015 年版，第 258 頁。

周臣〈北溟圖〉（區域性） 明代 現藏於美國納爾遜 - 阿特金斯美術館

所謂「喜怒哀樂，慮嘆變慹，姚佚啟態」，這皆為莊子對人情的精妙的描述，它們是「心境牽連於得失，引動各種情緒的反覆。慮是憂慮，嘆是感嘆，變是反覆猶豫，慹是怖懼，姚是輕浮躁動，佚是縱放不羈，啟是外露不收斂，態是裝模作樣」[071]。但在莊子看來，它們都好似是「樂出虛」之幻聲，好似是「蒸成菌」之幻形而已。

「樂出虛」之樂，如果當音樂之「樂」講，那就是說，樂聲要發出來，就須透過內虛的、中空的樂器，這就是「人籟」的問題。在莊子看來，「人籟」仍是低階的，從「地籟」到「天籟」才是高級的。「籟」的本義來自簫，所以籟本來就是人的，而莊子所論地與天之籟皆從「人籟」推

---

[071] 牟宗三講述，陶國璋整構：《莊子齊物論義理演析》，中華書局 1998 年版，第 30 頁。

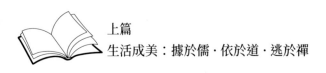
說出來，但「天籟」才是莊子真正青睞的。

這就要回到莊子所論的「天籟—地籟—人籟」。

▶「咸其自取」的天籟之聲

在〈齊物論〉的開篇，莊子就談到了「人籟」、「地籟」和「天籟」之分。在這種「天—地—人」的基本構架裡，提出了著名的「竅喻」，這個橋段的美感，很難用現代漢語翻譯出來：

南郭子綦隱几而坐，仰天而噓，答焉似喪其耦。顏成子游立侍乎前，曰：「何居乎？形固可使如槁木，而心固可使如死灰乎？今之隱几者，非昔之隱几者也。」

子綦曰：「偃，不亦善乎，而問之也！今者吾喪我，汝知之乎？汝聞人籟而未聞地籟，汝聞地籟而未聞天籟夫！」

子游曰：「敢問其方。」

子綦曰：「夫大塊噫氣，其名為風。是唯無作，作則萬竅怒呺。而獨不聞之翏翏乎？山陵之畏佳，大木百圍之竅穴，似鼻，似口，似耳、似枅、似圈，似臼，似洼者，似汙者。激者、謞者、叱者、吸者、叫者、譹者、宎者、咬者。前者唱于而隨者唱喁。泠風則小和，飄風則大和，厲風濟則眾竅為虛。而獨不見之調調之刁刁乎？」

子游曰：「地籟則眾竅是已，人籟則比竹是已。敢問天籟。」

子綦曰：「夫天籟者，吹萬不同，而使其自己也。咸其自取，怒者其誰邪？」[072]

按照莊子的精妙比喻，那些山陵的高下盤迴和百圍大樹的竅穴，有的

---

[072] 陳鼓應：《莊子今注今譯》，商務印書館 2007 年版，第 43 — 44 頁。

像鼻子，有的像嘴巴，有的像耳朵，有的像梁上的方孔，有的像杯圈，有的像舂臼，有的像深池，有的像淺窪，（這些竅穴中發出的聲音）有的像湍水衝激的聲音，有的像羽箭發射的聲音，有的像叱咄的聲音，有的像呼吸的聲音，有的像叫喊的聲音，有的像號哭的聲音，有的像深谷發出的聲音，有的像哀切感嘆的聲音。前面的風聲嗚嗚地唱著，後面的風聲呼呼地和著。小風則相和的聲音小，大風則相和的聲音大。[073]

這種樂首先是「天籟」，是自然的樂；其次是變化的樂；再次則是最切近心靈流動的樂。莊子說過：「以虛靜推於天地，通於萬物，此之謂天樂。」[074] 這種音樂般的時間意識，或者說對「變」與「易」之生生不已的關注，使得「中國人不是向無邊空間作無限制的追求，而是『留得無邊在』，低迴之，玩味之，點化成了音樂」[075]。

如此看來，一種節奏化的行動，在莊子的「竅喻」裡非常明顯。這不正是一種「變化於無為」的「變」嗎？一方面是「竅穴」的空間的「萬端變化」，另一方面則是風吹過萬竅的「無窮變化」。這種變化是極富音樂感的，當來自眾竅的不同的聲波傳到耳中，恰恰構成了一種變幻的復調音樂。

喬仲常〈後赤壁賦圖卷〉（區域性） 北宋 現藏於美國納爾遜 - 阿特金斯藝術博物館

[073] 譯文參見陳鼓應：《莊子今注今譯》，商務印書館 2007 年版，第 51 頁。
[074] 陳鼓應：《莊子今注今譯》，商務印書館 2007 年版，第 397 頁。
[075] 宗白華：《中國詩畫中所表現的空間意識》，《宗白華全集》第二卷，安徽教育出版社 1996 年版，第 441 頁。

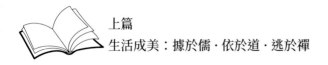

在天籟的描述裡面，莊子為竅穴預設了一位聆聽者。這位聆聽「竅之音」的主角，卻擁有另一套體會大千世界的方式。他並沒有置身於「穴」的空間之內（這不僅因為「竅」往往很小而不能容身），而只是在「千瘡百孔」的眾竅之外來聆聽。這種主角並不直接介入空間（乃至改變空間）的方式，正是源自一種華夏民族所獨有的「自然而然」的審美態度。

在莊子的「竅喻」裡，主角雖然不在「穴」內，但卻真正地「無孔不入」。這是由於，雖然這位主角沒有物理性的位移，但是，他卻在傾聽著一種「流動的時空」。在眾多的竅穴的比喻之內，主角的「神」往往是充溢其間的，或者說，在不同的空間之間穿梭和流動著。這是由於，按照華夏民族傳統的哲學和文化觀念，人與萬物都是天地所生，性同一源的。

如此觀之，「遊觀」不正是來自這種「聽」的體驗嗎？「竅喻」裡風在不同竅穴裡面的流轉和穿梭，就有如觀看風景時的人的視線流動。同時，由於竅穴本身的變化很多，更加之風吹過時的千變萬化，使得這種「遊觀」獲得了更大的自由度。比如在玩賞山水畫長卷時，獨特的中國式的透視並不僅僅在於從右至左地看，而且在觀看的時候，還在於各個視點「遠近高低各不同」，或者說是自由遊弋的，因而也是自然游移的。

由於散點透視的視點是跳躍散落在水平線上下各處的，空間因而表現出同線性透視相異的扭曲和偏離，而「畫幅結構的空間程式在功能上與空間的扭曲有必然連繫。而這，自然會『影響時間的流速』。由於空間扭曲，時間的運動也隨之放慢了。」[076] 由這種透視所見的時空，不同於古埃及繪畫中要畫其「所知」的東西，也不同於古希臘雕塑要創作其「所見」的立體東西，而是要「飽遊飫看」從而體悟到審美的內在意蘊。

---

[076] [蘇] 葉・查瓦茨卡婭著，陳訓明譯：《中國古代繪畫美學問題》，湖南美術出版社 1987 年版，第 173 頁。

莊子的「竅喻」裡面的潛臺詞始終就是「氣」。

子綦「仰天而噓」撥出的是「人之氣」,「大塊噫氣」發出的則是「風之氣」,所傾聽的徘徊於山陵、流動於眾竅的更是「氣」。「人籟」是竹簫發出的聲音,依賴於「氣」;「地籟」是眾竅孔發出的聲音,依賴於「氣」;「天籟」乃是風吹萬種竅孔發出了各種不同的聲音,更依賴於「氣」。可見,在「竅喻」裡就重要性而言,恐怕非「氣」莫屬了,「竅之音」不恰恰就是「氣」的表演和演奏嗎?沒有了「氣」對這些空間的充溢,哪來的莊子所形容的那玄妙的「復調音樂」呢?總之,莊子的美學總漫溢著「氣感」。

這裡便存在一種雙向的要求:對「氣」本身屬性的要求和對「感氣」狀態的要求。一方面,要去傾聽「天籟」,但「天籟」對「氣」的屬性則有較高的要求,「夫天籟者,吹萬不同,而使其自己也。咸其自取,怒者其誰邪?」也就是說,天籟是風之氣吹過萬種竅穴,發出了各式各樣的聲音,這些聲音之所以能千差萬別,乃是由於各種竅穴的自然而然的狀態所致,難道鼓勵它們發聲的還有誰嗎?

這裡對「氣」的屬性的規定,就是「使其自己」和「咸其自取」,也就是強調自然,自然而然地「使其自己」,竅穴自己本來就是自然狀態,所以能自然而然地存在。所謂「有是竅即有是聲,是聲本竅之自取也」[077],正是此意。

另一方面,則是對「感氣」狀態的要求,所謂「若一志,無聽之以耳而聽之以心,無聽之以心而聽之以氣。耳止於聽,心止於符。氣也者,虛而待物者也。唯道集虛,虛者,心齋也」。按照莊子的「耳—心—氣」的

---

[077] 參見陳壽昌對「咸其自取」的解釋,轉引自陳鼓應:《莊子今注今譯》,商務印書館 2007 年版,第 50 頁。

邏輯，最終要以「氣」來體悟，這是由於這種「感氣」狀態是在「耳聽」和「心感」之上的更高層級和境界。因為，止於聆聽外物的耳的作用，止於感應現象的心的作用，這都是不夠的。只有「氣」，才因「虛」而能容納外物，由此才能達到「心齋」的狀態。可見，莊子對「感氣」狀態的要求是達到「心齋」。

▶「唯道集虛」的氣化和諧

中國傳統美學主要是一種「氣化美學」或者「氣態美學」。這就是來自莊子道學的啟示，因為莊子本人就追求「遊心於淡」，心之虛而無事；訴諸「合氣於漠」，氣之靜而不擾，從而達到「順物自然而無容私焉」。

且看《莊子・人間世》這段對話：

顏回曰：「吾無以進矣，敢問其方。」

仲尼曰：「齋，吾將語若！有心而為之，其易邪？易之者，暞天不宜。」

顏回曰：「回之家貧，唯不飲酒不茹葷者數月矣。如此，則可以為齋乎？」

曰：「是祭祀之齋，非心齋也。」

回曰：「敢問心齋。」

仲尼曰：「若一志，無聽之以耳而聽之以心，無聽之以心而聽之以氣！耳止於聽，心止於符。氣也者，虛而待物者也。唯道集虛。虛者，心齋也。」[078]

---

[078] 陳鼓應：《莊子今注今譯》，商務印書館 2007 年版，第 139 頁。

這裡就出現了一種由「外」而「內」的轉換。這種轉換展現在兩個方面：其一，當顏回求教孔子何為「齋」的時候，區分了外在的「祭祀之齋」與內在的「心齋」，實現了由外而內的轉換；其二，當顏回進一步追問孔子何為「心齋」的時候，從外在的「耳」轉向了內在的「心」，直至最終轉化到了「氣」，實現了「耳—心—氣」的轉換。莊子強調，只有處在「一志」的狀態中，才能不用耳去聽而用心去體會，進而不用心去體會而用氣去感應。耳的作用，止於聆聽外物，心的作用，止於感應現象。[079]

所以要「聽之以氣」或者「以氣聽之」。在此，「聽」的原初意義就被泛化了，不僅用耳朵是「聽」，用心去體會也是「聽」，甚至上升到氣的層面亦是「聽」。在這個意義上，正如「味」遠非是生理的感受一樣，「聽」也是超越生理的、融入心中的，甚至能達到最高境界的感受方式。如此觀之，「聽」與「體會」那種「味」是近似的。莊子又有了「夫徇耳目內通而外於心知」的提法。這種使耳目感官內在通達而排除心知的方式，在一定意義上說，不就是一種綜合的審美感受嗎？

中國傳統的審美時空意識，之所以充滿了某種音樂性，就是來自這「氣」之「動」。或者說，氣為「動」之載體，動是「氣」之動。

清代畫家方薰說：「氣韻生動為第一義，然必以氣為主，氣盛則縱橫揮灑，機無滯礙，其間韻自生動矣。」（《山靜居畫論》）這裡，他不僅指明瞭氣「體」動「用」的本末關係，而且認為氣動而「韻自生動矣」，亦即氣之流轉會自然生成畫面的樂感化的和諧。難怪明代的唐志契進而主張以「氣運生動」代之以氣韻生動，「生者生生不窮，深遠難盡。動者動而不板，活潑迎人」（《繪事微言》）。清代的唐岱也說「有氣則有韻，無氣則板呆矣」（《繪事發微》），氣乃是繪畫動力場的「圜中」核心所在。而且，這氣

---

[079] 譯文亦可參閱陳鼓應：《莊子今注今譯》，商務印書館 2007 年版，第 143 頁，有所改動。

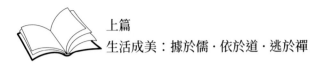
韻雖「意在筆先」但卻「妙在畫外」，它「體物周流，無小無大」（《二十四畫品》），從而將畫面點化為靈動的空間。其實，這空間之「靈」性就是氣韻之「動」的賜予，正是審美時間融化繪畫空間而成的時空合體境。

氣韻之「生動」就意味著宇宙生命的節奏律動，生命元氣的化生不已，它要求「必須在（包括個性與表現上的）『氣』、和諧度、生動性及充滿活力方面皆生機盎然」[080]。是故，古典畫論往往強調「凡畫必周氣韻」（郭若虛《圖畫見聞志》），創作則「氣韻行於其間」（陳撰《玉幾山房畫外錄》），且「必求氣韻而漫羨生矣」（顧凝遠《畫引》），鑑賞則必先觀氣韻，這「周」、「行」、「漫羨生」均是「動」之流運形態。

而這「動」，就是時間融入審美空間的通途。現象學美學家杜夫海納（Dufrenne）認為，「使繪畫空間獲得活力的時間多少應該屬於繪畫的結構……時間只有以運動的方式間接參與才有可能……運動是轉向時間的那個空間的面孔」[081]。不過，中西繪畫的「運動」形式卻趨於不同形態。在物化空間層面上，中國繪畫「筆氣」、「墨氣」、「色氣」交織的空間所包孕之時間性，更類似於現象學所謂繪畫「空間的時間化」——「有結構、有方向性」的繪畫空間像是孕育著一種「在不動中完成的運動」。[082]

這意味著，這種空間是以「靜」示「動」，而同情感、意象層面的時間動感相互貫通，亦即顯現在「氣勢」、「氣度」和「氣機」（唐志契《繪事微言》）的生動變化裡，顯現在精神節奏所蘊含的深層意味裡。然而，中國古典繪畫的審美空間更是一種「虛幻空間」或「無形的意象」，它的特質就在於超驗的審美時空的存在，這也就是「氣韻生動」之宇宙論和生命化的內涵所在。

[080] 方聞著，李維琨譯：《心印》，上海書畫出版社 1993 年版，第 4 頁。
[081] 杜夫海納著，韓樹站譯：《審美經驗現象學》，文化藝術出版社 1992 年版，第 314 頁。
[082] 杜夫海納著，韓樹站譯：《審美經驗現象學》，文化藝術出版社 1992 年版，第 314 頁。

華夏古典文化和哲學則更為注重「虛」的一面，這「虛」是與「實」相對而出的。中國傳統美學倒好像是一種務「虛」的美學，或者是「虛實相生」的美學。莊子「竅喻」裡面的「竅穴」始終是空的，只有「氣」方能遵循自然的節奏納入和撥出。

在莊子的視野裡，「氣」始終與「虛」是息息相通的。所謂「氣也者，虛而待物者也」，氣正因為它自身的空和虛，所以才能容納「物」。而這被「待」之「物」則是「實」的。這一虛一實，恰恰構成了宇宙生化的節奏。因為所有的竅孔原本都是空寂無聲的，只有當氣流動起來的時候，才能從「無聲」處以「有聲」勝。莊子顯然是講究「虛」的，講求虛實相生的變化，從而能「體盡無窮，而遊無朕」。

這就奠定了華夏民族傳統審美的最基本的時空意識，「此虛，非真無有，乃萬有之根源。『以虛空不毀萬物之實』。『虛』，宇也，空間也。『動』，宙也，時間也」[083]。如前所述，在莊子的「竅喻」裡，「氣」的意象反覆出現。如「仰天而噓」的「噓」，吐氣為噓；再如「大塊噫氣」的「噫」，也是「吐氣出聲」為「噫」。當然，這裡所強調的都是「吐」，有「吐」就有「納」。「氣」這個意象恐怕同人的呼吸最直接相關。

這一呼一吸的節奏，不就是一陰一陽的節奏嗎？

▶「陰陽動靜」的合體時空

陰與陽，動與靜，究竟如何構成中國的審美時空呢？

首先，靜、動與陰、陽是分別相系的。莊子所謂「靜而與陰同德，動

---

[083] 宗白華：〈中國美學思想專題研究筆記〉，《宗白華全集》第三卷，安徽教育出版社 1996 年版，第 508 頁。

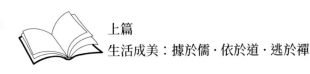
而與陽同波」，就是說，作為空間的「虛」之宇是屬「陰」的，作為時間的「動」之宙是屬「陽」的，這時空的相推變化，正構成了一陰一陽的交合變化。華夏傳統的時空觀念本身就來自其獨特的宇宙時空觀念。中國傳統繪畫亦歷來講求所謂「實處愈實，虛處愈虛」（布顏圖《畫學心法問答》）。

其次，時與空並未裂變而是混糅的，不像古希臘時空觀那樣時與空是相對分離的，而是時空兩境，相推而變，共構起一種所謂「時空合體境」。

宗白華先生將中國傳統審美的時空意識追溯到八卦「四時自成歲」的歷律哲學：《易經·革卦》觀四時之變，「治歷明時」；《鼎卦》有觀空間鼎象，「正位凝命」。兩卦分別象徵一時境一空境，並相推而變「生生之謂易」，共構起「時空合體境」。[084]

其次，這種時空還是「變」與「易」的，與歐洲傳統美學對空間的感受趨於「靜」態，對時間也趨於「實」的方面來理解不同，莊子賦予了時空（包括審美時空）以一種絕對變化的意義。所以說，「物之生也，若驟若馳，無動而不變，無時而不移」[085]。就中國傳統繪畫而言，這種「變易」具體顯現在：「山水間煙光雲影，變幻無常，或隱或現，或虛或實，或有或無，冥冥中有氣，窈窈中有神，茫無定象，雖有筆墨莫能施其巧。」（布顏圖《畫學心法問答》）

華夏傳統的審美觀，主要持一種「道」的時空觀或「氣」的時空觀。中國傳統的審美時空意識，則主要來自「道」的時空觀，或者說，是「道」的時空觀與「氣」的時空觀的某種融合。

---

[084] 宗白華：〈形上學 —— 中西哲學之比較〉，《宗白華全集》第一卷，安徽教育出版社 1996 年版，第 624 － 633 頁。
[085] 陳鼓應：《莊子今注今譯》，商務印書館 2007 年版，第 493 頁。

自然界中原存的「氣」，保持著一種萬物流動的自由狀態，它本身的蒸騰和冉冉狀態，乃至陰陽之氣的互推變化，都是為華夏傳統時空意識提供了載體。這種時空意識要「變化於無為」，並在「虛」的層面直接與道、氣和空的宇宙本體貫通，莊子所謂「唯道集虛」正是此義。《管錐編》曾寫道：「老子所貴道，虛無，因應變化於無為。按『因應』者，因物而應之也。」[086] 虛無因應（時）意指道家虛無也是「因時為業」，順應自然無為而行的。確實，老子貴因時，莊子更以順遂時宜為美，這就為空間的隨時而化、須臾變幻因素之傾注提供了空場。

具體到繪畫，這類時間意識就突顯在繪畫美學虛無相生的「虛」、計白當黑的「白」之中。「凡山石之陽面處，石坡之平面處，及畫外之水天空闊處，雲物空明處，山足之杳冥處，樹頭之虛靈處」皆可留「白」空「虛」，它可「作天，作水，作煙斷，作雲斷，作道路，作日光」（華琳《南宗抉祕》）。但是，畫面的虛實並不是截分兩極的，而是虛實相互生成，因為「通體之空白即道體之龍脈也」。這樣，氣脈一道流貫於畫內畫外，使繪畫審美空間趨向靈動之勢，「凡山皆有氣脈相貫，層層而出，即聳高跌低，閃左擺右，皆有餘氣連繫照應」（布顏圖《畫學心法問答》）。

最終，可以說，中國傳統美學的時空觀是一種生命時空觀。「中國先哲所體認的宇宙，乃是普遍生命流行的境界」[087]，「根據中國哲學，整個宇宙乃是由一以貫之的生命之流所旁通統貫」[088]。因而，中國傳統美學所推崇的虛、空、白也並非「無有」，而是宇宙生命的綿延生氣業已貫注於其間，這都是與「道」相通的。

[086] 錢鍾書：《管錐編》第一卷，中華書局 1979 年版，第 311 頁。
[087] 方東美：《中國人生哲學概要》，學生書局 1980 年版，第 44 頁。
[088] 方東美：《原始儒家道家哲學》，臺灣黎明文化事業公司 1985 年版，第 21 頁。

▶「逍遙樂道」的樂生之美

道家對中國藝術產生了重要影響，但是，這種對藝術的影響，乃是透過對人生的影響而發揮作用的。這也就是說，道家塑造了中國人特別是文人的宇宙觀、世界觀與人生觀。

首位道家生活美學的集大成者，乃是東漢末期的仲長統，他真正地將「道化之美」的諸原則徹底貫徹到自己生活的各方面當中。

正是這位超凡人物，年輕時就遊學四方，放誕無忌，「與交友者多異之」，「時人或謂之狂」，從而成為一介狂生。仲長統明指俗士之俗，「天下士有三俗：選士而論族姓閥閱，一俗；交遊趨富足之門，二俗；畏服不結於貴尊，三俗」[089]。東漢末世衰亂，使得許多正直之人面對「世俗行事」而「發憤嘆息」，面對那些世族姓氏與門第富貴的傳統勢力，而獨自走了一條生活美學之途：

> 使居有良田廣宅，背山臨流，溝池環匝，竹木周布，場圃築前，果園樹後。舟車足以代步涉之艱，使令足以息四體之役。養親有兼珍之膳，妻孥無苦身之勞。良朋萃止，則陳酒餚以娛之；嘉時吉日，則亨羔豚以奉之。躕躇畦苑，遊戲平林，濯清水，追涼風，釣遊鯉，弋高鴻。諷於舞雩之下，詠歸高堂之上。安神閨房，思老氏之玄虛；呼吸精和，求至人之彷彿。與達者數子，論道講書，俯仰二儀，錯綜人物。彈南風之雅操，發清商之妙曲。逍遙一世之上，睥睨天地之間。不受當時之責，永保性命之期。如是，則可以陵霄漢，出宇宙之外矣。豈羨夫入帝王之門哉！[090]

[089] 馬總：《意林》卷五引《昌言》語，《四部叢刊》本，上海商務印書館 1939 年版。
[090] 范曄撰，李賢等注：《後漢書》卷四十九〈仲長統傳〉，中華書局 1973 年版，第 1644 頁。

劉貫道〈消夏圖〉 元代 現藏於美國納爾遜 - 艾特金斯藝術博物館

楊世昌〈崆峒問道圖〉 金代 現藏於故宮博物院

　仲長統著有《昌言》，全文已散佚，清代嚴可均於眾多典籍中廣為搜求，集錄其斷章殘篇，匯於《全後漢文》。其中亦有這篇小文，被命名為〈樂志論〉，表白了仲長統所嚮往的愜意人生與曠達之志。

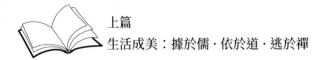

這篇〈樂志論〉大致可以轉成現在漢語如下（儘管許多的韻味在其中業已喪失）：使居住有塊良田，有間廣宅，背靠山麓，面臨流水，環繞溝池，竹樹廣布，前有菜圃，後有果園，有船車可以代步，足以讓四肢安頓而不疲。侍奉雙親有珍饈百味，妻兒也無辛苦勞頓。良朋好友相聚，陳出美酒佳餚共享娛樂；吉日良辰，則烹豬宰羊來敬奉。悠遊漫步於田園，遊戲於林野平原，濯足於清溪，追逐於涼風，釣遊動之鯉魚，射高飛的大雁。吹風乘涼在舞雩之下，吟詠回到高堂之內。在房內靜養安神，反思老子的玄虛之學；呼吸保精諧和，追求至人一般的樣子。與合道者數人，論道講書，上觀天文，俯察地理，錯綜人物。彈奏著南風之雅操，發出清商的妙曲。逍遙這一世之上，睥睨這天地之間。不受當時的責難，永遠保養天年。如此這般，就可以想像走出雲霄，飛出宇宙之外，哪還羨慕什麼進入帝王之門！

仲長統的這種「人生藝術化」與「審美化人生」，當然是奠基於一定的經濟基礎之上，有著相當的田產家業，能夠保障生活豐饒，衣食無憂。然後，再追求居室的美學、飲食的美學、遊樂的美學、學問的美學與音樂的美學，同樣成為娛樂的仲介，從肉體至精神，達成道家的逍遙遊之至境。這種生活的理想，顯然可以作為中古文人的心聲，進而可以放大為中國古代文人的整體美學追求。

只可惜，我們現在只能透過文字來想像仲長統的總體生活，沒有任何圖繪的資料可以讓我們懷古，但是，元代畫家劉貫道的〈消夏圖〉簡直可以被視為古代文人審美生活的真實寫照！

〈消夏圖〉所描繪的審美空間，乃為植著芭蕉、梧桐和竹子的庭院，這些植物都是古人所鍾愛賞玩的。畫的正中，一位具有「道家風範」的文士赤上身，臥榻上，持塵尾，拈書卷，並作自我冥思狀。這位超逸的高士，甚至被許多史家認定為阮咸，也就是那位「任達不拘」的竹林七賢之一。

　　無論〈消夏圖〉所描摹的是阮咸與否，高士身後的桌與榻相接處所置那一樂器，應該都對映這位高士就像阮咸那樣「妙解音律，善彈琵琶」──「阮咸」如今早已成為中國彈撥樂器的名字，因為阮咸善彈此器。畫中主人的審美生活興趣並非一件樂器所能窮盡，其榻後方桌上陳有書卷、硯臺與茶盞之屬，精美至極。

　　在這幅畫的後部，繪有另一屏風畫卷，畫中居然還有一山水屏風，真乃「畫中有畫又有畫」，這就是古典繪畫的「重屏圖」。其中，一老者坐於榻上，文房之美齊備，一小童侍立於側，兩侍者似在準備茶事，好一幅夏日納涼的審美畫卷！

　　從仲長統開始的這種美學追求，無疑是先秦道家開啟的，又在魏晉玄學時代大興。仲長統在這個意義上，就好似個轉折人物，既將道家生活美學集於一身，又開啟了後世的魏晉生活玄風。仲長統是追求道家的「逍遙」與「無待」的，而力主「叛散五經，滅棄風雅」，從而離經叛道，倡導一種獨立品性與人格。魏晉六朝的越「理」任「情」、「越名教而任自然」之風尚，似乎從東漢末年已有濫觴。元人吳師道所論即為明證：仲長統「得罪於名教甚矣。蓋已開魏晉曠達之習，玄虛之風。」[091]

　　仲長統的道家人生觀，可以用此詩來明志：

　　飛鳥遺跡，蟬蛻亡殼。騰蛇棄鱗，神龍喪角。至人能變，達士拔俗。乘雲無轡，騁風無足。垂露成幃，張霄成幄。沆瀣當餐，九陽代燭。恆星豔珠，朝霞潤玉。六合之內，恣心所欲。人事可遺，何為局促？[092]

　　更有趣的是，仲長統不僅思想上接受了「道家」，而且在踐行上亦受

---

[091] 吳師道：《吳禮部詩話》，《續修四庫全書》第 1694 冊，上海古籍出版社 2002 年版，第 531 頁。

[092] 仲長統：〈見志詩〉，逯欽立輯校：《先秦漢魏晉南北朝詩》第 1 冊，中華書局 2017 年版，第 205 頁。

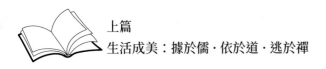
「道教」影響。「仙人」的觀念與行為，在仲長統那裡又都是存在的，這也與「養生」內在相關：「嗽舌下泉而咽之，名曰胎食。得道者，生六翮於臂，長毛羽於腹，飛無階之蒼天，度無窮之世俗。」[093] 從養生學角度看，隨著舌頭上卷嗽動，舌根的玉液與金津兩穴分泌唾液，它就猶如母胎中給予嬰兒的胎食。仲長統「成仙得道」的描述雖不足取，卻透露出他道家思想的踐行之根。

這種「思老氏之玄虛」與「求至人之彷彿」的人生理想，似乎有了更多的理想化成分。現實中的隱逸總是清苦的，能耐得住那種「苦」而又得其「樂」的人實在不多，因此，在這個意義上，陶淵明似乎是唯一的。可以說，「中國只兩次描繪了人間天國。一個是陶淵明做的桃花源，一個是《紅樓夢》中的大觀園」[094] 前個山中的桃花源，後個牆裡的大觀園，兩處時隔千年，中有詩星如晝，從魏晉時期的阮籍和嵇康、唐代的李白，再到明季的山人野士，莫不如此。

▶「庖丁解牛」的技近乎道

莊子裡面有一個「庖丁解牛」的故事，往往被後人用以言說藝術創作，對於藝術技藝的掌握，就好似庖丁解牛達到了某種高境，中國人一般稱之為 ——「技進乎道」。

將庖丁比喻為一位藝術家，將解牛的方式視為藝術創造的過程，這樣的例證，真的是不勝列舉。根據蘇軾的記載，子由寫一篇〈墨竹賦〉給文與可說：「庖丁，解牛者也，而養生者取之；輪扁，斫輪者也，而讀書者

[093] 馬總：《意林》卷五引《昌言》語，《四部叢刊》本，上海商務印書館 1939 年版。
[094] 顧城：〈《紅樓夢》翻讀隨筆〉〉，《北京文學・中篇小說月報》2007 年第 9 期。

與之。今夫夫子之託於斯竹也，而予以為有道者則非邪？」[095] 庖丁解牛
本是養生之道，但是，畫人卻將其意蘊寄託在竹畫上，並深得其「道」之
「理」。

　　然而，庖丁解牛言說的，原初並不是「藝術創作」的美學規則，而是
「生活生長」的審美規律。

　　這段故事，被漢學家翻譯成法文，又由法文翻譯回來：

　　庖丁為文惠君解一頭牛。他或手觸牛體，或是以肩膀頂住牛軀，或是
雙腿立地用膝蓋抵住牛身，都只聽嘩嘩的聲響。他有節奏地揮動牛刀，
只聽陣陣霍然的聲音，彷彿是在跳著古老的〈桑林舞〉或者鼓奏著〈經首
曲〉。

　　文惠君嘆道：「佩服！技術居然可以達到這種程度！」

　　庖丁放下刀回答說：「您的臣僕我所喜好的不是技術，而是事物之運
作。我剛開始做這一行時，滿眼所見都是一整頭牛。三年以後，所看到的
就只是一些部分而已。而到了現在，我只用心神就可以與牛相遇，不需要
再用眼睛看了。我的感官知覺已經都不再介入，精神只按它自己的願望行
動，自然就依照牛的肌理而行。我的刀在切割的時候，只是跟從它所遇到
的間隔縫隙，不會碰觸到血管、經絡、骨肉，更不用說骨頭本身了。……
在碰到一個骨節的時候，我會找準難點，眼神專注，小心謹慎，緩慢動
刀。刀片微微一動，牛身發出輕輕的『謋』的一聲就分解開來，像泥土散
落掉在了地上。我手拿牛刀，直立四望，感到心滿意足，再把刀子揩乾淨
收回刀套裡藏起來。」[096]

---

[095] 蘇軾：〈文與可畫篔簹谷偃竹記〉，俞劍華編著：《中國古代畫論精讀》，人民美術出版社 2011
　　　年版，第 442 頁。
[096] 畢來德著，宋剛譯：《莊子四講》，聯經出版公司 2011 年版，第 5 － 6 頁。

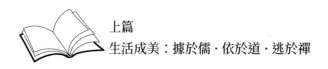
關鍵就在於這段的翻譯，「您的臣僕我所喜好的不是技術，而是事物之運作」，原文字是「臣之所好者，道也，近乎技矣」。法國漢學家畢來德認為，「道」的核心內涵就是「物之運作」。「物之運作」作為合「天」的活動，「是指必然的、自發的活動，在某種意義上也是非意識的，要高一級」，而人所從事的則是故意的、有意識的活動，那是低一層的。[097] 於是，人要合於天，人的操作要合於物的運作，進而最終合於「天運」。所謂「能有所藝者，技也。技兼於事，事兼於義，義兼於德，德兼於道，道兼於天」[098]。

庖丁解牛所深描的，就並不是超出生活的創生過程（如藝術創作），而就是我們日常生活當中的普普通通的學習經驗的過程。這裡的「經驗」是人們一切有意識的基礎，只是我們非常熟悉這一基礎，以至於根本不在乎與注意它，然而這種離我們非常之近的經驗，卻被莊子所體察了出來。「莊子給出了我們所缺乏的正規化，使我們能夠把之前分散的許多現象聚合起來、組織起來，還能夠透過別的觀察去加以補充，進而以一種嶄新的視野來理解我們的一部分經驗。我們所有的有意識的活動，從最簡單到最複雜的都不例外，其學習過程都經歷過這些個階段。」[099] 從學習騎腳踏車到學習一門外語，都必然經歷這樣的生活經驗習得過程。

這些階段，就是解牛的必由階段。解牛所解的並不是真牛，乃是「生活之牛」，它充滿著一種生活智慧。開始是滿眼都是一隻完整的牛，最終是未曾再見過完整的牛。「以神遇而不以目視，官知止而神欲行」，正是對於解牛過程的主觀心理狀態的神妙描寫，「提刀而立，為之四顧，為之躊躇滿志」，則是對解牛之後的躊躇滿志狀態的描繪。從「依乎天理，批大

---

[097] 畢來德著，宋剛譯：《莊子四講》，聯經出版公司 2011 年版，第 33 頁。
[098] 陳鼓應：《莊子今注今譯》，商務印書館 2007 年版，第 347 頁。
[099] 畢來德著，宋剛譯：《莊子四講》，聯經出版公司 2011 年版，第 9 頁。

郤，導大窾，因其固然」，直到「以無厚入有間，恢恢乎其於遊刃必有餘地矣」，都是對解牛者與對象之間「契合無間」的描述。

整個庖丁解牛的過程，都是充滿美感的，充滿藝術韻味的。所以說，莊子才讚美解牛的過程是沒有不合音律的：合乎（湯時）〈桑林〉舞樂的節拍，又合乎（堯時）〈經首〉樂曲的節奏。這就是為何道家之「道」，本身就蘊含著美感的理由，一個人的人生狀態，達到了「技進乎道」之時，也就是一種擁有了「完滿經驗」之刻。

這一經驗，居然也被美國實用主義哲學家約翰・杜威（John Dewey）

洞見到了。他特別拈出了「整一經驗」（an experience）這個概念。這種經驗與日常普普通通的經驗是不同的。事物雖然被經驗到，但是卻沒有構成這「整一經驗」。只有當所經驗到的物，完成其經驗的過程而達及「完滿」（fulfillment）的時候，才能獲得「整一經驗」。

當物質的經驗將其過程轉化為「完滿」的時候，我們就擁有「一個經驗」。那麼，只有這樣，它才被整合在經驗的「一般河流」之中，並與其他經驗劃出了界限。杜威的例證就是，一件藝術品被以一種滿意的方式完成；一個問題得到了它的解答；一個遊戲透過一種情境而被玩；這種情境，無論是進餐、下棋、交談、寫書，還是參與政治活動，都是如此緊密地圍繞著這種完滿，而不是停止。按照杜威的理解，這種經驗是「整體」的，保持了其自身的「個體性的質」（individualizing quality）與「自我充足」（self-sufficiency），這才是所謂的「整一經驗」。

庖丁解牛所言說的，恰恰就是獲取「整一經驗」的過程。這種「技近乎道」的經驗，恰恰就是人生的「完滿」經驗，同時也是生活的完美體驗。

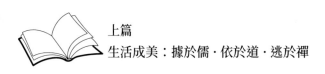

▶「人生茫昧」的生命況境

「人生茫昧」，乃是道家生活哲學的思考起點，由此道家走向了對於生存本體的追思。

莊子追問道：「人之生也，固若是芒乎？其我獨芒，而人亦有不芒者乎？」[100] 人生啊，就是這樣的莫名其妙而茫茫然嗎？難道只有我自己茫然，抑或已有人真正找到了生命的本來，他並不茫茫然？這顯然既是莊子對於自我的發問，也是向其他人提出的人生終極問題。

實際上，這是一種存在主義式的哲思追問，在〈齊物論〉當中，莊子的思考觸及人生的本質難題，特別是關於「死」的問題。就像存在主義大師海德格（Heidegger），他就認定人本是「向死而生」的，所以人生在世就是被「拋」在這個世上，每個人都難逃死亡的問題，或者說，死亡對於每個人皆在「懸臨」著。這就與儒家「未知生，焉知死」的態度完全不同。儒家常常視生高於死，除非捨生取義；而道家則持一種生死齊一的姿態。儒家看似是樂觀，但卻沒有道家達觀，因為道家自有一套獨特的「死亡美學」原則，但又超越了生死。

在做出「人生茫昧」的總結之前，莊子總共發出了三次感喟 —— 感嘆人生之「悲」、人生之「哀」、人生之「大哀」。莊子認為，「一受其成形，不亡以待盡」 —— 人一旦秉承天地之氣而形成了形骸，就無法忘記自身而等待最後的死亡。在這一過程中，人「與物相刃相靡」，也就是說，人與外物形成了或逆生或順勢的關聯，但皆要「行盡如馳」，就像馳騁一般地在走向死亡，沒有什麼可以使之停止下來，這難道不是人生之「悲」嗎？

---

[100] 陳鼓應：《莊子今注今譯》，商務印書館 2007 年版，第 58 頁。

　　然而，人生不僅是「悲」的，而且還是可「哀」的，可悲是人必將死，可哀則是不知所歸。莊子說：「終身役役，而不見其成功，苶然疲役，而不知其所歸」，人一輩子都在身受役使，卻不見成功所在，為生命所奴役而疲勞至極以後，卻不知道人生的歸宿在哪裡，這難道不是人生之「哀」嗎？

　　所「悲」的是死，所「哀」乃為生，那人生還有「大哀」嗎？這種大哀，對於莊子來說，居然面對的是那種不死之人。一般的道教信徒往往都尋求長生不死，但莊子卻根本質疑了這一點：人如若要不死的話，那又有何益處呢？人的形骸隨著自然而化，逐漸走向了衰竭，人的心也是如此，必然走向衰竭，這難道不是人生的最大悲哀嗎？

　　面對世事的紛擾，為了追求「精神四達並流」，莊子極富洞見地區分出人世間的五種人格形態：

　　第一種人是慷慨憤激之士，他們的人格特徵是「刻意尚行，離世異俗，高論怨誹」。

　　這些人士他們刻意去磨練意志，以使自身的行為得以高尚，他們脫離了現實而求與世俗迴異，他們喜發高論而怨嘆自己的懷才不遇。然而，他們不過就是標榜清高的「無為之士」罷了。在莊子看來，即使他們身處山林而自稱「異士」，不過仍是為了沽名釣譽而已，他們往往是那些看破紅塵或以身殉志的人所仰慕的。

　　第二種人是遊學教化之士，他們的人格特徵是「語仁義忠信，恭儉推讓，為修而已矣」。

　　這些人士的習性就是施行仁愛與節義，宣揚忠誠與信實，提倡恭敬與儉樸，並以推與和辭讓為美德。然而，這些不過是修身的行為而已，他們作為「清平治世之士」，大都是勤於修持心性並教誨化人的學士，儒家的

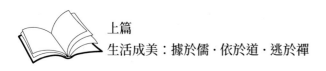
「賢人」正屬此列，他們大都是「遊居學者」所愛慕的。

第三種人是功名政術之士，他們的人格特徵是「語大功，立大名，禮君臣，正上下」。

這些人志在建大功立大業，博得大聲大名，盡守君臣等級禮儀，匡正上下尊卑名分。所以，他們往往成了「朝廷之士」，忠君愛國而力求強大社稷，但不過仍是治理國家的才具罷了，恰恰是那些致力於功業而要開拓疆土的人們所欣羨的。

第四種人是江海避世之士，他們的人格特徵是「就藪澤，處閒曠，釣魚閒處」。

這些人所推崇的是另一種生活方式，他們喜歡到草原水澤的山水田園之間，住居在荒曠無人的閒居處所，閒時釣魚，以閒處為樂。但在莊子看來，這不過只是無為自在罷了，這些奇士往往被「江海之士」、「避世之人」與「閒暇者」所歆慕。

第五種人是道引養形之士，他們的人格特徵是「吹呴呼吸，吐故納新，熊經鳥申，為壽而已矣」。

這些人都精於術道，勤於修練，噓唏呼吸，吐濁納清，但就像熊倒掛在樹上，鳥伸足在空中一樣，不過是追求長命百歲罷了。這些所謂道引練氣之士，也不過是善於保身護形的人而已，但卻被那些養護身體的人們所喜愛，這恰恰可以被視為對後世道家術士「重形不重心」的某種諷刺。

在莊子的深邃的目光裡面，慷慨憤激之士、遊學教化之士、功名政術之士、江海避世之士、道引養形之士皆不足取，因為他們的人格境界都沒有達到極境，這種莊子唯一滿意的極境更是審美之境 —— 所謂「澹然無極而眾美從之」是也！

莊子如此歸納道：

> 若夫不刻意而高，無仁義而修，無功名而治，無江海而閒，不道引而
> 壽，無不忘也，無不有也，澹然無極而眾美從之。此天地之道，聖人之德
> 也。故曰，夫恬惔寂漠虛無無為，此天地之平而道德之質也。[101]

針對上述五種人格典範，莊子肯定是五種人格的「自然而然」的另一
方面，慷慨憤激之士如果不刻意磨礪心志而行為自然高尚，遊學教化之士
如果不稱說仁義而自然有修養，功名政術之士如果不尋求建功立名而天下
自然治理，江海避世之士如果不避居江湖而心境自然閒散，道引養形之士
如果不道引煉氣而自然壽延長久，才能高蹈於聖人之境。當然，這裡的聖
人乃為道家的「至人」、「真人」、「神人」！

達到了「澹然無極而眾美從之」的極境，攀升了「恬惔寂漠、虛無無
為」的極境，方能「無不忘也，無不有也」，才能忘記了一切，卻又擁有
了所有。由此，從外部順遂「天地之道」，所謂「道兼於天」是也；從內
部順應「聖人之德」，所謂「德兼於道」是也，最終都是「道通為一」的。

由在這種審美境界反觀「生死之美」，莊子就看到了「聖人之生也天
行，其死也物化；靜而與陰同德，動而與陽同波」[102]，不僅生死皆為「天
行」而「物化」為一，因而人們才能做到「生死一如」；而且，生死都符
合於陰陽動靜的宇宙節奏，「墮爾形體，黜爾聰明，倫與物忘」[103]，從而
臻至「大同乎涬溟」的境地。

這便是道家的「道化之美」，大道化大美，天地有大美！

---

[101] 陳鼓應：《莊子今注今譯》，商務印書館 2007 年版，第 456－459 頁。
[102] 陳鼓應：《莊子今注今譯》，商務印書館 2007 年版，第 459 頁。
[103] 陳鼓應：《莊子今注今譯》，商務印書館 2007 年版，第 334 頁。

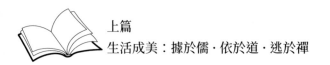

第三章
從「日用禪悅」到「禪悟之美」

問南泉：「如何是道？」南泉曰：「平常心是道。」

—— 《景德傳燈錄》卷一〇

問：「如何是平常心 ？」師曰：「要眠即眠，要坐即坐。」

—— 《五燈會元》卷四

禪本質上是洞察人生命本性之藝術，它指出從奴役到自由之路。

—— 鈴木大拙《禪宗》

六祖慧能之後，禪宗成為道地道地的「本土貨」，儘管禪宗之源是由西土舶來的，被視為佛祖「拈花微笑」、「教外別傳」之教派，但作為一種東方神祕宗教，它早已成為「佛教、道家與瑜伽的某種混合體」[104]，甚至被視為一種發現「本心」的神祕主義。

自從禪宗本土化之後，印度佛教那種超絕離世就被轉變了，變得直接「接了地氣兒」。這就是禪宗的最重要的特質之一，也就是生活化了，這恰恰是中國化禪宗的實質，儘管禪宗身上稟賦著某種神祕化的氣息，但其卻更具某種審美化的特質。

---

[104] Sureldla V.Limaye, Zen （Buddhism） and Mysticism, Delhi：Sri Satguru Publications，1992，p.3.

由本質上觀之，禪宗美學本身就是一種「生活禪宗美學」，在回歸生活的主流上，它極大地豐富了中國人的人際世界、生命世界與情感世界。李澤厚在《華夏美學》中就認定，中國傳統的「心理本體」隨著禪的加入而更深沉了，禪使得「儒、道、屈的人際—生命—情感」更加哲理化了。

「禪宗生活美學」，由此成了儒家生活美學與道家生活美學之後的「第三維」，從而共同撐起了中國古典生活美學的基本架構。用更形象的說法，從先秦時代儒家生活美學與道家生活美學便形成了兩種原色，後興的禪宗生活美學則成了另一種原色，從而共構成中國美學的「三原色」。

▶從親歷「禪茶一味」談起

談到中國化的禪宗，就從筆者個人最切近的體悟說起吧。在臺灣的一次佛教體驗，讓我記憶猶新。那是與臺灣佛光大學習佛的一位教授，同到著名的食養山房去吃晚餐，這是臺北最具文化深度的一座素食之處。

臺灣北山深，驅車一時辰，蜿蜒至山房，洞開天地處。與幾位佛教友人，共享花瓣素菜。正當談笑之間，偶遇山房主人，邀品高山茶尖，遂成一段佳話：

日暮光蔭，孤鳥還巢，獨盞竹燈，踽踽引路，沙沙轉走，崎嶇溪畔，潺潺流水，敲擊心緒。

驀然眼前，凌翹溪頭，四壁玻璃，方長茶室，唐風飛簷，四體通虛。

去鞋踏木，回首之處，皆為昏山暗景。竹簾升盡，佛燭高燈，竟如室內千燈。

主人始不語，共赴小室，几淨窗明，佛音繚繞，屈膝坐榻，茶道始行，首杯淡香，次杯香濃，再杯濃郁，鬱留舌根。

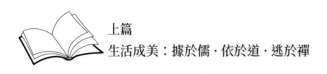
主人亦不語，只是斟茶，三人靜坐，青煙朵朵，纏繞升騰，倒影飄落，案頭宣紙，信筆遊走，飛龍筆轉，筆逝龍潛。

主人仍不語，茶過六杯，古琴流韻，心懷各懷，大音希聲，款款淌逝，無以相對，空心淨謐，雜念無有，見即是空。

主人終不語，貫出內間，又請留步，盡滅千燈，唯留牆光，啟山牆隔簾，現通透長方，乃鑿壁借光，宛丹青橫軸。

光影浮動，小竹數株，搖曳暗影，唯靜觀之。

青青翠竹，盡是法身乎？鬱郁黃花，無非般若也！

空山鳥鳴，活生當下，清泉石上，悟吾剎那。

此乃「禪茶一味」矣！

在這次赴宴當中，我與那位友人吃得盡興、聊得盡情，飯後居然又遇到了山房主人。既然相遇，可能真是「一期一遇」，就喝俗茶、談俗事到深夜。禪宗之美，也許就是如此，它從生活中「生發」出來，最終又「落歸」生活。

所謂「茶味禪味，味味一味」，禪與生活，會通為一。

生活之茶，就是佛教之禪。喝茶之道就是參禪之法，茶道即為佛法，這便是「禪茶一味」的真諦！

▶趙州緣何讓人「吃茶去」

說到禪宗與茶的關聯，就會想到著名的「吃茶去」的公案。這句「吃茶去」，如此簡單的話，居然成了日本茶室當中常見的掛幅，在中國茶文化當中倒是少見。

那是唐代高僧趙州禪師的掌故。所記載的文字簡約，但還是能還原出

如此的情境 —— 兩位遠道而來的行腳僧，急於面見趙州和尚，以便獲取修行開悟之捷徑：

> 趙州問新來僧人：「曾到此間嗎？」
>
> 一位僧人答曰：「曾到。」
>
> 趙州說：「吃茶去！」
>
> 進而又問另位僧人。
>
> 僧人則答曰：「不曾到。」
>
> 趙州還說：「吃茶去！」
>
> 院主心存疑問，後來便追問趙州：「為什麼曾到也云吃茶去，不曾到也云喝茶去？」
>
> 趙州和尚則喚院主，院主應諾，趙州仍曰：「吃茶去。」[105]

這就是「趙州吃茶去」的禪宗一大公案，後世信徒與學人對此有太多闡發，將「吃茶去」的典故賦予了各種禪思之義，好似為這個典故續上了條「大尾巴」。當然，禪宗公案裡面也有高僧給你一句名言警句，但是絕大多數的公案卻更需當下體悟，而無需為了開示他人而狗尾續貂。

面對各式的「趙州吃茶去」的解說與續寫，其實完全可以採取禪宗的「斷喝」，不做餘想，當下感悟。由此，禪者就好似手持鋒利之刀的武者，將種種思慮與煩惱一一削盡，從而將萬物的本相呈現出來。

這近似於 14 世紀聖方濟各會歐洲修士奧卡姆的做法。他提出了著名的「奧坎剃刀」（Ockham's Razor）原則 ——「如無必要，勿增實體」—— 將那些繁複的解釋與闡發一剔乾淨，而後方能回歸哲思本源！

其實，「吃茶去」之公案，道明了一個看似複雜但卻最簡明的禪學道

---

[105] 參見普濟著，蘇淵雷點校：《五燈會元》，中華書局 1997 年版，第 204 頁。

理：修禪不能由「知性」求之，就像那兩位行腳僧急於獲取修行之途，希望趙州能一言兩語加以明示那樣。但有著更高智慧的趙州，卻只言「吃茶去」！

「吃茶去」，就是要求，勿執著於思量，而應去踐行之。

趙州如此接引學人參禪，以此方便，難道喝茶真會有「禪」味「道」氣？的確如此，喝茶與修禪相通，由此也可切入禪法。

日本僧人澤庵宗彭曾有《茶禪同一味》，其中說得最為直截了當：「茶意即禪意，舍禪意即無茶意。不知禪味，亦即不知茶味。」反過來說，從茶味也可悟到禪味，這是中國佛教所首創的。

趙州禪師像

這種生活智慧在中土曾蔚為大觀，甚至在「唐密」當中，在這個由印度傳到中國，但在中國卻失傳的教派（後來又興於日本）當中，茶與水皆被當作了供品，但供養又有外、內、密、密密四層之分。

　　先說水，外層是水大，內層是甘露，密層是紅白菩提，密密層是大悲淚水。再說茶，外層是藥料，內層是定中甘露，密層是禪味，密密層是常樂我淨，這最後的層次顯然是最高的。又，茶有四重隱顯：外為待客之茶（結緣之茶），內為談心之茶（交心之茶），密為結盟之茶（同心之茶），密密為禪案之茶（茶密禪密）。

　　日本接受了禪宗示法，但在茶道的生活美學上走得更遠，提出了「和」、「敬」、「清」、「寂」的茶道美學原則，俗稱為「茶道四諦」，從而將「禪茶一味」推到了美的極致。

　　日本哲學家久松真一對茶道的美學原則進行了如下的解讀：其一，「和」乃主客之間的充分和合，毫無隔閡；其二，「敬」是彼此相敬之情；其三，「清」是保有清淨的心情；其四，「寂」是無喧囂，心情平靜。這種解釋無疑是最具有哲思高度的，同時也是唯「心」而出的。

　　這種解說走向了一種「心茶道」的方向，但茶道從未脫離生活而存在：

　　所謂心茶道的生活並非只是趣味、藝術或者單純的手法這樣的人類生活一般之單方面事情，而是究明人性根源，在其根源上經營人的生活，其中包含著人的生活全體。因此，立足於心茶道的心茶會的目的，連貫著宗教生活、哲學思考、道德行為、藝術鑑賞這樣的人的生活全體，由此根源生活下去。[106]

　　由茶道可悟到「法喜禪悅」，從而「身心自照」，這可以說是一種被精緻化了的高級生活美學。

---

[106] 久松真一：《茶道的哲學》，東京理想社 1973 年版，轉引自潘幡：《京都學派久松真一〈茶道箴〉思想》，《玄奘佛學研究》2007 年第七期。

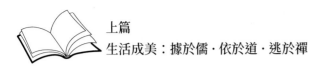
按照通常的說法，日本的茶道是從中國禪宗轉化而來的，同時也以日式的禪宗作為旨歸。在日本，所謂「茶湯之形式悉為禪也，口傳、密傳皆由師口傳弟子，而無書物也。茶湯者因出自禪宗，故專事僧之行」[107]。

這個原則，乃是日本高僧千利休改動一字而成的。原本，茶道精神被村田珠光歸納為「謹敬清寂」，但首字一「謹」字就顯得如此拘謹，而被千利休改為「和」字後，茶道精神便能盡顯無遺！

千利休後來被奉為茶道宗師，乃是由於他認定，「佛之教即茶之本意」。在中國禪宗的迴響之下，他對於茶道做出了積極拓展，可以說，在禪宗精神與踐行方面進行了雙向的推展。

在禪修方面，茶道就是修禪之道，所謂「汲水、拾薪、燒水、點茶、供佛、施人、自啜、插花、焚香，皆為習佛修行之行為」[108]。由此，日本茶道被賦予了一系列的程式過程，同時也成就了一種儀式化的美學規儀。

在禪理方面，茶道就是悟禪之理，所謂「茶道之祕事在於打碎了山水、草木、茶庵、主客、諸具、法則、規矩的，無一物之念的，無事安心的一片白露地」，此乃真正的「常樂我淨」之境，真正的茶味禪味齊一：

> 所謂禪茶一味並非禪與茶道兩方面混合一起，或者茶道成為主體將禪運用於茶道，性格有別。亦即與其說是茶道與禪一體不二，毋寧是同一物。這才是為生活根源主體，亦即是〈茶道箴〉所說的「茶道玄旨」。在此場合，玄旨是主體本身，並非對象的知，是我們存在作用的根源智，並非對象化，而是一直與我們不分離者，亦即真我。[109]

---

[107] 這是千利休的弟子山上宗二之歸納，參見多田侑史著，羅成純譯：《數寂 —— 日本茶道的世界》，稻香出版社 1995 年版，第 233 頁。

[108] 千利休：《南方錄》，參見滕軍：《日本茶道文化概論》，東方出版社 1992 年版，第 296 頁。

[109] 久松真一：《茶道的哲學》，轉引自潘幡：《茶湯藝術論》，佛光大學社會學院 2006 年版，第 25 頁。

　　這也是來源於中國禪的智慧。「禪茶一味」之所以在宋朝得以滋生，乃是由於，透過「茶禪」之途，參悟之人捨去了——「分別心」。凡人的煩惱即起於這種分別，緣外境而常生，分別故煩惱生，禪宗在萬物無分別當中挺立了出來。

▶「慧日智月」的悟禪境界

　　在禪宗當中所求的「無分別」，恰恰也是中國世界觀的基本品質。那是由於，中國文化由古至今都在尋求「一個世界」，而並未如歐洲文化那樣，從古希臘時代開始就尋求有分別的「兩分世界」：現實界與理念界、此岸與彼岸、現象界與物自體……

　　正是受到了「一個世界」觀的影響，佛教東傳之後，在中土得以滋生的禪宗，從自身傳統出發，大大改造了佛教傳統。

　　譬如說，中國禪宗講求的「人人皆可成佛」，就好似孟子說「人人皆可為堯舜」一樣震人耳聵，後者強調的是人人皆可「成聖」，達到聖人的道德高境，前者則說人人都能夠成為佛陀，成為在宗教上的最終覺悟者。

　　人人平等，人人皆有佛性，這就是禪宗所講求的「無有凡聖」、「是法平等」、「佛性平等」，其實皆來自六祖《壇經》之「自性平等，眾生是佛」。這種「性本是佛」的佛教理念，只有在中國的土壤裡面才能生長出來，關鍵就在於佛教在中國是如何被轉化的。

　　早期佛教在印度的時候，出世當然是根本的，世界也是二分的，在世與出世必然也是分離的。印度佛家更為特殊地認定，生死與涅槃亦是對立的，先離了生死方能得到涅槃。

　　大乘佛教則實現了轉向，認為生死與涅槃乃是可以統一的。禪家經常

閱讀的《心經》就有「色即是空，空即是色」的著名提法，「即」就是不離不分的意思，空法不能離「色」而「空談」，色法不能離「空」而「色談」。

　　禪宗在中國興起，恰恰承繼的是大乘佛教的主旨，從而遁入了「不二法門」。禪宗認定，世間不離出世間，這就與早期佛教根本不同；禪宗認定，生死與涅槃亦不二，這就與大乘佛教內在相通；禪宗認定，煩惱與菩提更不二，這是對《維摩經》所謂「煩惱即菩提」的拓展。

　　六祖慧能的《壇經》獨解了「煩惱即菩提」——「前念著境即煩惱，後念離境即菩提」。就在這句話之前，六祖還說：「凡夫即佛，煩惱即菩提。前念迷即凡夫，後念悟即佛。」[110]

趙孟頫〈紅衣羅漢圖〉元代 現藏於遼寧省博物館

---

[110] 慧能著，郭朋校釋：《壇經校釋》，中華書局 1983 年版，第 51 頁。

這便意味著，前念執著於「境」就是煩惱，只要後念脫離了「境」即可成佛，所以，凡夫皆可成佛，「不悟，即佛是眾生；一念悟時，即眾生是佛」[111]，迷於前念還是凡夫，但悟於後念即是佛。前念尚未被意識之時，煩惱就無盡而生，後念被直觀到之時，在前念滅盡當下就會意識到煩惱之本性，這便是禪的本來面目。在這頓悟的剎那，作為迷惑與愚昧的煩惱才頓時化作覺醒與智慧的菩提。

《涅槃經》便有「一切眾生悉有佛性」之說，但六祖慧能真正做到了「本心」與「自性」上的人人平等，因為「性本是佛」，人人才皆有佛性。後代的禪宗所以才講求「無有凡聖」、「是法平等」、「佛性平等」，如此等等。這恐怕大都來自《壇經》之「自性平等，眾生是佛」的主張。

那麼，究竟什麼是「禪」？何為眾生平等之「禪」？究竟什麼是「禪定」？何為人人能修的「禪定」？

六祖慧能早就給出了最直截了當的回答：

此法門中，何名坐禪？此法門中，一切無礙，外於一切境界上念不起為坐，見本性不亂為禪。何名為禪定？外離相曰禪，內不亂曰定。外若著相，內心即亂。外若離相，內性不亂。本性自淨自定，只緣境觸，觸即亂，離相不亂即定。外離相即禪，內不亂即定。外禪內定，故名禪定。《維摩經》云：「即時豁然，還得本心。」《菩薩戒經》云：「本元自性清淨。」善知識！見自性自淨，自修自作自性法身，自行佛行，自作自成佛道。[112]

這一段裡面，「自」字是出現得最多的，六祖告誡信眾，要「自成佛道」的話，只能追尋自我的「本心」、「自性」、「本性」。所以說，六祖所

---

[111] 慧能著，郭朋校釋：《壇經校釋》，中華書局 1983 年版，第 58 頁。
[112] 慧能著，郭朋校釋：《壇經校釋》，中華書局 1983 年版，第 37 - 38 頁。

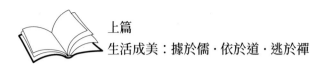
代表的中國化的禪宗，始終追尋明心見性，因為見本性不亂方為禪，而本性乃是「自淨自定」的，每個人只需返身而去發現自身的佛性，如此才能「外禪內定」。

說到這裡，似乎禪宗與美感並無多少關聯，那麼，禪宗怎有自己的美學呢？關鍵就在於禪悟之後的生命境界，充滿了美的風度與氣象。禪宗悟後的境界，常常被後人形容為「大圓鏡智」抑或「圓融無礙」，六祖慧能在《壇經》裡面描述了這一高境：

> 世人性本自淨，萬法在自性。……一切法盡在自性。自性常清淨，日月常明，只為雲覆蓋，上明下暗，不能了見日月星辰。忽遇惠風吹散卷盡雲霧，永珍森羅，一時皆現。世人性淨，猶如青天，惠如日，智如月，智惠常明。於外著境，妄念浮雲蓋覆，自性不能明。故遇善知識開真法，吹卻迷妄，內外明徹，於自性中萬法皆見。一切法自在性，名為清淨法身。[113]

好一番「智日慧月」的境界！好一種美輪美奐的境界！

在這種禪悟境界裡面，當然包蘊著審美的風神，禪宗所求的境界絕不是理性上的醒悟，而更是感性上的覺悟。「常清淨」的自性，被六祖形容為「日月常明」，只是為雲霧覆蓋而難以窺見，到終有「撥雲見日」與「撥雲見月」的剎那！

這種剎那就是南禪頓悟的瞬間，而後方可得見「永珍森羅，一時皆現」的盛景，「惠如日，智如月」的聖境！

根據《壇經》「人性本淨」之預設，一切萬法皆不離自性，反過來說，「自效能含萬法是大，萬法在諸人性中」。這種本性是自本具足的，無

---

[113] 慧能著，郭朋校釋：《壇經校釋》，中華書局 1983 年版，第 39 － 40 頁。

生無滅的，「心量廣大，猶如虛空，無有邊畔」，「能含萬物色象，日月星宿，山河大地……」

由此可見，禪悟境界就是一種「離妄念，本性淨」的生活境界，就是一種「自識本心，自見本性」的審美境界，它本身就是高蹈的生活美學！

在這個意義上，禪宗的「智日慧月」之境與儒家的「與天地參」之境倒是非常近似的，它們皆具有審美的性質。的確，按照儒佛兼修的梁漱溟先生的意見，儒佛都是生命上自己「向內用功」進修提高的學問，在生命境界的最高處也都有美感體驗，無論是美善相融還是禪美合一。

然而，儒佛畢竟是不同的，佛教作為宗教仍要從現有生命解脫出來，而儒家則與之走了相反的理路，而要以現有生命去達萬物生命一體。更重要的差異在於，按照佛家的觀照，我執有兩種，一是「俱生我執」，一是「分別我執」，而儒家只破「分別我執」，不破「俱生我執」，還要站在「俱生我執」上來生活，佛家則要破除掉。[114] 儒家始終認定「未知生，焉知死」，生死問題似乎並未進入儒家視野，或者說是被懸置了起來，而佛家則更有勇氣去面對生活的終極問題。

由此出發，禪宗從審美的角度來看待生死，提出了「生死還雙美」的新洞見，突顯出另一番「生與死」之生活美學風貌：

> 欲識生死譬，且將冰水比。
>
> 水結即成冰，冰消返成水。
>
> 已死必應生，出生還復死。
>
> 冰水不相傷，生死還雙美。[115]

---

[114] 〈是佛家，還是儒家？——訪梁漱溟先生〉，深圳大學國學研究所主編：《中國文化與中國哲學》，東方出版社 1986 年版，第 563 頁。

[115] 寒山著，郭鵬注：《寒山詩註解》，長春出版社 1995 年版，第 85 頁。

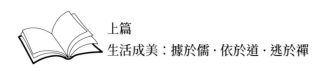

這是寒山子的詩，將生死的關係，比喻為水與冰的相互轉化，實乃言說的是宇宙的動態節奏，生滅的唇齒相依，而且從宇宙本體演化的角度來看，生為美，死亦美，生死本乃「雙美」之事。如此觀之，我們就很容易理解如此的問答：問的是「亡僧遷化，向什麼處去也？」答的是「潛嶽峰高長積翠，舒江明月色光輝。」[116] 一派宇宙天地盛景！

實際上，儒家更多講的是天理，但儒生所崇之天，則是帶有宗法色彩的倫理之天。道家則不同，他們所說的天理，講求的是「自然之理」，也就是天地之大道運作的自自然然、清淨無為、素樸恬淡之本然的理。

後來的禪宗也講「理」，但他們講的則是一種回歸佛性與人性本身的空理，禪宗則直接頓悟到了「於自性中萬法皆現」之法，也在講述著另一番天道。儒、道、禪三家儘管各執一端，但是，他們在宇宙生命境界的尋求上卻都是審美化的，這也是他們最高的生命求索。

▶好個「雲在青天水在瓶」

大家都知道，儒家才是真正主張出仕的，似乎禪宗在此與儒家路向是一致的，然而，二者所達到的境界卻是不同的，禪宗乃是以出世之心來做入世之事。

在歷史上，有個儒家與禪家直接對話的公案，說的是著名大儒李翱在任朗州刺史的時候，仰慕唯儼禪師的「玄化」之妙，屢次想請他下山請教，但是唯儼禪師卻屢次不應，所以李翱只能進山謁見。

當太守李翱面見唯儼禪師的時候，他的侍者通告說：「太守在此！」

---

[116] 道原著，顧宏義釋注：《景德傳燈錄譯註》，上海書店出版社 2010 年版，第 203 頁。

然而，唯儼禪師仍手執經卷而不顧。

太守李翱生性偏急，遂說道：「見面不如聞名。」

唯儼禪師喚道：「太守！」李翱應諾。

唯儼禪師問道：「為何要貴耳賤目呢？」

太守李翱便拱手謝罪，問道：「如何是道？」

唯儼禪師用手指了上面，又指了下面問道：「領會嗎？」

太守李翱回答：「不領會。」

唯儼禪師就說：「雲在天，水在瓶。」

太守李翱滿意而愜意地行禮致謝。[117]

此後，李翱便做得一偈，其為〈贈藥山高僧唯儼二首〉的第一首：

> 練得身形似鶴形，千株松下兩函經。
>
> 我來問道無餘說，雲在青天水在瓶。

故事還沒有就此結束，太守李翱又問：「如何是戒定慧？」

唯儼禪師回答：「貧道這裡無此閒家具。」

太守李翱不測此話之玄旨。

唯儼禪師解道：「太守欲得保任此事，直須向高高山頂坐，深深海底行。閨閣中物捨不得，便為滲漏。」

唯儼禪師一夜登山經行，忽雲開見月，便大笑一聲，當地東九十多里外都能聽到。居民都在追問此事，第二天早晨還在相互推問，直至藥山。唯儼禪師的徒眾則說：「昨夜和尚山頂大笑。」

因而，李翱再贈詩一首，其為〈贈藥山高僧唯儼二首〉的第二首：

---

[117] 道原著，顧宏義釋注：《景德傳燈錄譯註》，上海書店出版社 2010 年版，第 1005 頁。

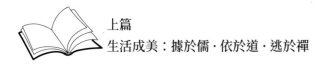
選得幽居愜野情，終年無送亦無迎。

有時直上孤峰頂，月下披雲笑一聲。

兩首贈詩，其實在說兩個典故，都是關於唯儼禪師的，他就是俗稱為藥山和尚的那位禪宗大師，他也是曹洞宗始祖之一。這兩個典故皆同「日常禪悅」直接相系，一個是藥山點化李翱悟道的典故，另一個則是藥山月夜孤峰之頂長嘯的典故。

禪之悅樂，是一種清新圓明的審美境界。

這兩則典故為後來人勾勒出這樣一位禪僧的形象，一面是面對儒者質疑的機鋒犀利，一面是融入自然奇景的天然灑脫，但無論是前者的自然達觀的機智，還是後者的獨上孤峰的氣概，都充滿了審美的情調。

唯儼禪師明示「雲在天，水在瓶」，儒生李翱獲示「雲在青天水在瓶」（或寫作「雲在青霄水在瓶」），看似論述外物的狀態，講求的乃是人的存在 —— 雲以雲之姿態天空逍遙，水以水之風姿安逸自在，它們各有其位，各安本位，恰到好處，本然如此。觀者由此要破除自身的分別妄想，因而李翱才頓覺「暗室已明，疑冰頓泮」[118]。

禪者的風姿亦應如此，儒家自有修養，禪家自有修為，這種「修」恰恰決定了各自的狀態。表面上說的是天上雲與瓶中水，但隱喻的乃為儒家與禪宗的不同境界。當唯儼禪師給李翱示以本地風光之時，天上雲與瓶中水並無分別，展現出來的乃為一種「無思量」的境界，這種境界更是一組當下圓滿的審美之境。

在他人描述唯儼禪師的禪者風度的時候，一位朗然獨在的禪者形象又躍然紙上，所以，藥山和尚也勸誡李翱「直須向高高山頂坐，深深海底行」，去感悟生命的高峰經驗。這種奇峻的體驗是在獨自面對自然天地之

---

[118] 贊寧著，範祥雍點校：《宋高僧傳》，中華書局 1987 年版，第 424 頁。

時獲得的，乃是日常生活所不常達之境。

這不禁令人想起百丈禪師的公案。說的是，有僧問懷海大師：「如何是奇特事？」這位禪師居然單刀直入地答曰「獨坐大雄峰」[119]！唯儼禪師不禁獨上萬仞，而且大聲一笑，可謂「滄海一聲笑」！

更關鍵的是，唯儼禪師大笑的機緣在於，他親身看到了突然雲開月現，烏雲散去猶如妄念俱消，月現夜空猶如自性顯現。正在這禪悟的瞬間，禪者最終忘我，從而與境合為一體，就像藥山和尚在忘我大笑之時，恰恰就是禪悅的極致狀態。

這種禪悅的狀態，就是一種「即時豁然，還得本心」的高境界，所以六祖慧能歸納說：「故知一切萬法，盡在自身中。何不從於自心，頓現真如本性。」[120]

實際上，儒、道、禪三家都追求「悅樂」，這種「悅樂」皆歸屬於生活並始終未超離於生活。「禪悅」就是如此親和於現世生活的，菩提的本義就是「覺道」，而禪宗始終講求「道出常情」[121]，講求「不離日用」而「時時提撕」，這「提撕」[122]不僅有提示與探究之內涵，而又有啟發與參透的深意。

禪之悅樂，始終是植根於日常生活當中的，《壇經》中就有這樣的一首著名偈子：

> 佛法在世間，不離世間覺。
>
> 離世覓菩提，恰如求兔角。[123]

---

[119] 賾藏著，蕭萐父、呂有祥點校：《古尊宿語錄》，中華書局 1994 年版，第 8 頁。
[120] 慧能著，郭朋校釋：《壇經校釋》，中華書局 1983 年版，第 58 頁。
[121] 普濟著，蘇淵雷點校：《五燈會元》，中華書局 1997 年版，第 699 頁。
[122] 宗杲：《禪宗語錄輯要》，上海古籍出版社 2011 年版，第 427 頁。
[123] 慧能著，郭朋校釋：《壇經校釋》，中華書局 1983 年版，第 73 頁。

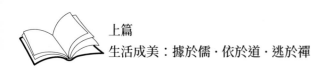
似乎在禪宗看來，生活本身就存有周全的智慧，佛法即在世間，禪宗就是生活的，覺悟不離世間，禪悟乃在人世。眾所周知，「涅槃是佛教的終極目標，同時它已經存在於修行者的日常生活之中，他們在禪定中得到快樂」[124]，這就是「禪」在樂中，與此同時也是「樂」在禪中。

禪之悅樂，即為「禪悅」。

▶「不離日用」的禪悅之味

前面就提到，中國傳統本身就具有一種悅樂精神，這種精神在儒家、道家、禪宗的智慧裡面分別得以彰顯。在本土傳統的視野裡，「天樂」、「至樂」與「極樂」作為最高的審美體驗之一，就存在於儒、道、禪宗三種不同的悅樂方式之中：

> 一般說來，儒家的悅樂導源於好學、行仁和人群的和諧；道家的悅樂在於逍遙自在、無拘無礙、心靈的和諧，乃至於由忘我而找到真我；禪宗的悅樂則寄託在明心見性，求得本來面目而達到入世、處世的和諧。[125]

這三者熔為一爐，塑造出中國傳統一貫洋溢著的悅樂精神，禪宗更是介於出世與入世之間，或者以出世來入世。中國人更加深沉的生活化的禪宗，之所以獲得國人的喜愛，還是由於它帶給了國人前所未有的「宗教悅樂」體驗。這種體驗往往也是訴諸感性與知覺的，這就是我們常說的「禪悅」。

「禪之悅」，乃為由禪而生的喜悅之情。《淨影疏》寫得好，「禪定釋

---

[124] 柳田聖山著，毛丹青譯：《禪與中國》，三聯書店 1988 年版，第 21 頁。

[125] 吳經熊：《內心悅樂之泉源》，東大圖書公司 1989 年版，第 1 頁。

神，名之為悅」。但在佛教傳統那裡，這種「禪悅」似乎並不離於飲食生活，《華嚴經》就說：「若飯食時，當願眾生，禪悅為食、法喜充滿。」

以「禪悅」為食，就將禪宗之喜、之悅、之樂化到日用之中，並進而能體悟到其中之「味」。《維摩詰經·方便品》曰：「雖復飲食，而以禪悅為味」，就要求人們在日常生活裡反覆參禪的時候，最終體會到禪之「味外之味」！

「飢來吃飯，困來即眠」，這便是禪宗的日常化追求，毫無疑義。然而，這種追求卻擁有雙重意義，一方面是用以抵禦「吃飯時不肯吃飯，百種須索，睡時不肯睡，千般計校」[126] 的消極日常狀態，但另一方面卻又追求另一種積極生活狀態，南嶽懶瓚和尚作歌對於這種「樂道」有所描述：

> 我不樂生天，亦不愛福田。飢來吃飯，困來即眠。愚人笑我，智乃知焉。不是痴鈍，本體如然。要去即去，要住即住。身披一破衲，腳著娘生袴。多言復多語，由來反相誤。若欲度眾生，無過且自度。莫謾求真佛，真佛不可見。妙性即靈臺，何曾受薰煉。
>
> 本自圓成，不勞機杼。世事悠悠，不如山丘。青松蔽日，碧澗長流。山雲當幕，夜月為鉤。臥藤蘿下，塊石枕頭。不朝天子，豈羨王侯。生死無慮，更復何憂。水月無形，我常只寧。萬法皆爾，本自無生。兀然無事坐，春來草自青。[127]

懶瓚和尚是如此的「樂道」，樂在禪之中，樂於禪之道，為後人深描出了一種禪悅的心胸，一種平常的心態，一種審美的心境。的確，禪悅發

---

[126] 道原著，顧宏義釋注：《景德傳燈錄譯註》，上海書店出版社 2010 年版，第 699 頁。
[127] 道原著，顧宏義釋注：《景德傳燈錄譯註》，上海書店出版社 2010 年版，第 2438 頁。

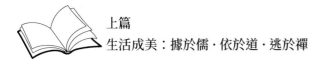

自於內心的喜悅，具有一種「要去即去，要住即住」的自由度；禪悅發自於日常的體驗，具有一種「要眠即眠，要坐即坐」的平常心；禪悅發自於審美的感悟，具有一種「本自圓成」、「水月無形」的圓融性。

這種「開悟」（satori）被認為是具有如下的特性：其一，開悟是非理性的；其二，開悟是直覺的內觀；其三，開悟是具有專斷性的；其四，開悟是要確證的；其五，開悟具有超驗感；其六，開悟具有非個體的音調；其七，開悟具有一種興奮之情；其八，開悟是即刻剎那實現的。[128] 從這些禪悟的特性來看，它與絕對化的審美瞬間的品質是極為近似與內在相通的，所以說，在相當程度上，禪悟就是一種「美悟」，也就是「審美的開悟」。

禪宗作為中國人的「生活之道」，放棄了原始佛教的苦行，但並不是僅僅肯定現實的欲望與感官的快慰。實際上，無論是苦行與享樂都不為禪宗所喜，禪家在擇取一種「純淨自我的、涅槃的樂趣」，他們發現了一種清新的生活，從中可以享受到真正的「禪之悅樂」。

這種禪悅在「悟禪」的大多階段都是存在的，直至最終達到涅槃的極境：「在初禪階段，先有一種喜悅與歡欣，從現實的煩擾中解脫出來；進入第二禪階段，禪定自身的喜悅與歡欣被純化了；進而達到第三禪，喜悅的意念消失了，只剩下純淨的歡欣；在最後的第四禪中，純淨的歡欣也消失了，這時就出現了清澈透明的智慧。」[129]

由此可見，懶瓚和尚所描述的乃是從第一禪、第二禪到第三禪的境界。「我不樂生天，亦不愛福田」，「不朝天子，豈羨王侯」，這只是對現實煩惱之擺脫；「臥藤蘿下，塊石枕頭」，「水月無形，我常只寧」則對於

---

[128] Sureldla V.Limaye, Zen （Buddhism） and Mysticism, Delhi：Sri Satguru Publications，1992，pp.90-92.

[129] 柳田聖山著，毛丹青譯：《禪與中國》，三聯書店 1988 年版，第 23 頁。

禪悅進行了純化;「兀然無事坐,春來草自青」則比較接近純淨的歡欣之境了,這個境界為歷代禪家所津津樂道。

我們就以舒州天柱山崇慧禪師的問答為例,他的回答往往能極其迅速地讓參悟者契入禪悅之境:

僧問:「如何是天柱境?」

師曰:「主簿山高難見日,玉鏡峰前易曉人。」

……

問:「如何是天柱家風?」

師曰:「時有白雲來閉戶,更無風月四山流。」

……

問:「如何是道?」

師曰:「白雲覆青嶂,蜂鳥步庭華。」

……

問:「宗門中事請師舉唱。」

師曰:「石牛長吼真空外,木馬嘶時月隱山。」

問:「如何是和尚利人處?」

師曰:「一雨普滋,千山秀色。」

問:「如何是天柱山中人?」

師曰:「獨步千峰頂,優遊九曲泉。」

問:「如何是西來意?」

師曰:「白猿抱子來青嶂,蜂蝶銜華綠蕊間。」[130]

道吾和尚的〈樂道歌〉也對此有所描述:

---

[130] 道原著,顧宏義釋注:《景德傳燈錄譯註》,上海書店出版社 2010 年版,第 203 - 204 頁。

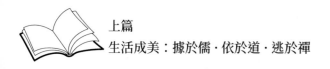

> 樂道山僧縱性多，天回地轉任從他。
>
> 閒臥孤峰無伴侶，獨唱無生一曲歌。[131]

法融禪師的〈心銘〉說得更為玄妙：

> 樂道恬然，優遊真實。
>
> 無為無得，依無自出。[132]

禪宗的生活，就是一種審美的生活；禪宗的美學，就是一種生活的美學。

▶萬古長空有「一朝風月」

禪悟的確帶有一定的神祕色彩，它被稱為「超感覺的感覺」（der Sinn für das Uebersinnliche），是能夠覺悟到存在本體的感性路徑。存在與時間的關聯，乃是存在主義所追問的核心話題，時間就有漸頓的分殊、歷時與共時的差異。所以說，在禪悟當中，「時間意識」是重要的維度，而「禪悟的時間」往往也帶有審美的性質。

一般而言，北宗禪強調漸修，而南宗禪傾向頓悟。然而，其實漸頓之分，並不是那麼絕對，即使是北宗禪，也是「步步漸行，一日頓到」[133]的，就像遠赴都城，終有一日抵達一樣。

這漸頓之關係，就「猶如伐木，片片漸砍，一時頓倒」[134]，北宗禪

---

[131] 道原著，顧宏義釋注：《景德傳燈錄譯註》，上海書店出版社 2010 年版，第 2442 頁。

[132] [蘇] 道原著，顧宏義釋注：《景德傳燈錄譯註》，上海書店出版社 2010 年版，第 2401 頁。

[133] 《禪源諸詮集都序》，石峻等編：《中國佛教思想數據選》第三卷「隋唐五代部分」，臺北彌勒出版社 1983 年版，第 443 頁。

[134] 《禪源諸詮集都序》，石峻等編：《中國佛教思想數據選》第三卷「隋唐五代部分」，臺北彌勒出版社 1983 年版，第 443 頁。

也終有頓悟，但是卻說漸修才是基礎。南宗禪儘管高蹈於頓悟，但也並不否定漸修的累積。按照《楞伽經》的要旨，「漸淨非頓」，「淨除」要漸漸修，而「頓淨」則要頓見，但無論「頓現」還是「頓照」皆指向了解脫的那一剎那。

無論南北，禪宗都追尋「頓現」抑或「頓照」的一霎，有則公案講的是崇慧禪師的答問：

> 問：「達摩未來此土時，還有佛法也無？」
> 師曰：「未來且置，即今事作麼生？」
> 曰：「某甲不會，乞師指示。」
> 師回：「萬古長空，一朝風月。」
> 僧無語。[135]

這則公案說的是，有僧人問崇慧禪師：「達摩祖師尚沒來本土時，有沒有佛法？」崇慧禪師說：「尚未來之事懸置不論，如今之事怎麼做？」僧人不解，說實在不領會，請師指點。崇慧禪師就答曰：「萬古長空，一朝風月！」

「萬古長空，一朝風月」，真是千古名句，也道盡了中國禪的特色——當下實現，悟在目前。的確，長空萬古猶存，正如佛法永在，而禪悟則在個人，頓悟即在當下。

如果說，「萬古長空」是「漸」的，那麼，「一朝風月」則是「頓」的。善能禪師有言語：「不可一朝風月，而昧卻萬古長空；亦不可以萬古長空，不明一朝風月」，可見二者是相互依託、彼此顯現的。

萬古長空象徵著天地悠悠、萬化靜寂，是超時空的永恆界域；而一朝

---

[135] 普濟編，蘇淵雷點校：《五燈會元》，中華書局 1997 年版，第 66 頁。

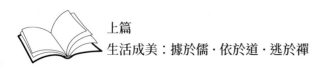
風月象徵時間「動」的剎那，宇宙生機的飛動流化、綿綿不絕。繪畫雖只能捕捉自然之一朝風月，但卻以殘角和瞬息而納千頃之汪洋、收四時之爛漫，亦即攝取著時空無限，「將永恆表現為瞬間，將空間表現為無限的空白」。[136] 這種禪宗的審美時間意識，後來深刻地影響了中國古典美學。

中國古典繪畫審美的時間意識本源自儒道互補的「動」。這「動」涵攝有「氣韻生動」之生生不已和「虛無因應」之變化無為的雙重內涵，它點化繪畫空間為靈動的時空合體境。相應地，對這玄妙繪畫時空的觀照也展現為歷時化的遊觀，它要求化「靜觀」成「動照」，融外在的空間節奏入內心的時間律「動」。

然而，佛教東漸之後，隨著本土化的禪宗意識介入，共時性的審美理解則將「動」、「靜」並置起來，並相互澄明。同時，詩畫融合成為禪道入畫的途徑，詩的時間意識延拓了繪畫的審美時空，使得中國傳統繪畫最終成為一種「時間品味方式」。

質言之，與審美觀照的歷時化相異，在「禪思」融入儒道互補的時間觀後，深受其浸漬的繪畫主流則強調審美理解的共時性，它涵攝著「動」與「靜」的相互澄明。

相應的審美理解，就是把這「動—靜」同體「耦合性」地並置和提升到共時層面，並在意味深長的結合裡，瞬間生發出人生真諦的感悟和宇宙生命的感嘆。依心理學家榮格（Jung）釋《易》所見，華夏民族這種共時性與西方因果律截然相反，「共時性事件旨在『一切存在形式之間的深刻和諧』。因此，一旦體驗到這種和諧，它就變成一種巨大的力量，給予個

---

[136] ［蘇］葉‧查瓦茨卡婭著，陳訓明譯：《中國古代繪畫美學問題》，湖南美術出版社 1987 年版，第 5 — 6 頁。

人一種超越時空的意識」[137]。而這也是禪宗審美理解的特質所在，它即是透過這默契動靜之途，進入古典繪畫美學的時間意識內的。

同時，道禪意識往往是透過詩畫融合的橋梁入畫的，從而形成共通的審美時空。因為，中國的藝術展現為渾整未分的原生態性，諸藝無不輾轉互通、周流互貫。而詩畫本一律，鑑畫衡文，道一以貫，詩與畫具有特殊的審美親和力。

這一方面呈現為「詩意」入畫，「畫中有詩」。所謂「詩傳畫外意，貴有畫中態」（董其昌《畫旨》），正是這詩畫同妙的境界。相應地，中國繪畫美學也注重意蘊的「象徵性」。

王士禛就描寫了這種情形：「李龍眠作陽關圖，意不在渭城車馬，而設釣者於水濱，忘形塊坐，哀樂嗒然：此詩旨也。」（〈丙申詩舊序〉）可見，該畫意象徵了文人遠遁城郭的喧囂煩躁，抽身時世變遷而陶然自得的心態，在其幽情遠思間詩畫是打通的。正如沈宗騫所言，「畫與詩，皆士人陶寫性情之事，故凡可入詩者，皆可入畫」，所以二者都本自心源，在心理的融化下形成「異跡而同趣」的審美意象。與此相關，詩與畫的藝術語言似乎都被「抽象」成某種文化符號，只有結合特定的文化語境才能「閱讀」，進而歸旨在其後黏連著的形上玄思。另一方面，畫論又與詩理互通有無。不勝列舉的詩學話語為畫論所吸收；反之，畫論又暗通於詩意與禪理。王士禛便坦言南宗畫論往往「通於詩」。他曾說：「聞荊浩論山水，而悟詩家三昧」（〈跋門人程友聲近詩卷後〉），又說，「詩至此，色相俱空，正如羚羊掛角，無跡可求，畫家所謂逸品是也」（《分甘餘話》），可見畫理與詩意的互通更多在於禪境。

---

[137] ［美］拉·莫阿卡寧著，江亦麗、羅照輝譯：《榮格心理學與西藏佛教》，商務印書館 1996 年版，第 63 頁。

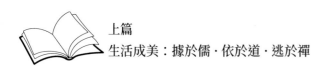
　　但是，詩畫互通給繪畫帶來的時間意識，不僅在於禪境的潛移默化，而更在於詩的語言本性 —— 時間因素對繪畫的浸漬，從而將繪畫「理解為內在詩歌和音樂及類似精神狀態跟詩的仲介關係」[138]。

　　首先，詩意韻味與繪畫表現間的互點靈犀，讓詩情與畫意得以共同深化。這樣，「感於物而動」（《禮記・樂記》）、「因物感觸」（羅大經）的詩興，便與繪畫的妙想遷得勾連起來。所謂「妙想實與詩同出」（蘇軾）、「興來漫寫秋山景」（黃公望）。這也就是說，畫也感物起興，心與物動，達到興來神往，天然入妙之境。

　　而且，審美感發的「興」導向「意境」並與之和諧，才能達及「荒怪軼象外」（蘇軾〈題文與可墨竹〉）、「意出塵外」（朱景玄《唐代名畫錄》）的意境。故而，清代范璣《過雲廬畫論》說：「超乎象外，得其環中，始究竟矣。」只有求諸象外的意境的創生，化實境為虛境以玄鑑宇宙的旋律和奧妙，才是繪畫的本根所在。要言之，「興」與「境」詣，正是詩畫融合的契合點。

　　其次，在畫之通靈處的題詩，其包孕的意蘊內涵又會拓展畫面的意趣和情思，充溢繪畫的表現力和包容性，使得詩化的審美時空廣攝四旁而圜中自顯。畫並不能窮盡詩意，因而就要「畫難畫之景，以詩湊成；吟難吟之詩，以畫補足」（吳龍翰〈《野趣有聲畫》序〉）。由於詩語因素對鑑賞的滲透，蔚為大觀的題畫詩必然會強化繪畫的「閱讀性」。

　　實際上，傳統繪畫並未落入摹寫自然的時空限定中，而是透過詩的意、趣、情引發提升，為心靈的自由抒發闢出更深遠的審美時空。它不僅闢審美空間於廣袤無垠，而且還延審美時間向深邃幽遠，從而將詩言體會擴散在繪畫的視覺直觀裡，使對靜態繪畫的賞玩在詩味的反覆涵詠中趨向動態體驗。

[138] ［蘇］葉・查瓦茨卡婭著，陳訓明譯：《中國古代繪畫美學問題》，湖南美術出版社 1987 年版，第 6 頁。

郭熙〈早春圖〉北宋 現藏於臺北故宮博物院

在審美時間之外，更為獨特的是對時間的審美。石濤《畫語錄·四時章》說：

凡寫四時之景，風味不同，陰陽各異，審時度候為之……予拈詩意以為畫意，未有景不隨時者。滿目雲山，隨時而變。以此哦之，可知畫即詩中意，詩非畫裡禪乎？

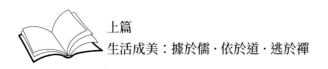

透過「禪意—詩意—畫意」的途徑，中國畫家與詩人將景隨時易的日回月周、寒暑易節作為審美的對象。其實，這早已為古典畫論所注重，郭熙就不僅論及空間的「山形步步移」、「山形面面看」，而且注重「四時之景不同」、「朝暮之變態不同」的時間變幻。他在《林泉高致》中說：「真山水之煙嵐，四時不同。春山淡冶而如笑，夏山蒼翠而如滴，秋山明淨而如妝，冬山慘淡而如睡。」

這種意識是源於古人對晝夜穿梭、四時輪迴的觀察和審視，他們以為自然週期變化在時間流逝中內在具有了氣韻，具有了宇宙的輪迴節律，並在繪畫裡創生出一個極具情感色彩的生存空間、充滿音樂情趣的時空合體。這裡，繪畫的空間方位往往擴散成時間的交替節奏（春夏秋冬與陰晴朝暮），甚至情感、情緒的變化節奏，從而使繪畫真正成了一種「時間品味方式」[139]，這正是中國傳統繪畫的獨特品性所在。

▶漸入「高臥橫眠得自由」

「一朝風月」並不是即刻顯現的，還需要逐層修行的過程。宋代禪宗便將修行分為三個境界：第一境界是「落葉滿空山，何處尋芳跡」；第二境界是「空山無人，水流花開」；第三境界才是「萬古長空，一朝風月」。

「落葉滿空山，何處尋芳跡」，語出自唐代詩人韋應物五言詩〈寄全椒山中道士〉，原詩為「落葉滿空山，何處尋行跡」。「芳跡」似乎更芬芳一些，但所說的都是參禪者尋道而又渺然無所得的狀態。

「空山無人，水流花開」，語出自宋代大文人蘇軾，那是〈十八大阿

---

[139] [法] 路易・加迪等著，鄭樂平、胡建平譯：《文化與時間》，浙江人民出版社 1988 年版，第32 頁。

羅漢頌〉當中對第九尊者的頌詞。如果說，「落葉滿空山，何處尋芳跡」仍是看山是山，看水是水。那麼，「空山無人，水流花開」則是看山不是山，看水不是水的境界。

只有感悟到了「萬古長空，一朝風月」，才是一番禪悟的最高境界。「萬古」與「一朝」相融合，在時間上乃為瞬刻即永恆；「長空」與「風月」相同一，在空間上則是萬物融為一體，此乃看山還是山、看水還是水的超越時空的極境。

這裡就涉及「人」如何化入「境」的問題，義玄禪師對此曾有四層的劃分：「有時奪人不奪境，有時奪境不奪人，有時人境俱奪，有時人境俱不奪。」那麼，如何從審美的角度來理解人與境的關聯呢？義玄禪師居然對答如流：

> 問：「如何是奪人不奪境？」
> 師云：「煦日發生鋪地錦，嬰兒垂髮白如絲。」
> 僧云：「如何是奪境不奪人？」
> 師曰：「王令已行天下遍，將軍塞外絕煙塵。」
> 僧云：「如何是人境俱奪？」
> 師曰：「並汾絕信，獨處一方。」
> 僧云：「如何是人境俱不奪？」
> 師云：「王登寶殿，野老謳歌。」[140]

其實，義玄禪師透過審美的話語，來解答了禪悟的漸進次第：

其一，「奪人不奪境」就是「客看主」，放下自我，只認萬法，不認自心；其二，「奪境不奪人」就是「主看客」，放下外物，不為境牽，本性自

---

[140] 賾藏主編，蕭萐父、呂有祥點校：《古尊宿語錄》，中華書局 1994 年版，第 57 頁。

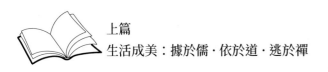
覺；其三，「人境俱奪」就是「主看主」，忘我忘境，無念無為，發見自我；其四，「人境俱不奪」就是「客看客」，超越人境，山仍是山，真正自在。

義玄禪師以審美的眼光來看待這人境之「奪」，無論是人奪境還是境奪人，無論是俱奪還是俱不奪，皆追求一種空靈無礙的生活境界，這境界的終極之處，既是「出入自得」的自由境，又是「復返生活」的現實境。

這意味著，「這永恆既超越時空卻又必須在某一感性時間之中。既然必須有具體的感性時間，也就必須有具體的感性空間，所以也就仍然不脫離這個現實的感性世界，『不落因果』又『不昧因果』，這也就是超越不離感性」[141]，這才是禪宗的在世的超越，此生的出世。

這個境界就是一種自由的境界，唐代懷海禪師所題寫的一首無題詩，其中對此就有感性化、形象化與視覺化的描述：

> 放出溈山水牯牛，無人堅執鼻繩頭。
>
> 綠楊芳草春風岸，高臥橫眠得自由。

牛的行住坐臥，隱喻的乃是參禪之人，他從生活日用中得到自由，就像牛被解放出來一樣，不僅擺脫一切是束縛（無人堅執鼻繩頭），而且在自由充滿美感的境地（綠楊芳草春風岸）中，充分達到了「通脫無礙」的自在與自由（高臥橫眠得自由）。

我們再以著名的〈十牛圖〉作為例證。根據史料記載，廓庵禪師是在宋代清居禪師〈八牛圖〉的基礎上完成了〈十牛圖〉，該圖傳到日本又為日本畫師所重繪，進而傳到了世界各地。廓庵禪師對應〈十牛圖〉，一一擬出對應的偈頌：

---

[141] 李澤厚：〈莊玄禪宗漫述〉，《中國古代思想史論》，三聯書店 2017 年版，第 197 頁。

〈尋牛第一〉：忙忙撥草去追尋，水闊山遙路更深。力盡神疲無處覓，但聞楓樹晚蟬吟。

〈見跡第二〉：水邊林下跡遍多，芳草離披見也麼？縱是深山更深處，遼天鼻孔怎藏它？

〈見牛第三〉：黃鶯枝上一聲聲，日暖風和岸柳青。只此更無迴避處，森森頭角畫難成。

〈得牛第四〉：竭盡精神獲得渠，心強力壯卒難除。有時才到高原上，又入煙雲深處居。

〈牧牛第五〉：鞭索時時不離身，恐伊縱步入埃塵。相將牧得純和也，羈鎖無拘自逐人。

〈騎牛歸家第六〉：騎牛迤邐欲還家，羌笛聲聲送晚霞。一拍一歌無限意，知音何必鼓脣牙。

〈忘牛存人第七〉：騎牛已得到家山，牛也空兮人也閒。紅日三竿猶作夢，鞭繩空頓草堂間。

〈人牛俱忘第八〉：鞭索人牛盡屬空，碧天遼闊信難通。紅爐焰上爭容雪？到此方能合祖宗。

〈返本還源第九〉：返本還源已費功，爭如直下若盲聾？庵中不見庵前物，水自茫茫花自紅。

〈入鄽垂手第十〉：露胸跣足入塵來，抹土塗灰笑滿腮。不用神仙真祕訣，直教枯木放花開。

普明禪師的〈十牛圖〉則構成了另一版本，他也每圖各題一偈：

〈未牧第一〉：猙獰頭角恣咆哮，奔走溪山路轉遙。一片黑雲橫谷口，誰知步步犯佳苗。

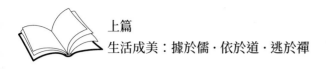
〈初調第二〉：我有芒繩驀鼻穿，一回奔競痛加鞭。從來劣性難調製，猶得山童盡力牽。

〈受制第三〉：漸調漸伏息奔馳，渡水穿雲步步隨。手把芒繩無少緩，牧童終日自忘疲。

〈回首第四〉：日久功深始轉頭，顛狂心力漸調柔。山童未肯全相許，猶把芒繩且繫留。

〈馴服第五〉：綠楊陰下古溪邊，放去收來得自然。日暮碧雲芳草地，牧童歸去不須牽。

〈無礙第六〉：露地安眠意自如，不勞鞭策永無拘。山童穩坐青松下，一曲昇平樂有餘。

〈任運第七〉：柳岸春波夕照中，淡煙芳草綠茸茸。飢餐渴飲隨時過，石上山童睡正濃。

〈相忘第八〉：白牛常在白雲中，人自無心牛亦同。月透白雲雲影白，白雲明月任西東。

〈獨照第九〉：牛兒無處牧童閒，一片孤雲碧嶂間。拍手高歌明月下，歸來猶有一重關。

〈雙泯第十〉：人牛不見杳無蹤，明月光寒萬象空。若問其中端的意，野花芳草自叢叢。

儘管我們對廓庵禪師如何將〈八牛圖〉增為〈十牛圖〉的細節不得而知，但是，從普明禪師的〈十牛圖〉所見，他所描繪的〈馴服第五〉、〈無礙第六〉、〈任運第七〉大致相當於廓庵禪師的〈牧牛第五〉，而後者的〈返本還源第九〉與〈入塵垂手第十〉恰恰是前者所沒有的。

所以由此可以推測，廓庵禪師極有可能增補上的就是這最後兩圖，而廓庵禪師的〈人牛俱忘第八〉與普明禪師的〈雙泯第十〉大致是同一層次，

也就是「物我兩忘」的階段，漸進到了這一階段也就是禪悟的高級階段了。

〈十牛圖〉還有一個更有趣的版本，它將牛身的顏色加以變化，以說明修行的漸次過程，從未牧到初調，牛還完全是黑牛，受制之後頭部變白，回首之時肩部亦白，馴服之際上身全白，無礙之端尾部尚黑，而到了任運與相忘，則完完全全變成白牛了。這就隱喻著「佛性」逐漸彰顯的程式，因為這牛本身就「譬喻或象徵自家生命的真實的本性、真性或佛性」[142]，所以尋求佛性的過程也即尋求自我的過程。

按照普明禪師的〈十牛圖〉，從〈未牧第一〉到〈獨照第九〉都是漸修更新的過程，而進入到〈雙泯第十〉則發生了質的飛躍。按照廓庵禪師的〈十牛圖〉，從〈尋牛第一〉到〈忘牛存人第七〉仍未脫修練的程式，無論是尋求門徑的尋牛、見跡與見牛，還是初步得道的得牛、牧牛、騎牛，都沒有悟入妙境，而到了〈人牛俱忘第八〉、〈返本還源第九〉與〈入塵垂手第十〉則進入到如此這般的境界。

下面就是前七圖：

---

[142] 吳汝鈞：《遊戲三昧：禪的實踐與終極關懷》，學生書局 1993 年版，第 123 頁。

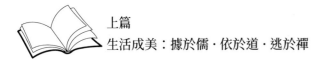

〈人牛俱忘第八〉，這是一幅以空圈來表徵萬物皆空的影像，此圖「一歸於無，只劃出一個圓相，表示三昧到此，已臻圓熟。這亦美學的最高境界」[143]，著語說得好：凡情脫落，聖意皆空。有佛處不用邀遊，無佛處急須走過。兩頭不著，佛眼難窺。百鳥銜花，一場懡㦬！

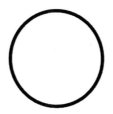

關鍵在於，為何在〈人牛俱忘第八〉之後，增加了〈返本還源第九〉與〈入塵垂手第十〉呢？

這是由於，「前八圖頌可歸納於個人修習方面，其重點在於主體性的發現與涵養，這是內在的工夫；後二圖頌則顯示主體性的發用，或外在的發用，在客觀的世界方面成就種種功德，這亦是成就自己也。」[144] 照此而論，前八圖描繪的乃是修行層級，而後兩圖才直接關乎終極關懷，而這種關懷恰恰是審美化的。

〈返本還源第九〉就是這樣的，它所勾勒的是一番有「境」無「人」之景，著語說得好：本來清淨，不受一塵。觀有相之榮枯，處無為之凝寂。不同幻化，豈假修治？水綠山青，坐觀成敗。

[143] 吳汝鈞：《遊戲三昧：禪的美學情調》，《國際佛學研究》1992 年第 2 期。
[144] 吳汝鈞：《遊戲三昧：禪的實踐與終極關懷》，學生書局 1993 年版，第 123 頁。

〈入廛垂手第十〉則是這樣的，它所勾勒的是一番有「境」有「人」之景，著語說得好：柴門獨掩，千聖不知。埋自己之風光，負前聖之途轍。提瓢入市，策杖還家。酒肆魚行，化令成佛。

實際上，這第九界與第十界的昇華，乃是生花之妙筆。「忘牛存人」僅僅得證法身，只有到了「人牛俱忘」，才達到「凡情脫落，聖意皆空」的境界。然而，只更新到這個層級，還只是一般佛家的境界，禪宗進而還要從「空境」回到「家常」境界，所以才第一步有境無有人，第二步人境皆在而俱不奪。

這才是「禪境」所照的真如生活，所謂「去來自由，無滯無礙」是也。從馴服野性到心性合道，那只是禪悟的基層而已；「人牛俱忘」始泯滅色界，「返本還源」卻山水重現，「入廛垂手」則萬像一如！

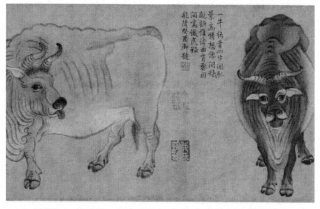

韓滉〈五牛圖〉（區域性）唐代 現藏於故宮博物院

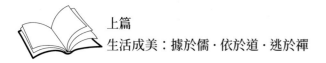
▶超以象外的「無相之美」

佛禪美學的核心，就在於它追求的是一種「無相之美」。

按照日本禪宗學者久松真一的理解：「真正的佛教美學，從主動的創造性一方面來看，是無相之美在形相中表現它自己；從欣賞的角度來看，乃在超越形相的，沒有形相性的形相中的理解 —— 即是對作為沒有形相性的表現的形相的理解。一句話，真正的佛教之美，只是人的自我覺醒和運作之美。」[145]

那麼，「無相之美」所求的究竟是什麼樣的相？如果用「無相之相」來簡單加以概括，似乎也能達其意，就像京都學派哲人西田幾多郎用「無形之形」（the form of the form less）來概括東方文化的特質，以區分於西方文化直接將「形」作為存在的本質與過程，而中國古典美學所追尋的「象外之象」早就深諳此義。

在文學領域，司空圖就提出了要尋那「象外之象，景外之景」[146]，他在著名的《二十四詩品》裡面，可以說直接實踐了他的「象外之象」的追求，比如在論「清奇」這個審美範疇的時候，司空圖描述道：

> 娟娟群松，下有漪流。晴雪滿汀，隔溪漁舟。可人如玉，步屧尋幽。載瞻載止，空碧悠悠，神出古異，淡不可收。如月之曙，如氣之秋。

當然，中國文人非常善於在詩歌當中顯現「禪境」，王維正是其中的佼佼者，所以他才被譽為「詩佛」，難怪宋人直言「說禪作詩，本無差別，但打得過者絕少」，王維晚期的詩歌真正實現了「禪詩合一」。

---

[145] 久松真一：《禪在現代文明中的意義》，吳汝鈞：《京都學派哲學：久松真一》，文津出版社1995 年版，第 206 頁。
[146] 司空圖著，祖保泉、陶禮天箋校：《司空表聖詩文集箋校》卷三《與極浦書》，安徽大學出版社2002 年版，第 215 頁。

王維已將由象內到象外的「空」、「寂」、「靜」、「閒」之美寫盡了：

人閒桂花落，夜靜春山空。 ── 〈鳥鳴澗〉

空山不見人，但聞人語響。 ── 〈鹿柴〉

空山新雨後，天氣晚來秋。 ── 〈山居秋暝〉

興來每獨往，勝事空自知。 ── 〈終南別業〉

王維還將象之內外的介於「動靜生成」之際的特色寫絕了：

明月松間照，清泉石上流。 ── 〈山居秋暝〉

行到水窮處，坐看雲起時。 ── 〈終南別業〉

月出驚山鳥，時鳴春澗中。 ── 〈鳥鳴澗〉

返景入深林，復照青苔上。 ── 〈鹿柴〉

王維的詩固然「美極」矣，但卻如何「妙得禪家三昧」的呢？三昧乃為梵語 sumadhi 的音譯，意譯即為禪定。關鍵就在於「無相之美」的呈現，讓人萌生「萬念俱寂」之感；關鍵還在於「象外之象」的生發，讓人頓有「妙悟弦外」之意。

六祖《壇經》就主張「無相為體」，那麼，究竟何為「無相」？解答是：「但離一切相，是無相；但能離相，性體清淨。此是以無相為體。」[147] 這就意味著，無相就是不取事相之意，「離一切相」就需「超以象外」，才能覺知「性體清淨」的禪境。

王維的禪詩，就是對於這般「禪境」的顯現。在花落山空、月出春澗的「實境」裡面，王維的確將萬物因緣生滅的「相內」勾勒了出來，但萬物卻沒有一成不變的「住」，這層「性空幻有」之「虛境」，卻蘊含在虛實之間與動靜之際當中，所以方有「景外之景」與「味外之味」。

---

[147] 慧能著，郭朋校釋：《壇經校釋》，中華書局 1983 年版，第 32 頁。

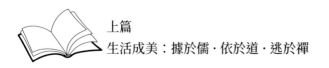

　　如此美化的「妙得禪家三昧」之境，儘管是以「靜的姿態」的方式得以現身的，但卻仍需要「動的點化」，這就是「禪之美」的動靜之相成：

　　禪的本質在於動進的心對於世間的不取不捨的妙用，它表現在遊戲三昧中。在三昧中，禪有當體美或美學情調可言，這即是三昧主體在泯除一切意識分別而達致的心境渾一、物我雙忘的境界。這是相對意義的靜態的美。另一方面，禪人在遊戲中常起機用，施設種種方便以點化眾生，此中亦有一種心靈的靈動機巧的美可言，這是遊戲的美感，相對意義的動態的美。[148]

　　的確，禪是一枝花，在詩界得以綻放，元好問所說「禪是詩家切玉刀」，此言也是不錯的，王維的詩甚至較之多數的禪僧之作更有「禪意」。貫休這位禪、畫、詩兼修的禪者，在〈秋晚野居〉五言小詩裡面，卻也達及了王維所感悟之境，真可謂「詩為禪家添花錦」也：

　　　　僻居人不到，吾道本來孤。
　　　　山色園中有，詩魔象外無。[149]

　　實際上，「禪的境界，超越我們習見分別之事事物物的通常意義，而讓宇宙萬物復其真空妙有，也使自己復其真空妙有，並且人物自然融合在真空妙有中，而流露出真空妙有的情趣。」[150] 在此，「真空妙有」是對於禪宗境界的審美特徵之描述，這種「大圓鏡智」之境，「圓融無礙」之境，真可謂是「千江同一月，萬物盡逢春」呀！

　　在詩歌之外，繪畫也能與「禪境」相通。宋代文人蘇轍就曾題唐代畫家李公麟〈山莊圖二十首〉，其中的〈墨禪堂〉有言：「此心初無住，每與

[148] 吳汝鈞：《遊戲三昧：禪的美學情調》，《國際佛學研究》1992 年 12 月第 2 期。
[149] 陸永峰：《禪月集校注》，巴蜀書社 2006 年版，第 327 頁。
[150] 楊慶豐：《佛學與哲學：生命境界的探尋》，頂淵文化事業有限公司 1987 年版，第 106 頁。

物皆禪。如何一丸墨，舒捲化山川。」禪意自宋以後成為文人與畫匠所共求之事。禪詩與禪畫，在中國傳統當中都蔚為大觀。

作為「詩佛」的王維，更是位重要的畫家，儘管確鑿的畫跡難以肯定。後代畫家董其昌在《畫禪室隨筆》裡面大膽地區分出畫分「南北宗」，並極力推重南宗繪畫，以王維作為鼻祖，因為王摩詰始用渲染，一變勾斫之法，其傳為張璪、荊浩、關仝、董源、巨然、郭忠恕、米家父子，以至元之四大家。

姑且不論「南北分宗」確切與否，王維之畫在禪宗美術流變當中的確具有濫觴地位，難怪漢學家邢文就將王維的「雪中芭蕉」作為「中國禪畫研究的代表性起點」，並且將「禪畫的時空觀」當作「中國禪畫研究的關鍵性切入點」。[151]

非常有趣的是，根據沈括的記載，王維畫有雪中芭蕉，「書畫之妙，當以神會，難可以形器求也……予家所藏摩詰畫〈袁安臥雪圖〉有雪中芭蕉，此乃得心應手，意到便成，故造理入神，迥得天意」[152]。由此，邢文就提出了一個有趣味的問題：為何芭蕉這種性喜溫暖、不耐嚴寒的植物，居然被王維畫到了雪中呢？

答案就在於，王維深諳佛禪之道：一方面，從時間上看，「雪中芭蕉」消弭了四時寒暑的差別，邢文將之追溯到《華嚴經》的「無量劫一念，一念無量劫」；另一方面，從空間的維度來看，「雪中芭蕉」超越了南北地理的局限，這又可以追溯到《華嚴經》的「種種莊嚴剎，置於一毛孔」，而這「時空一體」，恰恰就象徵了禪畫所獨具的「時空觀」。

在禪宗傳到東瀛之後，逐漸形成了久松真一所謂的「禪文化群」，具

---

[151] 邢文：〈雪中芭蕉：唐人禪畫的時空觀及中國禪畫的基本線索〉，《民族藝術》2013 年第 2 期。
[152] 沈括著，金良年點校：《夢溪筆談》，中華書局 2015 年版，第 159－160 頁。

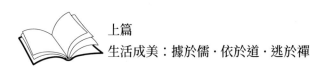
體包括宗教、哲學、倫理、作法、諸藝、文學、書畫、建築、造庭（庭院）、工藝等等，由此可見，禪美學擴大到了文化的各個領域。

更為重要的是，久松真一認定，儘管這些不同的禪文化有不同的表現，但是它們卻有共通的性格，分別是不均齊、簡素、枯槁、自然、幽玄、脫俗、靜寂。與此同時，禪文化所立根的「無相的真我」有七個面相，分別是無軌則、無錯綜、無位、無心、無底、無障礙、無動盪，這七個面向恰恰是與七個性格相對應的：

無軌則 —— 不均齊

無錯綜 —— 簡素

無位 —— 枯槁

無心 —— 自然

無底 —— 幽玄

無障礙 —— 脫俗

無動盪 —— 靜寂 [153]

這就高度概括了禪文化與禪藝術的特質，當然日本與中國的禪宗藝術是糾結在一起的，許多中國禪宗名作都東傳到了日本並被尊為典範。上面除了第一條「不均齊」與第五條「幽玄」之外，中日禪美學特質是相當接近的。中國古典藝術更追求「均齊之美」，這恰恰與日本藝術構成了基本差異之一，而且，「幽玄之美」更能展現出日本美的獨特境界。

毫無疑問，簡素、枯槁、自然、脫俗、靜寂的審美特質，是為中日禪文化與禪藝術所共享的。日本的「禪美學」的特性，可以被歸納為：脫俗、蒼古、空寂、幽闃、閒寂、古拙、素樸、沒巴鼻（類似於不可捉摸與不可測度之意）、沒滋味、也風流、端的（基本等同於直率抑或直接）、

---

[153] Shin'ichi Hisamatsu, Zen and Fine Arts, Kodansha International Ltd.，1982，pp.53-59.

灑脫、無心、孟八郎（大概就指不受束縛而浪蕩不羈之意）、傲兀、風顛、擔板（意為不屈不撓）與清淨[154]，這諸種特質都可以在中國禪那裡找到源頭。

傅抱石〈袁安臥雪圖〉 近現代 私人收藏　　　沈周〈袁安臥雪圖〉 明代 私人收藏

[154] Shin'ichi Hisamatsu，「On Zen Art」，in The Eastern Buddhist, Vol. III，No.2，Spt.1966，pp.32-33.

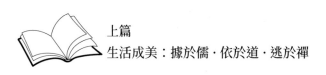
　　以抽象的審美取向為例，置身於日本的枯山水庭院當中，你便會感悟到禪意的抽象之美。枯山水園便是日本獨有的一種園林建制。

　　所謂「枯山水」，顧名思義，就是乾枯的庭院山水，其中最重要的特點就是沒有用水，甚至連草木也被排除在外。最常見的枯山水，乃是用山石與白砂為主，象徵自然景觀。石頭可以寓意為山川與飛瀑，關鍵還是白砂的應用。白砂被鋪於地上，再用非常重的爬犁「耕過」，其所形成是線條與肌理，可以象徵大海、川河，乃至雲霧。

　　當我第一次面對日本京都的龍安寺石庭時，就被日本禪宗所追求的絕對美感征服了。庭中那些白砂就象徵著汪洋，而那五組頑石就象徵著海嶼，這是一派安靜的海景之色。所以說，枯山水其實「不枯」，因為它在你內心所形成的意象是溼漉漉的。

　　那整座庭院被抽象出的形式美感，的確走向了東方的「極簡主義」。我從方丈堂那裡「平視」整個石庭之時，五組頑石與兩塊浮石，像是從海中聳立起來，真是一番海之美景。它們既像海與島，又有所簡化，既不像海與島，又即見即是，那石頭邊的小草更似島嶼上的林木。

　　就這樣，我坐在那裡凝視了許久許久，無需言語，內心體會就是──這就是「禪」的心胸吧？所謂「道由心悟」，禪宗之道終有心「悟」，也是心「生」。突然想起了《景德傳燈錄》裡面有個記載，問：「如何是雙峰境？」師曰：「夜聽水流庵後竹，晝看雲起面前山。」[155] 大概當年的方丈，無語、觀庭、靜思之時，也做此想吧……

　　好一番「禪境世界」！

---

[155] 道原著，顧宏義釋注：《景德傳燈錄譯註》，上海書店出版社 2010 年版，第 1714 頁。

▶「無住為本」的生活美源

中國禪學是「生活化」的佛學，也是中國「生活美學」生生不息的泉源之一。儒家生活美學與道家生活美學，都是從本土的主幹上生發出來的，唯有禪宗生活美學的根基來自印度佛教，但是禪宗本身卻是中國人對於佛教的創造性的轉化。

禪宗生活美學的境界，絕不是平常的「詩境」，也不是尋常的「畫境」。換句話來說，這種美學並不只是針對東方藝術的美學，而能直接生發出生活本身的廣義美感。「禪是來自最深遠的美學體系之一，趣旨於偉大的中國山水畫、日本的花藝與茶道，以及東方人的內在韻律。所有這些，也都很對，但那並不是禪的本身。」[156]

真正的禪本身，就顯現於日常生活當中，而真正的禪宗，就是一種生活化的藝術。或者這樣說更為準確，禪宗就是一種審美化的生活，這種生活雖照而常寂，雖寂而常照，所謂「千姿萬態皆虛幻，一念悟空即真實」！

唐代有兩位著名的高僧 —— 寒山與拾得，他們對於禪宗生活本身的美感都頗有心得，寒山深感禪宗之路的艱辛，若要真正地參禪，「還得到其中」：

> 人問寒山道，寒山路不通。
>
> 夏天冰未釋，日出霧朦朧。
>
> 似我何由屆，與君心不同。
>
> 君心若似我，還得到其中。[157]

拾得則體會到了「悟禪」之後的快慰與超脫：

---

[156] [美] 保羅·李普士編，葉青譯：《禪的故事》，吉林出版集團 2009 年版，第 155 頁。
[157] 寒山著，郭鵬注：《寒山詩註釋》，長春出版社 1995 年版，第 11 頁。

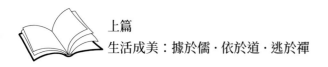
> 悠悠塵裡人，常道塵中樂。
>
> 我見塵中人，心生多愍顧。
>
> 何哉愍此流，念彼塵中苦。
>
> ……
>
> 猿啼唱道曲，虎嘯出人間。
>
> 松風清颯颯，鳥語聲關關。
>
> 獨步繞石澗，孤陟上峰巒。
>
> 時坐盤陀石，偃仰攀蘿沿。[158]

所以說，在禪的境界，即是「一花一世界，一葉一如來」活生生的展現。因此，禪的境界即是一種審美的境界，「因此，自然處處無非禪機，妙行所及，處處無非禪悅」[159]。用宋代洪壽禪師的詩來解，那就是「撲落非他物，縱橫不是塵。山河及大地，全露法王身」[160]。生活本身的妙悅自在，也由此而生發出來。

這種審美化的生活，本身就是一種自由而無形的「大藝術」，就是一種「無住為本」的最高藝術！「無住」這個詞，原本來自《維摩經》，該經有云：「從無住立本一切法」。《金剛經》上亦言：「無所住而生其心。」「無住」言說的不僅是生活境界，而且也是精神境界。

如果說，禪宗本身就是一門藝術的話，那這門藝術所把握的就不僅是詩、畫、園、茶、花，而是整個的人生境界。「禪宗生活美學」是力求把握生命整體的生活藝術 ——「無住的生活藝術」。由此，禪宗才成了中國人生活中活生生的「美源」。

---

[158] 安祖朝編注：《天臺山唐詩總集》，浙江古籍出版社 2018 年版，第 928 頁。
[159] 楊慶豐：《佛學與哲學：生命境界的探尋》，頂淵文化事業有限公司 1987 年版，第 106 頁。
[160] 普濟編，蘇淵雷點校：《五燈會元》，中華書局 1997 年版，第 620 頁。

「行到水窮處，坐看雲起時」，無論是行到的空間，還是坐下的時間，都把握到了生活藝術化的極致 —— 時空一體化。無門禪師說得好：「春有百花秋有月，夏有涼風冬有雪。若無閒事掛心頭，便是人間好時節。」當禪宗將頓悟之情還原到日常生活當中的時候，那便能有「日日是好日」之感。

這就要回到六祖禪宗所提出的中國禪的基本理念，六祖慧能說得最明確不過：「我此法門，從上以來，頓漸皆立無念為宗，無相為體，無住為本。」[161] 我們前面已經談過了「無相之美」，再來看看「無念」與「無住」。

實際上，從「無念」、「無相」到「無住」本是個層層提升的過程，「無念」還只是個基礎，是入門的法門，「無相」則把握到了「體」，只有「無住」方是根本。

從「無念」到「無相」，六祖解得精妙：「前念不生即心，後念不滅即佛。成一切相即心，離一切相即佛。」[162] 這就將「無念」上升為了「無相」。無念要去除的就是內心之妄念，這些妄念來自眼、耳、鼻、舌、身、意的「六識」，這「六識」緣於色、聲、香、味、觸、法「六塵」而顯現於心的，所以各種妄念才由此「緣境」而生。

禪宗之所以「不立文字」，一方面與「無念」之尋是相關的，另一方面則與「無相」之求是相繫的，但最終都是直指人心的。如圓悟禪師所言：「達摩西來，不立文字語句，唯直指人心。若論直指，只人人本有無明殼子裡，全體應現，與從上諸聖不移易絲毫許。所謂天真自性，本淨明妙，含吐十虛，獨脫根塵，一片田地。」[163]

[161] 慧能著，郭朋校釋：《壇經校釋》，中華書局 1983 年版，第 31 頁。
[162] 普濟編，蘇淵雷點校：《五燈會元》，中華書局 1997 年版，第 84 頁。
[163] 中國詩統一文化研究所編：《圓悟禪師心要》，1992 年編印版，第 32 頁。

以「無念」作為根基，把握到「無相之美」後，禪宗最終要求乃是自由的審美境界，六祖所說的「內外不住，來去自由，能除執心，通達無礙」[164]，就是如此。難怪懷海禪宗也要求「處心自在」，要求「覺性自己」，由此方能「去往自由，不為一切有為因果所縛」。按照他的說法，「若垢淨心盡，不住繫縛，不住解脫，無一切有為、無為解。平等心量，處於生死，其心自在。」[165]

這種自由之境要求上升到「無住為本」的最高境界。最後，我們想用騰騰和尚的〈了元歌〉來終結此章，它為我們明示出禪宗究竟如何成了「無住的生活藝術」：

修道道無可修，問法法無可問。

迷人不了色空，悟者本無逆順。

八萬四千法門，至理不離方寸。

識取自家城郭，莫謾尋他鄉郡。

不用廣學多聞，不要辯才聰俊。

梁楷〈六祖截竹圖〉 南宋
現藏於日本東京國立博物館

---

[164] 慧能著，郭朋校釋：《壇經校釋》，中華書局 1983 年版，第 56 頁。
[165] 靜筠二禪師編，孫昌武等點校：《祖堂集》，中華書局 2007 年版，第 642 頁。

> 不知月之大小，不管歲之餘閏。
>
> 煩惱即是菩提，淨華生於泥糞。
>
> 人來問我若為，不能共伊談論。
>
> 寅朝用粥充飢，齋時更餐一頓。
>
> 今日任運騰騰，明日騰騰任運。
>
> 心中了了總知，且作佯痴縛鈍。[166]

禪宗之美，並不是超世之美，而是此世之美。生活之美的禪宗極境，乃是在生活美感的滋養當中，所成就的一種「無住為本」的生活藝術！

---

[166] 道原著，顧宏義釋注：《景德傳燈錄譯註》，上海書店出版社 2010 年版，第 2437 頁。

下篇

美化生活：悅身心・會心意・暢形神

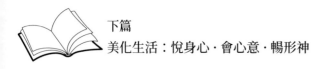
第四章
從「詩情畫意」到「文人之美」

詩是無形畫，畫是有形詩。

——— 郭熙《林泉高致》

位在樞府，才為文師。兼古人之所未全，盡天力之所難致。文人之
美，夫復何加。

——— 蘇轍〈賀歐陽副樞啟〉

中國文人書畫，書中當有畫意，畫中當有詩意。

——— 黃賓虹《賓虹書簡》

▶說「文人」

文人自古多薄命。中唐寶應元年（西元 762 年），落魄不羈的李白已
經六十二歲了。這年十一月，他浪遊到當塗（今安徽馬鞍山當塗縣）境
內，病死，葬在龍山腳下，後來又遷葬青山南麓。半個多世紀後，時任江
州（今江西九江）司馬的白居易寫了一首著名的〈李白墓〉詩：

採石江邊李白墳，繞田無限草連雲。可憐荒壟窮泉骨，曾有驚天動地文。但是詩人多薄命，就中淪落不過君。[167]

讀過這首詩的人大概都會被它所流露的傷悼、哀婉、痛惜，乃至憤激之情所感染。這一點我們暫且按下不表，只說些疑惑 —— 李白墓不是在青山嗎？青山在當塗縣東南，而採石磯卻在當塗西北大江中，難道李白還有兩處墓地不成？再不就是白居易記錯了？

這一年，白居易不過四十七歲，正是壯年，似乎還不到年老昏瞶的地步。再說，同時代的詩人項斯也在採石江邊見過李白墓，他在〈經李白墓〉一詩中明確說：「夜郎歸未老，醉死此江邊」[168]。這就印證了白居易詩中「採石江邊李白墳」的說法，卻又帶來了新的問題：李白究竟是病死的，還是醉死的？《舊唐書》中說他「飲酒過度，醉死於宣城」；唐末五代時期王定保的筆記《唐摭言》中給出的說法更具體：

李白著宮錦袍，遊採石江中，傲然自得，旁若無人，因醉入水中捉月而死。[169]

李白在〈將進酒〉裡說過，「五花馬，千金裘，呼兒將出換美酒，與爾同銷萬古愁」，這裡所說的「千金裘」，大概就是李白死時所穿的「宮錦袍」。據說李白深得唐玄宗的賞識，被賜御衣，應該是莫大的榮耀。但那終歸是二十多年前的舊事了。至於李白的死因，歷來的研究者都認為是疾病，而並非醉酒。

[167] 白居易著，朱金城箋校：《白居易集箋校》第 2 冊，上海古籍出版社 1988 年版，第 1099 — 1100 頁。
[168] 《全唐詩》（下冊）卷五五四，上海古籍出版社 2006 年影印版，第 1417 頁。
[169] 王錡：《李太白年譜》，王錡注：《李太白全集》（下冊）卷三十五，中華書局 2003 年版，第 1612 頁。

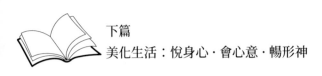

那麼，人們為什麼更願意相信李白是飲酒大醉，捉月而死的？採石江邊又為何出現了一座李白墓？

中國現代詩人、學者聞一多先生寫過一首〈李白之死〉。詩歌從李白的詩句「醉月頻中聖，迷花不事君」發揮開來，寫他在花前月下狂飲不止，醉得如泥，一生的偃蹇蹉跎一一浮現眼前，他憤懣、悲愴、癲狂，痛訴不公的命運……結尾處寫得尤其哀婉傷情：

沉醉的詩人忽又戰巍巍地站起了，

東倒西歪地捱到池邊望著那晶波。

他看見這月兒，他不覺驚訝地想著：

如何這裡又有一個伊呢？奇怪！奇怪！

難道天上有兩個月，

我有兩個愛？

難道剛才伊送我下來時失了腳，

掉在這池裡了嗎？ —— 這樣他正疑著

他腳底下正當活潑的小澗注入池中，

被一叢剛勁的菖蒲鯁塞了喉嚨，

便咯咯地嚥著，像喘不出氣的嘔吐。

……

他翻身跳下池去了，便向伊一抱，

伊已不見了，他更驚慌地叫著，

卻不知道自己也叫不出聲了！

他掙扎著向上猛踴，再昂頭一望，

又見圓圓的月兒還平安地貼在天上。

他的力已盡了，氣已竭了，他要笑，

笑不出了，只想到：「我已救伊上天了！」[170]

顯然，「圓圓的月兒」就是那純粹無瑕的美的理想，詩人要將這沉淪在池水中的理想打撈出來，重新高舉於天幕。他的死，與其說是「醉死」、「捉月而死」，毋寧說是為了拯救世間沉淪的美的理想而慷慨就義！

聞一多是學貫中西的淵博學者，他怎麼也和普通大眾一樣，相信李白之死的傳說？他在這首詩的小序裡說：「世俗流傳太白以捉月騎鯨而終，本屬荒誕。此詩所述亦憑臆造，無非欲藉以描畫詩人的人格罷了。讀者不要當作歷史看就對了。」[171]顯然，他明白傳說不是歷史。歷史是如實地記錄已經發生的事，而傳說則按照人們的想像來編織故事。李白這樣飄逸不群、風流倜儻的人，怎麼能像普通人那樣病死在床榻之上？捉月而死，才更符合他的人格和風骨，才能滿足人們對於文人的期待。

這期待裡，寄託的是人們對自古文人多薄命的歷史現象由衷的不滿。人們不願意相信，給世間創造了無盡之美的天才會這樣平淡無奇地死去。於是就有了李白捉月而死的故事，甚至有了死後騎鯨仙去的傳說。採石江邊，也多出來一座紀念性的墳塋，用來紀念這位偉大的詩人。[172]

文人，因其生前對美的創造，而在其身後獲得了不朽。這賦予其靈魂、人格不朽的力量泉源，就是他所創造出來的美的藝術 —— 文人，就是妙筆生花的人。

我們知道，「藝術家」是靠「藝術」來安身立命的，那文人之所以成為一個特定的群體，依靠的又是什麼呢？

---

[170] 聞一多：《紅燭》，孫黨伯、袁春正主編：《聞一多全集》第 1 冊，湖北人民出版社 1993 年版，第 17 — 18 頁。

[171] 孫黨伯、袁春正主編：《聞一多全集》第 1 冊，湖北人民出版社 1993 年版，第 10 頁。

[172] 朱金城：〈「採石江邊李白墳」辨疑〉，《白居易研究》，陝西人民出版社 1987 年版，第 280 頁。

范寬 〈雪景寒林圖〉北宋 現藏於天津博物館

▶道「文采」

文人安身立命，當然依賴於其作品 —— 藝術品。在中國古代，並沒有「藝術品」這樣的說法，但中國古人對這種「美的形式的創造」並非沒有認識和體會，他們所用的概念，是一個我們沿襲至今卻常常提不起注意的詞彙 —— 文采。

什麼是文采？先看「文」。文最初的意思是指事物縱橫交錯所呈現出來的紋理、形象。在中國古人的觀念中，自然、社會和人類個體等一切具有多樣性統一的特點的現象和事物，都可以稱之為「文」。比如《文心雕龍》中就說「文」的意義極其重大，它是「與天地並生」的：

> 夫玄黃色雜，方圓體分，日月疊璧，以垂麗天之象；山川煥綺，以鋪理地之形，此蓋道之文也。仰觀吐曜，俯察含章，高卑定位，故兩儀既生矣。唯人參之，性靈所鍾，是謂三才。為五行之秀，實天地之心，心生而言立，言立而文明，自然之道也。傍及萬品，動植皆文。[173]

這段話的意思是說，從宇宙混沌未開，到天地分判，便有了天圓地方之文；從天來說，日月交相輝映，展現著天的絢爛之文；從地來說，綿延縱橫、高低起伏的壯麗山河，構成了大地之文；這些都可以稱為大自然本身的韻律和紋理，也就是自然之文。人仰觀天象，俯察地理，確定了人類社會的高低、尊卑秩序，這就是所謂的「人文」。因為只有人具有能領悟天地之道、效法自然之文的能力，所以人就成了萬物之靈長，與天、地並稱「三才」。人既然參透了天地之心，就必然要心有所思、口有所言，把這些思想和觀念用語言表達出來，就把「文」的奧妙說盡了。更具體地說，不止天、地、人是「文」的創造者，自然萬物也都有自身的形式之美，一切視聽形

---

[173] 范文瀾：《文心雕龍注》（上冊）卷一，人民文學出版社 1958 年版，第 1 頁。

象，只要訴諸人的知覺，都可以構成優美之「文」—— 文就是美的形式，這形式既包括視覺景觀，也涵蓋了聲音、節奏和韻律。

在這段話結尾，劉勰又提到另一個詞兒—— 采。它與「文」是同義詞，都是用來表述事物的形式之美的。如果說「文」偏重紋理的縱橫交錯，那「采」則主要針對色彩、光澤而言。「文」與「采」的結合——「文采」——就成了中國古人用來言說一切形式之美的核心概念。比如，說服飾的華麗，人們會

董其昌《仿古山水冊・仿趙孟頫》 明代
現藏於臺北故宮博物院

稱之為「錦繡文采」；說音樂旋律的絢麗，人們會稱之為「文采節奏」；說文章的辭藻之美，人們也會使用「文采」一詞。[174]

---

[174] 參見《辭海（1999年版普及本）》，上海辭書出版社1999年版，第4367頁。

實際上,「有文采」、「文采斐然」的人,就是文人。

因為文采主要是指形式之美,所以文人也就是指那些能夠創造出具有優美形式的藝術品,或者言行舉止展現出濃郁的藝術氣息的人。這些人或是給人提供美的藝術品,或是讓人領略到人物的風姿之美,自然是備受歡迎的。就像是李白,即使不幸去世,人們也還要替他編織一個優美動人的結局,讓他在人們的想像中延續著他的人格之美。

▶詩、書、畫:文采之「三絕」

中國傳統文人對文采抱有相當堅定的信仰。劉勰曾經說:「文之為德也大矣,其與天地並生。」[175] 也就是說,文采是「道」的直觀顯現,與天地並生,與日月同輝。這樣便為自己的事業找到了一個理直氣壯的來路——「人文之元,肇自太極」[176]。「太極」就是「道」,是宇宙萬物的本原。原來,優美的辭藻、悅目的畫面、婉轉的樂音、靈動的書法等,不僅能給人帶來直觀的美的體驗,還大有來頭,竟然能與「道」貫通起來!

這樣說很有些狐假虎威的意味。文人為何要拉大旗作虎皮?恐怕是對當時所流行的「文人輕薄」一說的回應。我們且不去管它,只看文人之美,也就是文采是透過什麼方式展現出來的,又是否像他們自己標榜的那樣與「道」沾親帶故?

這裡我們要提及一位著名的唐代文人鄭虔。鄭虔字弱齊,鄭州滎澤人,博學多識,擅長詩、書、畫,兼通天文、地理、軍事、歷史等。據說

---

[175] 范文瀾:《文心雕龍注》(上冊)卷一,人民文學出版社 1958 年版,第 1 頁。
[176] 范文瀾:《文心雕龍注》(上冊)卷一,人民文學出版社 1958 年版,第 2 頁。

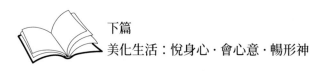
他早年練習書法和繪畫時，苦於沒有紙張，便天天跑到大慈恩寺去，因為那裡儲藏著大量的柿葉，滿滿的堆了許多房間。鄭虔每天都在柿葉上練筆，時間長了，竟然把這慈恩寺多年累積下的家當塗抹殆盡！[177] 這就像王羲之「墨池」、懷素「筆塚」一樣，藝到精處，皆可成名。鄭虔靠這樣的苦練，逐漸嶄露頭角。唐玄宗深愛其文采，又苦於沒有合適的職位，於是就專門設立了廣文館，命他擔任廣文館博士。

史書中記載廣文館，說：「久之，雨壞廡舍，有司不復修完，寓治國子館，自是遂廢。」[178] 現實跟鄭虔開了個玩笑，讓他成了歷史上第一位，也是最後一位廣文館博士，並且連專屬的辦公場所都沒有。鄭虔的官僚生涯之冷清、鬱悶是有目共睹的，他的朋友杜甫在一首詩中寫道：

諸公袞袞登臺省，廣文先生官獨冷。甲第紛紛厭粱肉，廣文先生飯不足。先生有道出羲皇，先生有才過屈宋。德尊一代常坎坷，名垂萬古知何用。[179]

杜甫也是以懷才不遇知名於世的文人，他與鄭虔同病相憐，惺惺相惜。從詩歌的描述來看，鄭虔的官職卑微，待遇也很差，常常吃了上頓沒下頓。這樣的朋友聚在一起，不免痛飲酒、大發牢騷。不過，如果鄭虔仕途坦蕩，他恐怕就不會有如此多的心思、時間和精力來吟詩作畫了，他的文采也會大打折扣。鄭虔曾經做過一幅畫，又題寫上自作詩，獻給唐玄宗，後者觀覽後拍案叫絕，認為他的詩歌、書法和繪畫都妙絕一時，提筆在畫卷末端寫下：「鄭虔三絕」。

這是對文人之成就最恰切的肯定和褒獎吧！宋代有人說過，鄭虔「高

---

[177]《新唐書・文藝傳》第 18 冊，中華書局 1975 年版，第 5766 頁。
[178]《新唐書・文藝傳》第 18 冊，中華書局 1975 年版，第 5766 頁。
[179] 杜甫：〈醉時歌〉，錢謙益：《錢注杜詩》（上冊）卷一，上海古籍出版社 1979 年版，第 14 — 15 頁。

才在諸儒間，如赤霄孔翠，酒酣意放，蒐羅永
珍，驅入毫端，窺造化而見天性。雖片紙點墨，
自然可喜」[180]。這就不僅僅是從技術的角度推
崇鄭虔的畫藝了，而是認為「鄭虔三絕」呈現了
宇宙自然之道的奧妙與趣味。鄭虔揮毫作畫的時
候，突破了技術的限制，自由自在、蒐羅永珍，
在紙面上呈現出了一個生機盎然、氣象生動的宇
宙景象！

　　也正因此，詩、書、畫「三絕」，成為中國
文人藝術成就的代名詞。明代大藝術家徐渭曾經
自我標榜說：「吾書第一，詩二，文三，畫四。」
這種夫子之言大概可信，但後人在評價徐渭時，
依然更願意從詩、書、畫的角度來加以點評，不
經意間忽略掉了他的散文成就。如袁宏道說他的
書法「筆意奔放如其詩……誠八法之散聖，字林
之俠客」，張岱說他「書中有畫，畫中有書」[181]
等。我們都知道，世人稱許王維的作品為「詩中
有畫，畫中有詩」，到了徐渭這裡，詩、書、畫
三種藝術形式的界限顯然被全部打通，詩情、畫
意、書藝合而為一，泯然無間，達到了中國文人
之美的最高境界！

徐渭〈墨荷圖〉明代
現藏於故宮博物院

---

[180] 鄭剛中：〈論鄭虔閻立本優劣〉，俞劍華編著：《中國畫論類編》（上冊），人民美術出版社 2004
　　　年版，第 69 頁。
[181] 鷥谷：〈曠世奇才——詩書畫三絕的徐渭〉，《美術大觀》2000 年第 1 期。

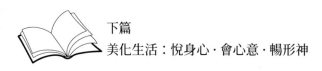
▶詩的歷史鳥瞰

中國是一個富有詩的氣息的國家，中國人的詩性精神、中國文化的詩性品格，早在先秦時代就已經奠基了。[182] 聞一多先生曾經說過：

《三百篇》的時代，確乎是一個偉大的時代，我們的文化大體上是從這一剛開端的時期就定型了。文化定型了，文學也定型了，從此以後二千年間，詩 —— 抒情詩，始終是中國文學的正統的類型，甚至除散文外，它是唯一的類型……詩，不但支配了整個文學領域，還影響了造型藝術，它同化了繪畫，又裝飾了建築（如楹聯、春帖等）和許多工藝美術品。[183]

聞一多先生說得很明確，從《詩經》時代開始，中國文學和文化的主流，就流淌在詩歌的河床上。中國文學、文化的其他類型，無不浸潤著詩歌的特質和精神。因此，整個中國文化，都可以稱之為「詩文化」。這裡所說的詩文化，不單單是說詩歌構成了中國傳統文化形態的主要樣式，而且更是說，詩的精神，瀰漫、擴散、滲透到中國傳統文化和古代中國人生活的每個細節、每處角落，成為中國傳統文化的底色和原色。

在中國古代，「詩人」幾乎是「文人」的同義詞。傳統時代的詩人，可能不會畫畫，在書法上也造詣平平，但這並不影響他的文人地位。然而，對於一個以書法、繪畫為生的人來說，不會作詩，大概就不能稱其為「文人」，而只能算作「匠人」一流了。文人是藝術家，是富有原創精神和創造力的，而匠人則只是庸庸碌碌地複製藝術家創意和作品的手工業者。

中國詩文化的第一個高潮，在先秦時代。《詩經》和楚辭，構成了中國詩文化歷史第一個波峰上並峙的兩座里程碑。《詩經》主要是生活在北

---

[182] 林庚：《中國文學史》，大道印務公司 1947 年版，第 30 頁。

[183] 聞一多：《文學的歷史動向》，孫黨伯、袁春正主編：《聞一多全集》第 10 冊，第 17 頁。

方黃河流域的民眾或貴族階層的作品，其中絕大部分作品，是沒有明確的作者的。而楚辭則是南方長江流域的貴族或上層士人階層的作品，它從一開端 —— 屈原那裡 —— 便打上了鮮明的個體色彩。

《詩經》的作品，包羅永珍。有情歌，如〈周南〉中的〈關雎〉、〈秦風〉中的〈蒹葭〉、〈邶風〉中的〈靜女〉、〈衛風〉中的〈碩人〉等，留下了「關關雎鳩，在河之洲；窈窕淑女，君子好逑」與「蒹葭蒼蒼，白露為霜；所謂伊人，在水一方」等深情繾綣的清詞麗句；有農事和勞作的體驗，如〈豳風〉中的〈七月〉，〈小雅〉中的〈楚茨〉等，擷取了農業生產生活中的勞動場景，呈現出古典情境中人們為了追求「多黍多稷」而付出的艱辛與樂觀的信念；有政治抒情詩和諷刺詩，如〈王風〉中的〈黍離〉、〈魏風〉中的〈碩鼠〉、〈伐檀〉等，吟唱著「知我者謂我心憂，不知我者謂我何求」的人生失意，以及「碩鼠碩鼠，無食我黍」的憤激不平；有記述戰爭的創傷，如〈豳風〉中的〈東山〉和〈小雅〉中的〈採薇〉，行旅中的詩人低吟「我徂東山，慆慆不歸；我來自東，零雨其濛」，「昔我往矣，楊柳依依；今我來思，雨雪霏霏」的詞句，感物驚時，想起了遠方的故土和親人；也有波瀾壯闊的史詩，如〈大雅〉和〈商頌〉、〈周頌〉中的作品，頌揚先祖的英武和開拓精神……可以說，《詩經》所開闢的文藝精神，是把日常生活、世俗人生中的經驗和感喟藝術化、審美化，在平凡的世界中開闢了一塊詩意的沃土。

而楚辭，比起《詩經》的寬闊生活和人生體驗，則是一盞聚光燈，將焦點投射在人生的失意和感慨上。〈離騷〉，據說就是一篇「牢騷語」[184]，是屈原在楚國國君昏庸、奸邪當道的陰暗政局中鬱鬱不得志的內心寫照。他的〈九歌〉與〈天問〉等作品，雖然光怪陸離，筆觸從人間游移到神話

---

[184] 游國恩：《楚辭概論》，北新書局 1926 年版，第 155 頁。

傳說、上古逸聞等，但其中所寄託的悲憤、失意、無奈的心緒，卻是一以貫之的。屈原所留下的「芳草美人」之喻，與《詩經》的賦、比、興等文學表現手法，共同開闢了中國詩文化的廣闊路徑。中國詩學，向來被稱為「風騷」傳統，「風」是指《詩經》的「國風」；「騷」，就是指楚辭的〈離騷〉。「風騷」傳統，就是指抒情的，把生活和人生的感悟用藝術的方式表現出來的藝術精神。

魏晉南北朝時期是中國詩文化的第二個高潮。這一階段，上承兩漢賦體文學興起所帶來的詩的短暫消歇，下啟唐代的詩國高潮。兩漢時期，從楚辭中生發、演進而形成的鋪張揚厲的賦成為時代文藝的主流。賦就是排演、鋪陳，把《詩經》中「賦」的文學手法，與楚辭宏大、富麗的篇章形式糅合在一起，發展到了極致。司馬相如、班固等人是漢賦中的高手，他們的特長在於鋪陳漢代都城的繁華、宮室苑囿的巨麗，描摹林林總總的物象。他們沉浸在兩漢開拓進取的時代精神中，卻在某種程度上淹沒了文人的個性。到了漢代末年，隨著國勢的衰弱、社會的動盪，人們終於在時代的傷痛中又體會到了個人生活、人生經驗的價值。魏晉時代的「三曹」，曹操、曹丕和曹植，以及「建安七子」，共同譜寫了一曲「建安風骨」的慷慨悲歌。在他們的詩篇中，我們重新看到民生凋敝、流離失所的社會境況，體會到個體面對歷史和社會的無奈和反撥，品味到人生之短暫的感傷。如果把這一時期稱之為「人生的覺醒」，大概是不為過的。

魏晉以後，中國的文人致力於詩歌形式的精緻化、優雅化。詩歌在描摹物態、傳達情感上的精準度，與聲音、音樂的和諧，一齊積蓄著力量。陶淵明、謝靈運、謝朓、鮑照、沈約、庾信等為數眾多的詩人，俊採星馳，劃過天幕，在梁代昭明太子蕭統編選的《文選》中各顯風騷，成為有唐一代文人師法的典範。古代有俗語云：「《文選》爛，秀才半。」這就像

後來我們經常所說的「熟讀唐詩三百首，不會作詩也會吟」。

初唐時期，陳子昂和「四傑」王勃、楊炯、盧照鄰、駱賓王一登場，就洗去了南朝的鮮穠與綺豔，重振了文人的風骨。我們在「前不見古人，後不見來者。念天地之悠悠，獨愴然而涕下」的慷慨悲歌中（〈登幽州臺歌〉），隱約體會出唐代文人獨步古今的雄心。

張渥〈九歌圖卷〉區域性 元代 現藏於吉林省博物館

終於，盛唐的帷幕拉開，三位中國詩文化的頂級人物，「詩仙」李白、「詩聖」杜甫和「詩佛」王維閃亮登場。詩仙、詩聖和詩佛等稱謂，鮮明地概括出中國詩文化的三個文化和精神的源頭活水。

飄逸不群、縱橫捭闔的李白，更多展現了道家的超邁，日常生活、世俗人生的美與樂，他盡情地經驗、享受著，卻從不執著於迷戀，他說「仰天大笑出門去，我輩豈是蓬蒿人」！這是怎樣的灑脫與奔放？前面說，李白之死，留下了極具浪漫色彩的傳說，這傳說的背後，就是人們對於他的一貫印象的延續。

而杜甫則是一位行走在蒼茫大地上的詩人。他心憂社稷、關懷民生，在安史之亂的大動盪中，舉家遷徙、漂泊，一路上目睹人間的悲劇，寫

下了著名的「三吏」與「三別」，
這是杜甫的個性所在，他要用筆，
來記錄人民的苦難。他有「致君堯
舜上，再使風俗淳」的理想，卻沒
有「大鵬一日同風起，扶搖直上九
萬里」的機遇，只能用他潦倒的人
生，丈量中國河山的幅員。他寫
過「國破山河在，城春草木深」的
詩句（〈春望〉），由衷地表達了對
戰亂的厭倦，對山河依舊、文化和
價值永恆的信念；他驚嘆於大江灘
頭「無邊落木蕭蕭下，不盡長江滾
滾來」的崇高風景（〈登高〉），在
這浩瀚的時空中反思人生的限度；
他在遷徙流離的途中，得到一處歇

陳洪綬〈屈子行吟圖〉版畫 明代

腳地時，也會放鬆神經、調息心境，暫享「窗含西嶺千秋雪，門泊東吳萬
里船」的閒適恬淡（〈絕句〉），體會日常生活的美好……杜甫在詩中把個
人、家國與天下的同一和差異極具藝術魅力地展現出來，因此他被奉為
「詩聖」——「聖」就是「周情孔思」，是類比周公、孔子一流的人物。

　　王維有李白的飄逸，卻並不激烈、直接地展現；有杜甫對世俗人生、
日常生活的熱愛，卻不願意與更多的人扯上關係。這大概要追溯到他所深
受的佛教文化的影響上。王維出身於佛教信徒家族，清修與禪悟是他的日
常行為。他把別墅建造在遠離都市喧囂的郊外，在秀麗的竹林中，在明媚
的山水間。出仕做官對他來說，似乎只是一種「職業」，是謀生的手段。

那些附加在其上的價值、道德和倫理考量，比如「兼濟天下」、「心繫民生」等，在他看來大概只是佛教所強調的痴與妄。

盛唐向來被稱作「詩國高潮」。在春潮般氾濫的詩歌洪流中，李白、杜甫、王維是最絢爛多彩的浪花，他們身後，還潛藏著更多的詩人。孟浩然的山水田園詩，高適、岑參與王昌齡的邊塞詩，以及為數眾多而又無法歸入哪個藝術流派的詩人，用他們的生花妙筆，把豐富多彩的人生和生活譜寫得絢麗多彩、詩意盎然。而到了中晚唐，在白居易、元稹、韓愈那裡，日常生活的細枝末節開始充溢詩歌的空間，詩的主題從「人生」這個宏大的、寬闊的命題，轉向了具體而微且又意味深長的「生活」。

唐代詩人的成就，用怎樣華美的言辭都不足以表述。這也給後世留下了巨大的難題 —— 好詩都被唐人作盡，我輩如何是好？宋代的詩人們籠罩在唐人的陰影下，輾轉反側，終於在以情韻、氣象見長的唐詩之外，開闢出一方嶄新的藝術境界。著名學者繆鉞先生曾對唐宋詩的異同做過精彩的分析：

> 唐詩以韻勝，故渾雅，而貴蘊藉空靈；宋詩以意勝，故精能，而貴深折透闢。[185]

概括地說，宋詩為中國的詩文化引入了理的成分。比之於情的直觀、濃烈、豔麗，理更抽象、淡泊、樸素。這是中國傳統文化步入中年的徵兆。宋代的詩人，如歐陽脩、蘇軾、黃庭堅、陳與義、陳師道、范成大等，比之於李白、杜甫和王維等，都多了一份沉靜、曠達、淡泊之美。在蘇軾、黃庭堅等人的詩中，茶與酒、筆與墨、書與畫，乃至於生活瑣物，都閃耀著詩性的智慧，他們對生活的態度，從超越與飛昇，轉變為不濃不

---

[185] 繆鉞：〈論宋詩〉，《繆鉞全集》第二卷，河北教育出版社 2004 年版，第 156 頁。

淡地品味和體驗，在品味與體驗中享受著世俗人生的快樂。就像是蘇軾在一首詩中所描寫的春景：「梨花淡白柳深青，柳絮飛時花滿城。惆悵東欄一株雪，人生看得幾清明。」（〈東欄梨花〉）在這裡，人生的失意與感傷，繾綣而婉轉，不再像唐人那樣直露。詩人對生命有限的感慨，寄託在「人生看得幾清明」的嘆息中，顯現在梨花淡雅的色彩中、柳絮飛飄的輕柔中 —— 他是在表達憂傷的情緒，還是連這情緒本身，都當作一種體驗的審美對象？

唐宋以後，中國詩歌藝術境界新的可能性已經所剩無幾。這並不是說，唐宋以後便沒有了詩，相反，詩已經成為一種文化的底色，暈染在中國文化的根基裡。唐宋以後的文人，儘管很難以詩比肩前賢，卻無不具有深厚的詩藝素養。他們在這種藝術修養的浸潤下，在詞、曲和戲劇、小說的藝術空間中開疆拓土，把詩性的文化精神，發揮得淋漓盡致。詩，雖然不再是時代最耀眼的藝術形式，它的藝術方法、觀念與精神，卻瀰漫開來，成為中國藝術、中國文化的主流血脈。

▶中國文人的詩性之美

詩的歷史的前半段是情辭之美，後半段是意蘊之美。情辭是青春意氣、慷慨沉鬱，意蘊是寧靜淡泊、超情入理。中國文人的詩性之美，就主要呈現在情與理的交融輝映上。林語堂先生在《吾國與吾民》一書中有一章文字談論中國人的「文學生活」 —— 所謂「文學生活」，是把文學、藝術等審美、精神的創造，看成中國文人的日常生活狀態，可謂精闢至極！[186] 他大概勾畫出了中國文人詩性之美的淵源與線索：中國文人，因

---

[186] 林語堂：《吾國與吾民》（下冊），上海世界新聞社 1940 年版，第 307 － 308 頁。

為詩的創作、吟詠，獲得了一種對宇宙、自然和人生大道的深刻體認和感悟；他們又把這些感悟和體認，用詩的形式表達出來，將宇宙之「真」與社會之「善」，融會在詩性之「美」裡。

這種詩性之美，在唐代詩人張若虛的〈春江花月夜〉展現得尤為集中：

春江潮水連海平，海上明月共潮生。灩灩隨波千萬里，何處春江無月明！
江流宛轉繞芳甸，月照花林皆似霰。空裡流霜不覺飛，汀上白沙看不見。
江天一色無纖塵，皎皎空中孤月輪。江畔何人初見月？江月何年初照人？
人生代代無窮已，江月年年望相似。不知江月待何人，但見長江送流水。
白雲一片去悠悠，青楓浦上不勝愁。誰家今夜扁舟子？何處相思明月樓？
可憐樓上月裴回，應照離人妝鏡臺。玉戶簾中卷不去，擣衣砧上拂還來。
此時相望不相聞，願逐月華流照君。鴻雁長飛光不度，魚龍潛躍水成文。
昨夜閒潭夢落花，可憐春半不還家。江水流春去欲盡，江潭落月復西斜。
斜月沉沉藏海霧，碣石瀟湘無限路。不知乘月幾人歸，落月搖情滿江樹。[187]

這首詩的作者張若虛，是初唐時揚州人，曾擔任兗州兵曹一職，在唐代神龍年間（西元 705—707 年），與著名詩人賀知章、包融等名揚京師。[188] 他的生平，歷史上留下的記載唯有這寥寥數筆；他流傳下來的作品，除了這首〈春江花月夜〉[189]，還有《全唐詩》中收錄的另一首〈代答閨夢還〉，是一首極為平常的作品。近代人王闓運曾說：

張若虛〈春江花月夜〉用〈西洲〉格調，孤篇橫絕，竟為大家。李賀、商隱，挹其鮮潤；宋詞、元詩，盡其支流，宮體之巨瀾也。[190]

---

[187]《全唐詩》（上冊）卷二一，上海古籍出版社 2006 年影印版，第 78 頁。
[188] 胡小石：〈張若虛事蹟考略〉，《胡小石論文集》，上海古籍出版社 1982 年版，第 104 頁。
[189] 程千帆：《張若虛〈春江花月夜〉的被理解和被誤解》，《文學評論》1982 年第 4 期。
[190] 程千帆：《張若虛〈春江花月夜〉集評》，《程千帆全集》第八卷，河北教育出版社 2000 年版，第 223 頁。

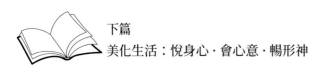

「〈西洲〉」是指南朝抒情民歌〈西洲曲〉：「憶梅下西洲，折梅寄江北」，展現了一個婉約的江南女子思念情郎時的聲情和心理。這首詩最清麗的段落，當屬朱自清先生在《荷塘月色》中所引的那幾句：「採蓮南塘秋，蓮花過人頭。低頭弄蓮子，蓮子清如水。」〈西洲曲〉最大的特點，在於兩句一截，上下截之間多用「接字」或「鉤句」，營造了一種特殊的詩歌韻律和抒情節奏。[191] 王闓運所說的「〈西洲〉格調」，就是指這種斷續相生、欲斷還續、循環往復的抒情韻味。〈春江花月夜〉中的「接字」或「鉤句」綿延迤邐，在神韻上與〈西洲曲〉是極為相似的。

它的突破在於，從〈西洲曲〉中所抒發的純粹的男女情致出發，把思索的深度和廣度，拓展到宇宙和人生的真理層面，境界開闊，情韻深厚，因而對後來的詩人多有啟發。中國歷史上文人才士如恆河沙數，張若虛「才秀人微」，憑藉一首〈春江花月夜〉，「以孤篇壓倒全唐」，實在是人奇、詩奇、事奇。

張若虛的〈春江花月夜〉前四句由寫景展開，「從月出寫起，除『月』外，還帶出『春江』二字。這裡的『江』還是詩人描述的主體，所以還要給『江』安放一個更遼闊浩渺的背景，於是寫到海，用海來襯托江，則視野自然廣闊」[192]。隨著「海上明月共潮生」的律動，一幅境界闊大、富有動感的畫卷徐徐鋪開，而「何處春江無月明」一句反問，就把目光從眼前之景，牽引到無遠弗屆的天下、宇宙。

然而，詩人並不著急發出有關天下、宇宙的感慨，而是筆鋒一轉，把目光集中到眼前靜謐、幽深、唯美的景色上來。「江流宛轉繞芳甸」四句，描摹依依的流水、色彩斑斕的花圃、落英繽紛的花林，這一切都沐浴

[191] 余冠英：《談〈西洲曲〉》，《漢魏六朝詩論叢》，商務印書館 2010 年版，第 50 頁。
[192] 吳小如：《說張若虛〈春江花月夜〉》，《北京大學學報（哲學社會科學版）》1985 年第 5 期。

在滿月的清輝中。那月光是流動的華彩，所到之處皆染上了飄渺、朦朧的情韻，令人沉醉不已。在這幾句描述中，自然是有情的，江水有情、月光有情、花木有情，自然舒展開它的懷抱，期待著詩人融入其中。

就在這時候，詩人的目光又發生了挪移，他將視角投向更為遼闊的江天之際。「江天一色無纖塵」，只有一輪明月孤零零地懸在半空中，就像電影中的特寫鏡頭，它默然無語，並不像自我感覺良好的觀賞者認為的那樣，對他們傾注特別的偏愛。那如水一般瀉地流淌的月光，是沒有偏私之情的，是普世同沐的。「自有天地，便有此江，便有此江上之月，夜夜處處照人」[193]，詩人於是猛然清醒過來：我，亦不過是古往今來數不清的照見這月色的旅人之一吧！

那麼，這無邊的風月，是誰第一個發現的呢？它又是從何時開始把自己的情致無私地呈現給世人的？發出這些疑問，或許只能是庸人自擾。因為「人生代代無窮已，江月年年望相似。不知江月待何人，但見長江送流水」。在這裡，前面幾句詩歌渲染的有情的景緻，被淨化、提純，呈現出自然本來的面貌：所謂「自然」，不就是宇宙萬物本來的樣子嗎？人生就像那林中花，有開有謝；又像那江中水，滔滔東逝。對於這無邊的風月而言，這些都不過是偶然間閃過的一片落紅、一朵浪花，是不足以令其牽掛在懷的。這似乎有些消極、頹廢，但也只有認識到了人生存在本真狀態上的無價值、無意義，才能夠擺脫種種虛妄的欲念和執著，才能夠更灑脫、更超然地生活！

這就是〈春江花月夜〉和張若虛，乃至中國文人詩性之美最集中的顯現！認識到人生的虛無和荒誕，然而又不陷入頹廢和無意義的深淵，而是藉由這種深刻的認識，把原本附著在生活和人生觀上的功利因素洗去。這

---

[193] 程千帆：《張若虛〈春江花月夜〉集評》，《程千帆全集》第八卷，第 214 頁。

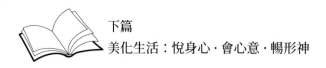

樣，人就獲得了真正的自由！這自由，正是與作為藝術家的文人身分相得益彰的。中國文人在詩、書、畫，以及一切藝術形式中，無不力求擺脫人生的局限，進入一種詩意的、無功利的自由之境。這種境界，經由〈春江花月夜〉這溫潤、婉轉卻又不失犀利、深刻的點化，便彰顯出來了。

那麼，接下來該如何生活呢？李白在〈把酒問月〉中說：「今人不見古時月，今月曾經照古人。今人古人若流水，共看明月皆如此。唯願當歌對酒時，月光長照金樽裡。」[194] 他把世俗的功名利祿都拋之腦後，寄情詩酒，過著一種充滿了持續的創造熱情的藝術人生，連最後的死亡都像前面所說的，「入水捉月」而去。而張若虛，則想到了一度被功名利祿的渴望所壓抑了的日常生活。「白雲一片去悠悠，青楓浦上不勝愁」，一個「去」字，一個「愁」字，喚醒了內心深處漂泊無依的遊子情懷。想必他已離家許久，閨中的麗人，在這春花燦爛、月光清麗的時節，是否能安然入睡？還是正在對月興嘆，期待著遊子的歸來？李商隱說過，「君問歸期未有期，巴山夜雨漲秋池」[195]，這是用「對稱的口氣，設想歸後向那人談此時此地的情形」[196]。張若虛則設身處地，想像閨中思婦在他離家後首如飛蓬、無心裝扮的憔悴，以及時刻迴盪在她腦海中的丈夫的身影：她願意化作那飛瀉的月光，時時刻刻依偎在對方身邊。

張若虛沒有設想二人重聚時的場景，只是寫下了「不知乘月幾人歸，落月搖情滿江樹」這樣的句子 —— 他是否會踏著月色、毅然決然地拋棄仕宦生涯，我們不得而知，不過，至少日常生活的價值和意義，在他胸中甦醒了、挺立了。他經由自然景物的欣賞，徹悟到宇宙、人生的真理，進

[194] 王琦注：《李白詩全集》（下冊）卷二十，中華書局 2003 年版，第 941 頁。
[195] 李商隱：〈夜雨寄北〉，劉琦選注：《李商隱詩選注》，吉林文史出版社 2001 年版，第 11 頁。
[196] 朱自清：〈《唐詩三百首》指導大概〉，蔡清富等編：《朱自清選集》第三卷，河北教育出版社 1989 年版，第 165 頁。

而發現了生活本身的價值和意義。這是中國文人詩性之美的呈現歷程，而這歷程本身，也是詩的、美的。

▶中國書畫裡的「氣韻」

中國素來有「書畫同源」一說。唐代書法家虞世南在《筆髓論》裡說：「倉頡象山川江海之狀，龍蛇鳥獸之跡，而立六書。」[197] 這是從書法與繪畫的起源上說的。

而在藝術的境界和追求上來說，「書畫同源」又表現為相似的藝術趣味。近代大書畫家黃賓虹曾說過：「書畫同源，欲明畫法，先究書法，畫法重氣韻生動，書法亦然。」[198] 書法和繪畫在藝術趣味上「同源」，是因為一方面，中國文字的孳乳，是從象形出發，逐漸生發出指事、會意、轉註、假借等抽象的表意形式，從反映事物之形象的圖畫，逐漸演變為抽象的表現符號；另一方面，中國繪畫從秦漢時代開始，就奠定了一種輕寫實而重抒情、寫意的藝術傾向，繪畫從客觀如實地展現自然、人物的形象，轉向表達畫家本身的情感、觀念和想像。[199] 這樣，中國的文字和繪畫，就呈現出一種合流的趨勢。於是，它們的形式載體 —— 書法和中國畫，就具有了一致性的藝術追求 —— 氣韻生動。

「氣韻生動」是南朝齊梁時代的謝赫在《古畫品錄》中所提出的一個概念。謝赫認為，「氣韻生動」是藝術表現最高的境界。「氣韻」，也就是「神韻」，是指人物的精神氣質 —— 謝赫時代的繪畫主要是肖像畫和人物故事畫。生動地表現人物的精神氣質和性格特徵，便成了這一時代繪畫

---

[197] 于民主編：《中國美學史數據選編》，復旦大學出版社 2008 年版，第 187 頁。
[198] 黃賓虹：《賓虹書簡》，上海美術出版社 1988 年版，第 49 頁。
[199]

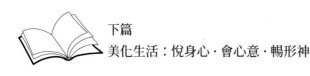
的最高藝術水準。[200] 而後，山水畫、花鳥畫等興起以後，「氣韻」便從人物，擴展到一切繪畫的表現對象。繪畫的氣韻表現，所依賴的是筆墨、線條和色彩；而書法則更是筆墨和線條的藝術，繪畫中的色彩，在書法中則表現為用墨的濃淡和乾溼。關於書法的氣韻，漢代書法家蔡邕曾說過：

> 書者，散也。欲書先散懷抱，任情恣性，然後書之。[201]

「書者，散也」，是說書法是審美心胸、藝術情思的表現。要想創作出好的書法作品，必須先滌盪胸中的雜念，使精神集中、活躍。在進行書法創作的時候，要根據文字本身的體勢和構造，展現出它們的動態之美來，「若坐若行，若飛若動，若往若來，若臥若起，若愁若喜，若蟲食木葉，若利劍長戈，若強弓硬矢，若水火，若雲霧，若日月」，這一系列精妙的比喻，說明在古人心中，文字本身是有生命、情韻的，書法家的使命，就是把文字本身的生命律動和情韻展現出來。這就是書法創作領域的「氣韻生動」。

在中國文人看來，不論是書法還是繪畫，「氣韻生動」的最高境界，與詩歌一樣，都是要展現出對天、地、人「三才之道」的理解，表達出對宇宙、自然和人生真理的體悟。宋代畫家文與可擅長畫竹，他的畫作深受蘇東坡、晁補之等文人的喜愛。在一首詩中，蘇軾寫道：

> 與可畫竹時，見竹不見人。
>
> 豈獨不見人，嗒然遺其身。
>
> 其身與竹化，無窮出清新。
>
> 莊周世無有，誰知此凝神。[202]

[200] 葛路：《中國古代繪畫理論發展史》，上海人民美術出版社 1982 年版，第 30 頁。
[201] 蔡邕：〈筆論〉，楊素芳、後東生編：《中國書法理論經典》，河北人民出版社 1998 年版，第 3 頁。
[202] 蘇軾：〈書晁補之所藏與可畫竹三首〉，漆劍影編著：《唐宋題畫詩選析》，長征出版社 1991 年版，第 258 頁。

　　這首詩描寫文與可畫竹時專心凝神的創作態度，就像蔡邕論書法創作要「先默坐靜思，隨意所適」一樣，不僅忘掉周圍的環境，甚至連自我的存在也拋之腦後了。這樣，他就全身心地投入到藝術創造的過程中，與所畫的竹融為一體。他筆下的竹子，既是眼前自然生長的竹子的形象，又融入了主觀的情致、神思和想像，因而變化萬端，活潑潑地展現出了「自然」本身的生動景象與境界。

　　只有這樣的書畫作品，才能夠稱之為「美」的，才能展現出中國文人的情懷和創造力。中國文人，就是要用詩、書、畫等藝術形式，在枯寂、無聊，甚至遍布坎坷、苦難的人生與日常生活當中，開闢出一方自由的、審美的生活空間，用這種人間的方式，來實現對生活的超越和對人生的救贖。這種超越和救贖，不寄望於並不存在的、高高在上的神靈或救世主，而是堅信人類自身的創造力，認為人類有智慧、有能力深刻體會自然、宇宙、人生的奧妙，進而把握到自然、宇宙、人生的節奏和韻律。

　　所以，中國的詩歌向來推崇「自然」的神韻，中國的書畫也向來摒棄「形似」而重神韻。正如宋代文人沈括在《夢溪筆談》中所說：

　　書畫之妙，當以神會，難可以形器求也。[203]

　　書畫中的藝術形象，並非依賴於對事物表象的精確描摹，而是依賴於創作者本人對表象背後的自然之理的領悟與傳達。前人認為，王維的畫作中有許多違背「常識」的情形，比如把桃花、杏花、蓮花等在不同季節開放的花兒，安放在同一幅畫中，這顯然是有悖「常理」的。沈括對針對王維的批評，提出了辯護。他舉出的反例，是王維的〈袁安臥雪圖〉。

　　雪與芭蕉，更是風馬牛不相及的兩種事物。為何王維的〈袁安臥雪

---

[203] 沈括著，金良年點校：《夢溪筆談》，中華書局 2015 年版，第 159 頁。

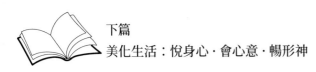
圖〉中畫了「雪中芭蕉」，卻被沈括稱讚為「造理入神，迴得天意」的神品？蘇軾說過「詩畫本一律，天工與清新」。所謂「詩畫一律」，就是要在畫中傳達出詩意和詩性之美。王維的作品就被蘇軾稱為「詩中有畫，畫中有詩」的典範。那麼，這幅「雪中芭蕉」是如何突破「形似」的牢籠，又展現出怎樣的「天意」與「詩境」？

在佛教經典中，芭蕉是一個常見的意象，通常用來比喻「空虛不實」之意。如《涅槃經》中多次說，「當觀是身，猶如芭蕉，熱時之焰，水沫幻化」；「喻身不堅，如芭蕉樹」；「亦如芭蕉，內無堅實，一切眾生身亦如是」。[204] 芭蕉是一種外實內虛的植物，其堅硬的莖殼、碩大的葉子雖然給人一種肥碩、密實的表象，但內心畢竟是空虛無所有的。佛教教義認為，世間的萬物，呈現出的只是其虛幻不實的「表象」，也就是所謂的「色即是空」，「色」是表象，「空」是不真實。芭蕉表象肥碩、內心空虛，是極好的寓意載體。而「雪中芭蕉」，則是要表達何種寓意呢？

「袁安臥雪」本是《後漢書》中所記載的一個故事：隆冬之際，大雪紛飛，積雪一丈多厚。洛陽令出行巡查，看到洛陽的人家都掃雪出門，唯獨袁安家中沒有動靜。有人認為袁安已經凍死了。洛陽令讓人掃除袁家的積雪，發現他僵臥家中不出，便很好奇。袁安說：「下了這麼大的雪，所有人都陷入饑荒的困境，現在不能出門求人，給人添麻煩。」這本來是一個儒生自我克制的道德修持故事，但在王維的這幅畫中，袁安臥雪的主題被轉換為對肉身感官欲望的漠視。寒冷和飢餓的肉體、感官知覺，只不過是虛幻的、暫時的表象而已，它們就像芭蕉呈現給人的面目一樣，都是幻化不實的。真正的修行，就要洞穿自然、宇宙、人生的種種虛幻表象，看到「色即是空」的真理。

---

[204] 陳允吉：〈王維「雪中芭蕉」寓意蠡測〉，《復旦學報（社會科學版）》1979 年第 1 期。

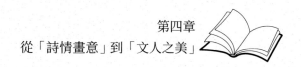

　　其實，整個中國文化都閃爍著詩性的光輝，堪稱一種「詩文化」傳統。中國傳統文人，正是憑藉他們在詩歌、書法、繪畫方面的創造，來繼承、弘揚這種詩文化的傳統。不僅如此，在日常生活和人生的各個層面，詩文化的精神 —— 也就是那種將生活和人生充分藝術化、審美化，把現實的、此岸的生存轉換成理想的、自由的生命境界的生活觀念和人生信念 —— 都有淋漓盡致的呈現。

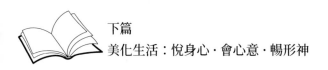

第五章
從「筆硯紙墨」到「文房之美」

明窗淨几，筆硯紙墨，皆極精良，亦自是人生一樂。

—— 蘇舜欽語（歐陽脩《試筆》）

水復山重客到稀，文房四士獨相依。

—— 陸游〈閒居無客所與度日筆硯紙墨而已戲作長句〉

輕拈斑管書心事，細折銀箋寫恨詞。

—— 白樸〈陽春曲題情〉

▶遊戲文房：從韓愈〈毛穎傳〉說起

中唐元和（西元 806—820 年）初年，古文大家韓愈寫了一篇千古奇文〈毛穎傳〉[205]。顧名思義，這是一篇傳記文字，然而傳主的身分卻頗為蹊蹺，既非身世顯赫的帝王將相，也不是一般販夫走卒、蚩蚩氓眾，而是讀書人平常日用的書寫工具 —— 毛筆。

沒錯，就是兔毫、竹管製成的再普通不過的毛筆！

---

[205] 文見馬其昶：《韓昌黎文集校注》，上海古籍出版社 1998 年版，第 566 − 569 頁。該文的創作年代，據宋呂大防《韓吏部文公集年譜》，見北京圖書館編：《北京圖書館藏珍本年譜叢刊》第 11 冊，北京圖書館出版社 1999 年版，第 23 頁。

　　在這篇構思新奇的文章裡，韓愈巧妙地編織了一個人物從生到死的歷練與經驗：從毛穎不幸被俘，到嶄露才華、擔當重任，繼而封侯拜相、飛黃騰達，最後老不堪用，鬱鬱而終……這活色生香的生命所隱喻的，不過是一支毛筆從製作到使用，再到磨禿、廢棄的整個過程！

　　一般而言，人物傳記都要先追溯傳主的郡望、家世和系譜淵源，〈毛穎傳〉自然也不例外。它開篇就寫道：

　　毛穎者，中山人也。其先明視，佐禹治東方土，養萬物有功，因封於卯地，死為十二神……

　　這裡的「中山」，是唐代宣州溧水縣東南的一座山（今南京市溧水區東南）。據說，此山中多狡兔，出產兔毛最精，是製作上乘毛筆的首選原料。唐代李吉甫所撰的《元和郡縣圖志》中就說：

　　中山在（溧水）縣東南一十五里，出兔毫，為筆精妙。[206]

　　北宋初年的地理學家樂史編纂的《太平寰宇記》中也說過：

　　中山又名獨山，在縣東南十里，不與群山連線。古老相傳，中山有白兔，世稱為筆最精。[207]

　　韓愈所說的「其先明視」「封於卯地」，就精巧地暗含了這些訊息：《禮記·曲禮》中說「兔曰明視」，後來「明視」就成了兔子的別稱。兔是十二生肖之一，在地支中為「卯」、五行中屬「木」，司春、主東方，象徵繁育萬物。所以韓文戲稱毛穎先人輔佐大禹治理東方、養育萬物——這是交代毛筆的原料和產地。

---

[206] 李吉甫著，賀次君點校：《元和郡縣圖志》卷二八，中華書局 1983 年版，第 685 頁。
[207] 樂史著，王文楚等點校：《太平寰宇記》卷九〇，中華書局 2007 年版，第 1792 頁。

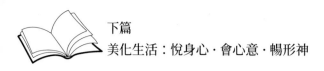
　　這種莊重、典雅的筆法，一旦用來描繪司空見慣的微末之物，勢必產生令讀者料想不到的幽默、詼諧的藝術效果。所以〈毛穎傳〉歷來被視作「以史為戲，巧奪天工」的奇文。[208] 當然，也有不少認為文章是「經國之大業，不朽之盛事」的道學先生，批評韓愈此舉是不務正業、賣弄才學，有辱斯文。我們且不去管它，先看韓愈是怎樣一本正經地講述毛穎的跌宕起伏、大起大落的生命歷程和政治際遇的：秦始皇派大將蒙恬伐楚，駐軍中山腳下，在此地舉行盛大的狩獵活動，顯耀軍威、恫嚇楚國。圍獵前，占卜者預測此番斬獲空前，所得獵物「不角不牙，衣褐之徒，缺口而長鬚，八竅而趺居」，就是沒有角、牙齒不鋒利，穿著短布衣，豁嘴、長鬍子，身上有八竅（古人認為哺乳動物胎生、身有九竅，而兔獨八竅），像佛家打坐一樣蹲著。活脫脫的一隻紅眼豁嘴長鬚大白兔！

　　那麼，牠有什麼用呢？筮者說：

　　獨取其髦，簡牘是資。天下其同書，秦其遂兼諸侯乎！

　　這就是說，拔取兔毛，做成毛筆，可以用來書寫竹簡木牘。如果天下都用它作為書寫工具，寫同樣的秦國文字，這不正是秦兼併諸侯、一統天下的預兆嗎？

　　就這樣，毛穎被俘。秦始皇命令蒙恬把它放到湯池（硯臺）中沐浴，並賜給它封地管城（竹管，即筆桿），號稱「管城子」。韓愈說管城子為人「強記而便敏」，通曉古今中外的一切歷史文化和科學知識；又「善隨人意」，不管正直、邪曲、巧拙皆能令其滿意。這無疑展示出毛筆的發明對人類文化發展和普及所做的重大貢獻。唯獨「不喜武士」，暗諷武人不

[208] 儲欣：《唐宋八大家類選》卷一三，見吳文治編：《韓愈數據彙編》，中華書局 1983 年版，第936 頁。

知書。正因如此，毛穎受到天下人的愛戴，官爵也越來越高，最後被拜為「中書令」。我們知道「中書令」是漢代開始設立的官職，司馬遷為首任中書令，負責掌管朝廷誥命；隋唐時期，設立中書省，中書令是其長官，位高權重，相當於宰相之職。韓愈把毛筆稱為中書令，既突出了筆的重要性，又諧音暗寓了毛筆的功能（「中書」即合乎書寫之用），實在有一語雙關之妙。

然而，毛筆使用久了，筆鋒就會磨禿。韓愈戲稱毛穎年老禿頭，不能再迎合皇帝的旨意，「以老見疏」。因而，歷來都有人說，〈毛穎傳〉是韓愈「不平則鳴」，發洩政治失意的牢騷之作。[209] 這本不錯，但〈毛穎傳〉首先是一篇「遊戲」文字。韓愈和柳宗元等都曾經引用《詩經》和《禮記》中的話「善戲謔兮，不為虐兮」，「張而不弛，文武不能也」，為這種遊戲筆墨正名。這就是說，一張一弛，文武之道，遊戲筆墨是一種緩解日常焦慮、緊張和倦怠情緒的藝術和娛樂審美方式。[210] 〈毛穎傳〉讓沒有生命知覺、情感的毛筆無口而能言，歷經人事坎坷，在鄭重其事的形式下，刻繪種種細小微末之物的情態，透過這種誇張、反諷的方式，令讀者忍俊不禁，領略到極為戲謔、幽默的藝術體驗。

這種遊戲文字並非韓愈首創。在漢魏南北朝時期，就出現過數十篇俳諧文章，最著名的有揚雄的〈逐貧賦〉、魯褒的〈錢神論〉、袁淑的〈雞九錫文〉、〈驢山公九錫文〉、沈約的〈修竹彈甘蕉文〉、孔稚圭的〈北山移文〉等。[211] 人生勞苦、世事多艱，遊戲筆墨、俳諧為文就成了文人士大夫們排遣胸中積鬱、點亮生活色彩的藝術手段！

---

[209] 卞孝萱：《卞孝萱文集》第三卷，鳳凰出版社 2010 年版，第 253 － 259 頁。
[210] 張未民：〈說「遊」解「戲」── 中國古代文藝中的「遊戲說」筆記〉，《批評筆跡》，吉林人民出版社 2002 年版，第 352 － 353 頁。
[211] 陳允吉：《論敦煌寫本〈王道祭楊筠文〉為一擬體俳諧文》，《復旦學報（社會科學版）》2006年第 4 期。

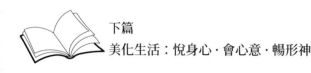
　　韓愈〈毛穎傳〉的功勞，就在於它承前啟後，喚醒了人們對「文房四寶」也就是筆、墨、紙、硯原本不自覺的審美情趣和藝術體驗。早在韓愈之前，就有人鍾情於文房用具，把它們當作把玩、欣賞的對象。如漢代的「天子筆管」，「以錯寶為跗，毛皆以秋兔之毫，官師路扈為之；以雜寶為匣，廁以玉璧翠羽，皆直百金」。[212] 這種閃耀著珠光寶氣的毛筆，顯然是裝飾性和象徵意義大於實用性，玩賞價值超過書寫價值了。

　　韓愈的妙處，是把玩味、體驗的對象，由書寫的過程及其最終成果藝術作品，轉向了書寫的工具。經過他的比附、想像和刻繪，筆、硯、紙、墨都有了呼吸，被賦予了鮮明的性格，它們的動靜舉止儼然成了一個自足的生命世界！經由對這一生命世界的感覺、體驗和思考，文人士大夫又增添了一方施展才情、寄託韻致、體驗美感、創造藝術、享受自由的審美天地！

　　這是「文起八代之衰」的韓子在倡導「文以載道」、洗去駢文鉛華的功績之外，對中國文人生活，乃至中國文化傳統的又一卓越貢獻！

　　〈毛穎傳〉裡，與「中書君」形影不離的，還有其他三位「先生」：

　　穎與絳人陳玄、弘農陶泓，及會稽褚先生友善，相推致，其出處必偕。上召穎，三人者不待詔，輒俱往，上未嘗怪焉。

　　陳玄、陶泓和褚先生分別是墨、硯和紙（唐代絳州盛產墨、弘農產硯、會稽出紙）。他們的功勞也不亞於毛穎，可韓愈卻慳於封賜，讓毛氏獨享盛名高位。這就令後人大嘆不公平，紛紛站出來為墨、硯、紙邀功請賞，非博個功名與出身不可。於是就有了文嵩的〈即墨侯石虛中傳〉

---

[212] 劉歆撰，葛洪集，向新陽、劉克任校注：《西京雜記校注》卷一，上海古籍出版社 1991 年版，第 7 頁。

（硯）、〈松滋侯易元光傳〉（墨）、〈好田寺楮知白傳〉（紙）和蘇軾的〈萬石君羅文傳〉（硯）等更多遊戲文章，墨、紙、硯等也紛紛加官晉爵。

到了林洪的《文房職方圖贊》和羅先登的《續文房職方圖贊》裡，得到封誥的就不止筆、硯、紙、墨了。他們犒賞三軍，但凡能在文人案頭博得一席之地的，均能運交華蓋、揚名立萬。筆、硯、紙、墨也各立門戶，擁兵自重，各自發展出一套實用和審美的譜系 —— 這些，將在後面陸續登場。

▶ 筆補造化：「五色豔稱江令夢」

筆的歷史源遠流長，它的創製和發明，關聯著許多歷史傳說和偉大人物。韓愈在〈毛穎傳〉中記載的「蒙恬造筆」故事並非杜撰，而是受到了晉代張華《博物誌》的啟發。《博物誌》曾有「蒙恬造筆」的記載。[213] 但是，與張華同時代的人並不同意這一說法。如崔豹《古今注》中說：

牛亨問曰：「自古有書契以來，便應有筆。世稱『蒙恬造筆』，何也？」答曰：「蒙恬始造即『秦筆』耳，以枯木為管，鹿毛為柱，羊毫為被，所謂『蒼毫』，非兔毫竹管也。」[214]

《博物誌》關於「蒙恬造筆」的說法在當時很流行。但牛亨提出的質疑更有道理：筆應該和書牘文字同時產生，如果沒有筆，哪裡能留下文字記載？當然，文字還能用刀、錐等工具契刻下來，比如甲骨文和鐘鼎金文等，這裡暫且不論，我們先看崔豹的回答是否足以釋疑？顯然，崔豹的回

---

[213] 李昉等：《太平御覽》卷六〇五，《四部叢刊》本，商務印書館 1936 年版，第 88 冊。
[214] 崔豹：《古今注》卷八《問答釋義》，《四部叢刊》本，商務印書館 1936 年版。

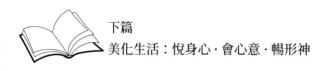
答更多展現出「學問家」的知識和機智，而並未真正解決問題。他說「蒙恬造筆」是特指「秦筆」而言，也就是「蒼毫」、「木管」的毛筆，而不是最早「兔毫」、「竹管」的毛筆。

那麼，為什麼前人不說「蒙恬造『秦筆』」呢？這一懸案久而未決，到了唐代，才有人給出相對合理的解釋。盛唐時期徐堅等人編撰的《初學記》中說，《尚書》、《曲禮》等上古文獻的記載表明，在秦代以前就有了筆。人們之所以把「造筆」的功勳追認到秦大將蒙恬身上，是因為：

> 諸國或未之名，而秦獨得其名。恬更為之損益耳。故《說文》曰：楚謂之聿，吳謂之不律，燕謂之拂，秦謂之筆。是也。[215]

比起崔豹來說，《初學記》解釋更進一步，它既承認在秦代以前就有了毛筆，又從「筆」的名稱和概念上做了發揮，認為「筆」是秦人對書寫工具的特有稱呼。秦人統一天下，「書同文，車同軌」，天下人都接受了「筆」的名稱，所以就有了秦人蒙恬造筆的說法。

可是，清代學者趙翼考證出，在《莊子》中有就了「筆」的命名：「宋元君將畫圖，眾史皆至，受揖而立，舐筆和墨。」[216] 莊子的生活年代比蒙恬更早，且是宋國人。如此看來，《初學記》的解釋就靠不住了。

其實，「誰先造筆」的問題實在是難以算清的糊塗帳。西晉郭璞的〈筆贊〉說：

> 上古結繩，易以書契。經天緯地，錯綜群藝。日用不知，功蓋萬世。[217]

[215] 徐堅等：《初學記》（下冊）卷二一，中華書局 2004 年版，第 514 頁。
[216] 趙翼：《陔餘叢考》卷一九，商務印書館 1957 年版，第 369 － 370 頁。
[217] 徐堅等：《初學記》（下冊）卷二一，中華書局 2004 年版，第 516 頁。

從「結繩記事」到文字發明，是人類文明史上的一次重大飛躍。有了文字，人們就能把對天地、自然之道的體悟和各種技藝、文明的成果記錄下來，「孰有書不由筆？」[218] 所以，這「經天緯地，錯綜群藝」的勛業，自然是筆的功勞，正所謂「筆補造化」，成公綏的〈故筆賦〉說得更明確：

> 治世之功，莫尚於筆。能舉萬物之形，序自然之情；即聖人之心，非筆不能宣，實天地之偉器也。[219]

郭璞、成公綏和張華是同時代的人。其中，郭璞和張華都是著名的博物學家，而成公綏和張華則是來往密切的好友。他們之所以不約而同地關注到筆，主要是受到了當時日漸興盛的「博物學」風氣的影響。博物學的目的在於考訂名物，蒐集整理奇聞逸事，以期累積知識、博學洽聞。但從前面列舉的這些考訂成果來看，他們更關注筆的文化屬性，而不是其客觀知識和歷史。所以他們的講述充斥著神話故事和傳說逸聞，其中的文化信念、情感寄託和藝術想像的含量，遠遠超過了客觀、真實、符合歷史實際的知識。

所以說，毛筆可謂大有來頭，一亮相就步入了文化的殿堂，被賦予了藝術想像和審美鑑賞的潛能。那麼，這種潛能是如何潛滋暗長，一步步被激發出來，最終成為審美情趣、藝術表現的主角的？

這就得從被神話故事和傳說逸聞所掩蓋了的毛筆的真實歷史說起了。

毛筆當然不是蒙恬的獨創，而是肇端於新石器時代。著名甲骨學家董作賓先生曾說：「仰韶期的陶片上小狗、小鳥，或較精緻的花紋，都須要毛筆去圖繪，而在民國二十年（1931 年）冬季我們在距小屯三里以內的後

---

[218] 揚雄：《法言・問道》，汪榮寶著，陳仲夫點校：《法言義疏》卷六，中華書局 1987 年版，第 122 頁。

[219] 嚴可均：《全晉文》卷五九，《全上古三代秦漢三國六朝文》第 2 冊，中華書局 1985 年版，第 1796 頁。

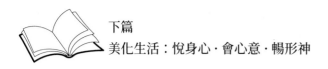

岡，所得的仰韶期用毛筆彩繪的陶器，至少也在四千五百年……至於殷代使用毛筆，我們還有直接的證據，是在占卜用的牛胛骨上發現了寫而未刻的文字……由此我們可以看到毛筆書寫的筆鋒與姿勢。」[220] 可惜年代久遠，古物湮滅，今天我們只能對著這些洋溢著濃郁的神祕色彩和原始氣息的圖案、紋飾和文字等，來想像毛筆之始祖的神采了。

目前能見到的最早的古毛筆實物，主要有戰國筆一支、秦筆三支、西漢筆兩支和東漢筆三支。從製作上來看，這幾支毛筆形制較為拙樸，但後世毛筆的主要工藝在秦漢時期已經定型，即筆桿為竹製，下端鏤空為筆腔，以容納筆毫；筆毫為兔毫或狼毫，後端用絲線捆紮，納於筆腔，前端有尖鋒，便於掌控書寫筆畫之粗細。[221]

仰韶彩陶蛙紋雙繫大罐 新石器時代 現藏於故宮博物院

在東漢時期，毛筆的製作工藝變得考究、精緻，人們在其實用功能之外，越來越關注其外在的形式之美和裝飾性功能。前面提到的「天子筆管」用料之昂貴、雕飾之繁縟，自然不是常人所用。普通人所用之筆也有許多講究，如東漢蔡邕的〈筆賦〉中說：

[220] 董作賓：〈甲骨文斷代研究例〉，《董作賓先生全集》甲編第 1 冊，臺北藝文印書館 1977 年版，第 457 － 458 頁。
[221] 周有光：《文房四寶古今談（一）》，《群言》1998 年第 4 期。

唯其翰之所生，於季冬之狡兔，性精亟以懍悍，體遄迅以騁步。削文竹以為管，加漆絲之纏束，形調摶以直端，染玄墨以定色……上剛下柔，乾坤位也。新故代謝，四時次也。圓和正直，規矩極也。玄首黃管，天地色也。[222]

這裡所說的「上剛下柔」、「圓和正直」和「玄首黃管」等說明，漢代毛筆製作在選用原料的質地、形制和顏色搭配上均形成了固定的審美趣味。這種審美趣味背後所呈現出的是中國古人對天地、自然和四時之道的體認，也就是剛柔相濟、陰陽互補；其對「圓和正直」的推崇，也反映了傳統的人格理想和人生境界追求。

到了魏晉南北朝時期，在中國歷史上第一次「文的自覺」時代的美學思潮波及下[223]，毛筆也迎來了自身歷史上第一次審美風貌上的飛躍。首當其衝的自然是製作工藝的提升。這時毛筆的主要原料筆毫已經不限於兔毫、狼毫了，而是根據應用範圍的需要，逐步拓展到鹿毛、羊毫、虎僕（九節狸）、鼠須、胎髮，乃至荊、荻、竹絲等植物纖維。相傳王羲之的書法曠世名作，「天下第一行書」〈蘭亭序〉就是以鼠鬚筆寫就。而筆桿也有了更多新材料，據王羲之的〈筆經〉所載，當時有許多人用琉璃、象牙做筆管，「麗飾則有之」，但用起來不大輕便；有人曾經贈送給他「綠沉漆竹管及鏤管」筆，深受他的喜愛，連連感嘆說：「斯亦可愛玩。詎必金寶雕琢，然後為寶也？」[224] 也就是說，毛筆本身的趣味性不斷突顯，以至於有人為了追求這種形式美感，而影響到了它的實用功能。

有趣的是，人們不僅在製作毛筆的時候追求用料考究、形式美觀，而且還有人把這種精緻、豔麗的毛筆當作飾物佩戴，從而形成了一股「簪

[222] 費振剛等輯校：《全漢賦》，北京大學出版社 1997 年版，第 579 頁。
[223] 參見李澤厚：《美的歷程》，《美學三書》，安徽文藝出版社 1999 年版，第 103 頁。
[224] 劉茂辰等：《王羲之王獻之全集箋證》，山東文藝出版社 1999 年版，第 162 頁。

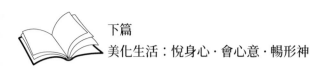
筆」的衣冠服飾時尚。於是毛筆就成了文化的象徵符號，如宋人蘇易簡
《文房四譜》引崔豹《古今注》說：

> 今士大夫簪筆佩劍，言文武之道備也。[225]

可以說，毛筆在晉代進入了普通人的日常生活中，成了流行服飾風尚
中的一種時尚元素。時尚的形式是瞬息萬變、稍縱即逝的，但這種時尚背
後激盪著的審美趣味和文化蘊含卻源遠流長，一直延續到當下的生活中。
也是在南北朝時期，許多與筆相關的文房用具開始藝術化，逗起了文人墨
客的興趣。如筆格，梁簡文帝蕭綱有一首〈詠筆格〉詩：

> 英華表玉笈，佳麗稱蛛網。
>
> 無如茲制奇，雕飾雜眾象。
>
> 仰出寫含花，橫抽學仙掌。
>
> 幸因提拾用，遂廁璇臺賞。[226]

同時代的吳均有一篇〈筆格賦〉則說：

> 幽山之桂樹，恆縈風而抱霧，葉委鬱而陸離，根縱橫而盤互……剪其
> 片條，為此筆格。跌則巖巖方爽，似華山之孤上，管則員員峻逸，若九嶷
> 之爭出。長對座而銜煙，永臨窗而儲筆。[227]

筆格又叫筆架、筆山，是書寫停頓時用來擱置毛筆的用具。從蕭綱、
吳均的詩賦可以看出，這一時期筆格的材質、形制都極具藝術色彩，展現
出「尚奇」的審美趣味。皇家用物多以金玉為質料，雕飾繁縟；而一般文

---

[225] 蘇易簡：《文房四譜》卷一，《叢書整合》本，商務印書館 1939 年版，第 2 頁。

[226] 徐堅等：《初學記》卷二一，中華書局 2004 年版，第 516 頁。

[227] 歐陽詢：《藝文類聚》卷五八，上海古籍出版社 1985 年版，第 1055 頁。

人士大夫則多取材木、石，崇尚天然，意趣天成。筆格和筆床等逐漸成為文化人日常生活中把玩、欣賞的對象，而不僅僅用來擱置毛筆。如徐陵在〈玉臺新詠序〉中就說：「琉璃硯匣，終日隨身；翡翠筆床，無時離手。」[228]

　　所以，在魏晉南北朝時期，湧現出許多知名的製筆能手，經常被提起的有李仲甫、韋昶、韋誕兄弟和南朝姥等。[229] 其中韋誕還留下一卷《筆墨方》，專門介紹筆的製作工藝。正是有了他們創造的智慧和對美的追求，才使許多精美絕倫的文房用具步入文人士子的生活，為他們消遣閒暇、從枯寂苦悶的日常生活中解脫出來提供了管道。

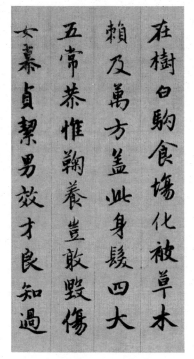

趙孟頫《行書千字文》區域性 元代
現藏於故宮博物院

馮承素摹〈蘭亭序〉（神龍本）區域性
唐代現藏於故宮博物院

[228] 徐陵編，吳兆宜注，程琰刪補，穆克宏點校：《玉臺新詠箋註》，中華書局 2004 年版，第 12 頁。
[229] 梁同書：《筆史》，《叢書整合》本，上海商務印書館 1939 年版，第 9 頁。

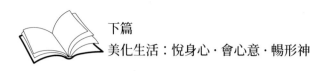
　　唐宋時期，宣州（今安徽宣城）與吳興（今浙江湖州）相繼崛起，成為聞名海內的製筆中心，宣州的諸葛氏一姓世代製筆，他們的作品為世人所推重，一支筆可敵其他筆數支；湖州在南宋以後則號稱「湖筆甲天下」，其中制筆名匠馮應科的筆，與趙孟頫的字、錢舜舉的畫並稱「吳興三絕」[230]。與此同時，更多因毛筆使用需要而產生的文房用具，如筆海、筆洗、筆掛、筆屏、筆枕、筆插、筆簾、筆捴等紛紛湧現，中國文人對文房用具的趣味、好尚被極大地激發出來。

　　到了宋代，著名隱士林和靖的七世孫林洪有意與韓昌黎爭勝，他在《文房職方圖贊》中一口氣封了「十八學士」，把常見的文房用具都容納進來。其中，毛筆仍為中書，取名述，字君舉，號盡心處士。與筆相關的則有石架閣（筆格，名卓，字汝格，號小山真隱）、曹直院（筆託，名導，字公路，號介軒主人）等。[231] 此後又有羅先登的《文房職方圖贊續》等，給更多的文房用具爭得了功名。毛筆在文人士子的情感體驗、精神生活中不斷開疆拓土；筆格、筆洗等從屬用具更成為文人士大夫階層日常摩挲、賞玩的審美對象。杜甫曾在〈題柏大兄弟山居屋壁二首〉中這樣描繪山居生活：

錢選〈幽居圖卷〉區域性 元代 現藏於故宮博物院

---

[230] 徐象梅：《兩浙名賢錄》卷四八，《續修四庫全書》本第 543 冊，上海古籍出版社 2002 年版，第 643 頁。
[231] 林洪：《文房職方圖贊》，《叢書整合》本，商務印書館 1939 年版。

山居精典籍，文雅涉風騷……筆架沾窗雨，書籤映隙曛。[232]

居於幽靜的深山，長日永晝如何消遣？眾多的文人士子在讀書、吟詩之餘，將目光投向文房用具，借這些精緻、文雅的器物來裝點自己的日常生活，構築起一種高度藝術化、審美化了的生活空間。這是對人生苦短、世事多艱的反抗與消解，也是對風雅與文化的嚮往和追求。

▶烏玉雲煙：「非人磨墨墨磨人」

墨的來頭沒有筆那麼神祕、玄奧。東漢時期的李元在一篇〈墨硯銘〉裡說：「書契既造，墨硯乃陳」——既然有了文字，就得有相應的書寫工具，筆、墨、硯自然應運而生。因為古人相信倉頡造字，而倉頡相傳是黃帝時的史官，所以就有了「墨始造於黃帝之時」的說法。還有人認為是周宣王（西元前828—前782年）時期的邢夷，甚至是更晚的田真（漢代），才發明了墨。

這些傳說大都沒有什麼根據。相傳為北宋人晁季一所作的《墨經》一書，曾經簡要概括過古人製墨的歷史：

古人用松煙、石墨二種。石墨自晉魏以後無聞，松煙之制尚矣。[233]

「石墨」又稱「石炭」，也就是煤。據說魏武帝曹操曾築「三臺」，最有名的是銅雀臺，此外還有金虎臺、冰井臺。其中冰井臺上有冰室，下有冰井，井深十五丈，專門用來貯藏冰和石墨。[234] 曹操專門貯藏石墨，是為了什麼用處？

---

[232] 杜甫撰，仇兆鰲注：《杜詩詳註》卷二一，中華書局1999年版，第1838－1839頁。
[233] 晁季一：《墨經》，《叢書整合》本，商務印書館1939年版，第3頁。
[234] 酈道元著，陳橋驛校正：《水經注校正》，中華書局2007年版，第359頁。

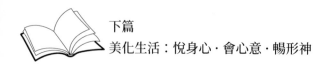

　　曹操興師動眾，把石墨儲存在深不見底的冰井裡，顯然不是為了燒火做飯，而是有更為重要、特殊的功用——驅邪祈福。晉代著名文學家陸雲在寫給兄長陸機的信裡說，自己曾經到過「三臺」，看到了曹操的遺物，其中就有石墨數十萬斤。據說「燒此消復可用，然煙中人不知，兄頗見之否？」[235]「消復」是道教方士的一種術數，就是消除災變、復歸常態。這就是說，曹操儲存大量石墨，是為了在國家有重大災難和變故的時候舉行祈福儀式之用。

　　石墨的另一種用處，便是研磨成汁，備書寫之用了。陸雲當時就取了兩塊曹操遺留下來的石墨，送給作為大書法家的陸機。但是，從當時人們所用文房書具的實際情況來看，松煙墨已經取代了石墨。這兩塊石墨，與其說是讓陸機磨墨使用，毋寧說是供其欣賞、把玩，發思古之幽情罷了！

　　「松煙」是指製墨時取松木為原料，採用不完全燃燒的辦法，使煙氣凝積，形成黑灰，再加入膠和其他原料塑形，製成一定形式的墨塊。這種製墨工藝，早在先秦時期就已經廣泛應用了。西元 1975 年底，湖北雲夢睡虎地秦墓的發掘現場，出土了一套完整的文房書寫工具，除了前面已經提到的秦筆外，還有兩件木牘、一件石硯和一塊殘缺不全的墨錠。[236]漢承秦制，製墨之法也有沿襲與突破，其最引人矚目的有兩點：一是製墨的原料擇取更精，二是墨塊的形式更加豐富多樣。據《墨經》記載，漢代人燒製松煙墨，專選右扶風境內隃麋縣山中的松樹為原料，因為隃麋地近終南山，遍布茂密的松林，多有年久挺拔的古松，是燒製松煙墨的絕佳原料。據說漢「尚書令、僕、丞、郎，月賜隃麋大墨一枚，小墨一枚」。看來隃麋墨已經成為朝廷指定採辦的「官墨」了，以至於後世「隃麋」便成了墨

---

[235] 嚴可均：《全上古三代秦漢三國六朝文》第 2 冊，中華書局 1985 年版，第 2041 頁。
[236] 湖北孝感地區第二期亦工亦農文物考古訓練班：〈湖北雲夢睡虎地十一座秦墓發掘簡報〉，《文物》1976 年第 9 期。

的別稱。文人製墨，形制多樣，有圓柱形、丸形、螺形、饅頭形等。這些日益精緻化的製墨方法無不表明，漢墨已經逐漸超出了單純實用的範疇，朝著藝術化、審美化的境界提升。

據說，漢代新冊封的皇太子，會得到「香墨四丸」的賞賜。[237]「香墨」，就是在制墨的原料中摶入麝香等香料和藥物，使墨丸洋溢著一種芬芳的香氣。這在漢代，大概只有貴族才能享用。到了魏晉時期，製墨工藝愈加精細、考究，人們在小小的墨錠中傾注了大量的才思、情致，當然也包括不菲的物力和人力。前面提到的韋誕，在墨史上的地位更為崇高。他發明了影響深遠的「合墨法」，製作出極為精美的「韋誕墨」。據說用韋誕墨書寫「一點如漆」，也就是香氣四溢、色澤光瑩、歷久彌新，這是對韋誕墨最好的評價！而韋誕本人也頗為自豪。據說當時洛陽、許昌、鄴都的宮觀落成後，朝廷命韋誕題寫宮殿榜額，並提供御用筆墨。但它們並不入韋誕法眼，他說：

> 蔡邕自矜能書，兼斯喜之法，非紈素不妄下筆。夫欲善其事，必利其器，若用張芝筆、左伯紙及臣墨，兼此三具，又得臣手，然後可以逞徑丈之勢，方寸千言！[238]

蔡邕是東漢著名的書法家，學書兼具李斯、曹喜之長，因此頗為驕傲，只肯用潔白的綢子施展筆下功夫。韋誕比之有過之而無不及，認為只有張芝筆、左伯紙和自製的墨，[239] 才是上好的文房用具，只有兼具了這三種利器，再加上自己的書法，才能在方寸之間縱橫捭闔，下筆如神！

---

[237] 徐堅等：《初學記》（下冊）卷二一，中華書局 1962 年版，第 520 頁。

[238] 陸友：《墨史》，《叢書整合》本，商務印書館 1939 年版，第 3 頁。

[239] 張芝是東漢著名的書法家，以制筆出名；左伯是漢代蔡倫之後又一位造紙高手。張芝筆、左伯紙在當時極為昂貴。

湖北雲夢睡虎地秦簡

174

薛稷《信行禪師碑》區域性 唐代

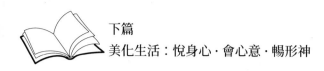

韋誕把才情、思致傾注在墨上的風雅之舉，被後來的文人士子們發揚光大。墨也如同筆一樣，越來越深地契入了文人的日常生活，成為他們欣賞、把玩、吟詠的審美對象，為他們的生活提供了無限的樂趣。魏晉南北朝時期，賞墨、玩墨已經蔚然成風，人們不僅以墨為用，留下了中國書法史上的諸多神品，而且墨也成為獨立的審美對象，積澱了豐厚的審美經驗。這些寶貴的經驗包括：樣、色、聲、輕重、新故、養蓄等。就像是古人總結的筆之「四德」（銳、齊、圓、健），是中國古人將內在的、主觀的生命情調和品格追求，投射到外化的、客觀的筆墨等日常用品之上，涵泳蘊藉，塑造一種氣韻生動、活潑自由的藝術化生活情境的感性顯現。這種直觀的、感性的生活之美，在魏晉時期達到了歷史上的第一個高峰，又經過數百年的沉潛積澱，終於在唐宋蔚為大觀，形成了最精雅、純粹的文人生活。

在韓愈的〈毛穎傳〉裡，只有筆被封侯拜相，而墨則被稱為「絳人陳玄」，一介布衣而已。其實，這未免淹沒了墨的功勳。早在韓愈之前，書法家薛稷就已經開始「遊戲文房」，為筆、墨、紙、硯分封官職了。筆、墨、紙、硯在薛稷那裡都獲得了「九錫」的賞賜，如筆是「墨曹都統、黑水郡王兼毛州刺史」，紙是「楮國公、白州刺史、統領萬字軍界道中郎將」，硯則是「離石鄉侯、使持節即墨軍事長史兼鐵面尚書」。顯然，這些官職和封號，都是根據筆、墨、紙、硯本身各自的材質、色澤和質地所擬，堪稱用心良苦。其中，據說封賜墨的時候，氣像極為神異：

（薛）稷又為墨封九錫，拜松燕都護、玄香太守兼亳州諸郡平章事。是日，墨吐異氣，結成樓臺狀。鄰里來觀，食久乃滅。[240]

---

[240] 馮贄：《雲仙雜記》卷六，《四部叢刊》本，商務印書館 1934 年影印本。

看來，在薛稷的養蓄呵護之下，墨已浸潤了天地英華，頗通人性了。這當然又是文人墨客遊戲筆墨的消遣之作了，但也正因這種消遣、閒雅的生活風尚，使得我們的文化傳統日益富麗、極盡精粹。自從薛稷開始，「玄香太守」、「松燕都護」等就成了墨的別稱。除此之外，墨在唐代，還有「金不換」、「烏玉玦」、「書媒」、「黑松使者」等雅稱，這些延續至今的風雅稱謂，隱約暗示出當時文人士大夫生活藝術化的氣息已經充溢到日常生活的每個細節和區域性了。比如唐人李廷珪有一首〈藏墨訣〉詩說：

> 贈爾烏玉玦，泉清研（硯）須潔。避暑懸葛囊，臨風度梅月。[241]

李廷珪是歙州（今安徽南部）人，其父李超原居易州（今河北易縣），是一代製墨名匠，唐末戰亂之際流落江南。廷珪既出身於製墨世家，又寓居江南產墨之鄉，自然有融會南北、獨創出新的優勢。他製墨時的工藝比韋誕更複雜、精細，墨樣也推陳出新，設計出劍脊龍紋圓餅、雙脊鯉魚、烏玉玦、蟠龍彈丸等。[242]據說李廷珪墨「其堅如玉，其紋如犀」，入水不化，在當時已經是重金難購，時人有「黃金可得，李氏之墨不可得」的說法。[243]〈藏墨訣〉詩裡說的「烏玉玦」，就是李廷珪自己的作品。從這首流露著頗為自豪的詩中，我們能大概了解當時上層文人的筆墨生活是何等清潔、優雅：研磨要用新汲的清冽泉水，硯臺要常洗以保持溫潤清潔，墨用完後要用革囊存放，懸掛在清風明月、梅香凜冽之處……

相比之下，薛稷、韓愈等那些為筆墨封官拜相、樹碑立傳的人，就顯得粗枝大葉、浮光掠影了。真正審美的生活，不僅要讓生活的細節和區域性停

---

[241] 查慎行：《蘇詩補註》卷二五，《影印文淵閣四庫全書》第 1111 冊，臺灣商務印書館 1983 年版，第 490 頁。
[242] ［日］大村西崖著，陳彬龢譯：《中國美術史》，商務印書館 1930 年版，第 125 頁。
[243] 陸友：《墨史》，《叢書整合》本，商務印書館 1939 年版，第 10 — 16 頁。

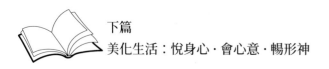
留在詩歌、藝術作品中，還要把原本投射到詩歌、藝術中的情感、想像力灌注到日常生活中，把日常生活看作藝術品，在庸常平凡的生活日用之物中極深研幾，曲盡其妙，體會生活日用本身的情趣和格調。也就是說，要讓生活本身充溢散發出藝術的氣息。李白曾寫過一首〈酬張司馬贈墨〉詩：

> 上黨碧松煙，夷陵丹砂末。
>
> 蘭麝凝珍墨，精光乃堪掇。
>
> 黃頭奴子雙鴉鬢，錦囊養之懷袖間。
>
> 今日贈予蘭亭去，興來灑筆會稽山。[244]

詩的前四句寫的是墨的材質、墨光和墨色；「黃頭奴子雙鴉鬢」描繪的是墨樣，曲盡物態；「錦囊養之懷袖間」則是「養蓄」之法了。友人贈李白以珍墨，李白以歌詩酬答，這才是吟風弄月、不落俗套的清雅生活！

而這種清雅生活的極致，就在宋人的「墨癖」中展現得淋漓盡致。墨至於宋而極盡精工，而宋人對墨，也是一往情深。宋代的文化巨擘，如蘇東坡、司馬光、黃庭堅等都嗜墨成癖，這種風氣波及開來，一般的文人士大夫也都以藏墨、蓄墨、賞墨為優雅之能事，以至於宋代製墨業畸形繁榮，大片大片的松林被砍伐、消失。晁衝之曾有一首詩說：

> 長安紙價猶未貴，江南江北山皆童。[245]

晁衝之藏有一方李廷珪所制的雙脊龍紋墨餅，養蓄多年。僧人法一擅長書法，便向他討要。礙於十多年的友情，晁氏雖不情願，卻難以拒絕，就寫下了這首詩，內容是說：原來黃山上遍布亭亭古松，它們得到山神庇

---

[244] 王錡注：《李太白全集》中冊，中華書局 2003 年版，第 875 頁。

[245] 晁衝之：〈贈僧法一墨〉，《晁具茨先生詩集》卷三，江蘇古籍出版社 1988 年影印版，第 35 — 37 頁。

護，魑魅魍魎均遠而避之。可是自從李廷珪父子於此開了墨灶，這些古松就大難臨頭了。山無草木謂之「童」，「江南江北山皆童」雖是誇張的說法，卻也透露出時人嗜墨，砍伐了多少松林！

晁衝之還算幸運，僧人法一對他還算客氣。如果遇到蘇軾、李常（字公擇）這樣墨癖無可救藥的人，就難免被強取豪奪了。據〈東坡題跋〉記載，李常「見墨輒奪，相知間抄取殆遍」，這就是明火執仗的「搶劫」了。有人說李家「懸墨滿室」[246]，想來應該是很壯觀的。蘇軾感嘆說，李公擇嗜墨如此，真是「通人之一蔽」，但他自己又何嘗不是如此呢？據他自己說：

黃魯直（引者注：庭堅）學吾書，輒以書名於時。好事者爭以精紙妙墨求之，常攜古錦囊，滿中皆是物也。一日見過，探之，得承晏墨半挺。魯直甚惜之，曰：「群兒賤家雞，嗜野鶩。」遂奪之，此墨是也。元祐四年三月四日。[247]

蘇軾〈古木怪石圖〉 北宋 私人收藏

[246] 蘇軾：〈書李公擇墨蔽〉，《東坡題跋》卷五，中華書局 1985 年影印版，第 103 頁。
[247] 蘇軾：〈記奪魯直墨〉，《東坡題跋》卷五，中華書局 1985 年影印版，第 105 頁。

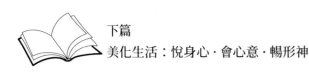
奪人所愛，還要刻意記下年月日，大有耀武揚威、立此存照的意味。這就是嗜好成癖者異乎尋常之處，看似迂闊怪誕，實則性靈所鍾，一往情深。蘇軾曾抱怨說，自己「蓄墨數百挺」，一有閒暇就拿出來賞玩、品第，其中能令其滿意的，不過一二而已，因此有「世間佳物，自是難得」的感慨。[248]

可貴的是，蘇軾等人已有了清醒的自覺。人生苦短，如果完全順應感官刺激的需要，為無盡的物欲所主宰，勢必陷入永無止境的逐物深淵，不得清淨。他在一首題為〈次韻答舒教授觀余所藏墨〉的詩裡說：

世間有癖念誰無，傾身障簏尤堪鄙。人生當著幾兩屐，定心肯為微物起。此墨足支三十年，但恐風霜侵髮齒。非人磨墨墨磨人，瓶應未罄罍先恥。逝將振衣歸故國，數畝荒園自鋤理。作書寄君君莫笑，但覓來禽與青李。一螺點漆便有餘，萬灶燒松何處使。[249]

這就是說，人有嗜癖是情理之中的事，但要適可而止。如果為了滿足一己嗜癖而有悖常理，甚至不惜身家性命，那就非常可悲了。就拿墨癖來說，一方佳墨，足供使用多年，蓄積再多，也無用武之地。嗜墨成癖，乃至生死以之，其實是生命被物欲所主宰，蓄積的墨越多，越說明自己非但不是墨的主人，反而淪為墨的奴僕。「非人磨墨墨磨人」一語，精闢道地出了人之心靈為物欲所攻陷、喪失自由的可悲可嘆境地。

元明以後，中國的製墨工藝更趨精湛，留下了更多精妙絕倫的傳世珍品，如分別刊刻過《程氏墨苑》和《方氏墨譜》的製墨名匠程君房、方於魯等人的作品，至今仍活躍在喜好賞墨、藏墨之人手中，墨也像筆一樣，

[248] 蘇軾：〈書墨〉，《東坡題跋》卷五，中華書局 1985 年影印版，第 102 頁。
[249] 王文浩輯注：《蘇軾詩集》卷一六，中華書局 1982 年版，第 838 頁。

自立門戶，有了墨床、墨臺、墨匣等專供其憩息的陪侍品^[250]，但再無人能像蘇東坡這樣超邁灑脫，不為物欲情累所羈絆。

▶硯田瀚海：「踏天磨刀割紫雲」

硯又稱「墨海」，據說是黃帝的發明。《文房四譜》煞有介事地說，見過黃帝所造的玉硯：「黃帝得玉一紐，治為墨海，其上篆文曰『帝鴻氏之硯』。」^[251] 我們知道，篆書是秦代李斯奉秦始皇之命所釐定的統一文字，黃帝又怎會書寫篆字呢？

不過，從考古發現來看，硯出現的時間確實相當於傳說中的黃帝時代。20 世紀中期，在西安半坡、寶雞北首嶺和臨潼姜寨等新石器文化遺址中，相繼發現了幾方用來研磨和配置顏料的石盤。這些石盤，被考古學家們認定是中國石硯的發端。^[252] 當然，這些造型拙樸、未經雕琢的古硯只是純粹為了實用罷了。其實，直到春秋時期，人們也並未把太多的心思傾注在文房用具上。據說唐代孔廟裡尚且儲存著一方孔子用過的石硯，許多人都親見過。王嵩崿還專門寫過一篇〈夫子廟石硯賦〉。從這篇賦的描述我們大概可以想像，孔硯不過是一塊方方正正、規規矩矩，沒有任何雕飾的石硯罷了。不過孔子用它刪《詩》、正《樂》、序《書》、贊《易》、傳《禮》、作《春秋》，為後代留下了百世不易的經典，這方石硯可謂功莫大焉！於是它的質樸無華、器形方正，也就被賦予了厚重的文化品格，那就是重實行、輕文飾，崇尚中正規矩，反對曲學偏邪。

---

[250] 墨床和墨臺是研磨後放置未乾的墨錠的用具，多做成精緻小巧的床的形狀，大概從明代開始出現；墨匣則是專門儲藏墨的小匣子，材質和做工多樣。
[251] 蘇易簡：《文房四譜》卷三，《叢書整合》本，商務印書館 1939 年版，第 35 頁。
[252] 吳梓林：〈石硯溯源〉，《人民日報（海外版）》1995 年 10 月 20 日。

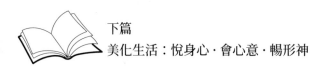
不過，愛美之心，人皆有之。孔硯之所以質樸無華，恐怕還是由於當時物力和製硯工藝所限。李賀就曾經在一首詩裡說：「孔硯寬頑何足云！」[253]「寬頑」，就是對孔硯「宛無雕鐫」的拙樸頗為不屑了。

那麼，什麼樣的硯才可入後世文人法眼呢？晉代人傅玄在〈硯賦〉中說：

> 採陰山之潛璞，簡眾材之攸宜。節方圓以定形，鍛金鐵以為池。設上下之剖判，配法象乎二儀。木貴其能軟，石美其潤堅。加採漆之膠固，含沖德之清玄。[254]

所謂「採陰山之潛璞」的說法，可能有些誇張，但至少能說明在魏晉時期，製硯對於材質的要求越來越高。石材取其溫潤且堅硬者，木料則選擇質地柔軟的。至於具體的形制和紋飾，則依據天圓地方和陰陽協調的原則加以雕琢，木硯塗飾彩漆，石硯取其天然幽玄之色。

魏晉和南朝，正是老莊哲學和玄學興盛的時代。老莊和玄學都崇尚自然，務求清虛玄遠，反映到文房用具上，自然就展現出這種自然、簡約、清雅，且風韻悠長的審美情趣。而從其材質來看，除了傳統的石硯、木硯外，瓷硯和陶硯也特別流行。後面兩種材質因其更依賴人工，風格尤能展現出一時流行的趣味和風尚。

唐宋才是中國硯文化真正大放異彩的時代。於是人們除了把硯作為一種藝術題材寫入詩文外，還把硯本身視作藝術的「體裁」，這就出現了數不勝數的直接鐫刻在硯體上的銘文、詩句等。這些銘文、詩句雖然是從詠物詩文的傳統中衍生出來的，卻短小凝練、別具一格。如蘇軾不僅有墨癖，亦喜藏硯，他一生曾作過硯銘數十首，如〈孔毅甫龍尾硯銘〉：

---

[253] 李賀：〈楊生青花紫石硯歌〉，王錡等注：《李賀詩歌輯注》，上海古籍出版社 1977 年版，第 218 頁。

[254] 嚴可均：《全晉文》卷四五，《全上古三代秦漢三國六朝文》第 2 冊，第 1716 頁。

澀不留筆，滑不拒墨。爪膚而縠理，金聲而玉德。厚而堅，足以閱人於古今。樸而重，不能隨人以南北。[255]

「龍尾硯」就是歙硯，因產於歙州（今江西婺源）龍尾山一帶的澗溪中，故而又稱龍尾硯。據說唐代開元年間，婺源一位姓葉的獵人在山中追捕野獸，偶然發現了一堆「瑩潔可愛」的石頭，便帶回家，草草打磨成硯，卻發現它比名揚海內的端硯還要溫潤可用，這就是歙硯的由來。[256]那麼，歙硯好在哪裡呢？

原來，質地堅硬的石頭往往圭角分明、鋒芒畢露，優點在於發墨快，缺點就是摩擦嚴重，容易損毀毛筆；相反，質地溫潤的石頭肌理圓潤光滑，不傷筆，卻也因為摩擦小而不易發墨。只有歙州龍尾石融合了堅與潤兩種優長，「嫩而堅，潤而不滑。扣之有聲，撫之若膚，磨之如鋒，兼以紋理燦縵，色擬碧天，雖用積久，滌之略無墨漬」[257]。蘇軾〈孔毅甫龍尾硯銘〉中所說的「澀不留筆，滑不拒墨」說的就是歙硯這種得天獨厚的優良質地。「爪膚而縠理，金聲而玉德」則是從聲、色兩方面而言的：「爪膚」就是磨去表面的石皮，這樣才能見出龍尾石如同綺羅一般精美的紋理；[258]「金聲」則是說叩擊龍尾石，因其質地細密均勻，鏗然作金聲玉振之響；「玉德」，則言其溫潤，與後面所說的「厚而堅」、「樸而重」，都是象徵性的說法，用來比附君子矢志不移、堅貞持重的高尚節操。從中我們看到，在硯銘中既有關於硯的聲、色、形，以及觸覺質感的感性審美欣賞，又有由此種審美體驗感發出的道德昇華。硯之對於日常生活快樂的獲

---

[255] 蘇軾著，孔凡禮點校：《蘇軾文集》卷一九，中華書局 1986 年版，第 549 頁。
[256] 唐積：《歙州硯譜》，《影印文淵閣四庫全書》第 843 冊，臺灣商務印書館 1983 年影印版，第 73 頁。
[257] 徐毅：《歙硯輯考》，《續修四庫全書》第 1113 冊，上海古籍出版社 2002 年影印版，第 424 頁。
[258] 葉順：〈基於士人品德的歙硯審美理念 —— 兼論「爪膚而縠理」〉，《東方收藏》2013 年第 2 期。

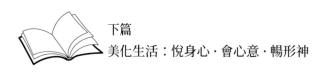
得，以及道德修養、人生境界的提升，其助益自可窺見一斑！

　　端硯產自端州（今廣東肇慶）境內的端溪斧柯山一帶。根據宋代人所著的《端溪硯譜》記載，斧柯山「峻峙壁立，下際潮水」，可謂險峻異常，硯石就產在斧柯山上三四里處。[259] 李賀曾經對孔硯的質樸無華不屑一顧，他之所以敢做如此驚人之論，就在於見識過端硯的風采：

> 端州石工巧如神，踏天磨刀割紫雲。
>
> 傭刓抱水含滿脣，暗灑萇弘冷血痕。
>
> 紗帷晝暖墨花春，輕漚漂沫松麝薰。
>
> 幹膩薄重立腳勻，數寸光秋無日昏。
>
> 圓毫促點聲靜新，孔硯寬頑何足云！[260]

　　「紫雲」是形象的說法，指五彩斑斕的端溪硯石，因為產地高峻入雲，所以有此比喻。「踏天磨刀割紫雲」，視通萬里，想落天外，充分發揮了想像力和敷採鋪陳的能事，所以呈現得奇譎瑰麗。李賀詩接下來無非用華彩麗句稱讚端硯質地精良、紋理細密美觀等優點，讀者自可發揮自己的想像來還原端硯的絕世驚豔：端硯的優點就在於純淨、幼嫩、溫潤，用它磨墨寒不結冰、暖不乾燥，以至於用過後長久放置，依然可以「呵氣成墨」！

　　傳統時代的文人士子們以筆墨為生涯，硯與他們的生活就有了更為要緊的關聯。人們親切地把硯稱作「硯田」，並且戲謔地說：

> 唯硯作田，咸歌樂歲。
>
> 墨稼有秋，筆耕無稅。[261]

[259] 葉樾注：《端溪硯譜》，《叢書整合》本，商務印書館 1939 年版，第 1 頁。

[260] 李賀：〈楊生青花紫石硯歌〉，王錡等注《李賀詩歌輯注》，上海古籍出版社 1997 年版，第 217-218 頁。

[261] 蔣超伯：《南漘楛語》卷三，引伊秉綬：《硯銘》，歐清煜、陳日榮：《中華硯學通鑑》，浙江大學出版社 2010 年版，第 302 頁。

「硯田無稅」的說法，形象道地出了筆墨生涯帶給讀書人的文化和身分自信，也對映出中國傳統社會對於文化本身的敬重和優待。這種敬重和優待，眉目清晰地綻放在文人士子對硯的呵護和珍愛上：古人創造出精美考究的硯匣、硯室，專門儲藏硯臺，且美其名曰「紫方館」；他們又別出心裁地為硯設計出小巧精緻的屏風，名曰「硯屏」，用來障壁風日侵蝕；連往硯裡注水用的工具硯滴，都受到特別的關注，被冠以「玉唾」、「金小相」、「通梧先生」等雅稱 [262]，至於痴迷於藏硯、賞硯的文人士大夫，就更是數不勝數了。

▶貴重三都：「浣花箋紙桃花色」

〈毛穎傳〉裡的「褚先生」，也就是紙。英國歷史學家韋爾斯（Wells）在研究歐洲文藝復興時曾說過：「造紙一事，尤為重要。即謂歐洲再興之得力乎紙亦未為過也。」[263] 其原因在於造紙術的發明，使得書寫媒介變得便利、廉價，極大推動了知識和文化的傳播與普及，從而喚醒了無緣接觸文化和思想，沉睡在蒙昧狀態中的大眾。

西晉文學家傅咸專門寫過一篇〈紙賦〉，稱頌紙的「輕美」：

> 夫其（引者注：紙）為物，厥美可珍。廉方有則，體潔性貞。含章蘊藻，實好斯文。取彼之弊，以為此新。攬之則舒，舍之則卷。可屈可伸，能幽能顯。[264]

「取彼之弊」的「彼」，就是指「貴」而「重」的竹帛、金石等。在沒有紙的時代，讀書是多麼耗費體力的事兒。《史記》中記載，秦始皇每

[262] 孫書安編著：《中國博物別名大辭典》，北京出版社 2000 年版，第 477 頁。
[263] 韋爾斯著，梁思成等譯：《世界史綱》，上海人民出版社 2006 年版，第 529 頁。
[264] 蘇易簡：《文房四譜》卷四，《叢書整合》本，商務印書館 1939 年版，第 60 頁。

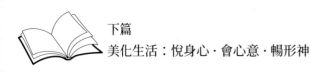
天要批閱竹簡文書重達 120 多斤，而這 120 多斤的竹簡上，所記載的文字也不過 30 萬字！[265] 而在今天，這也不過是區區一本書而已！這就不難理解，為何古人認為紙是「輕美」之物了。這種「美」，既有視覺上的美感，更是從質感、分量上獲得的輕盈、暢快的體驗！

這就是說，紙從問世那天起，就具有天生的美的稟賦！

天生麗質的紙，在古人的記載中，卻不像筆、墨、硯那樣，與上古的聖人們沾親帶故，有一個系出名門的高貴出身。紙的發明，一般都歸功於東漢的蔡倫。

蔡倫，字敬仲，桂陽（今湖南省東南部）人，是東漢時期宮廷裡的宦官。據說他富有才學，思慮精巧，負責督造皇室器用，有感於當時的書寫載體絲帛昂貴難得、竹簡笨重，便決意改進，發明了用樹皮、麻頭、破布和漁網為原料造紙的辦法。東漢元興五年（西元 105 年），蔡倫把他造出的紙獻給皇帝，獲得認可，風行天下。因此紙也就被天下人稱為「蔡倫紙」或「蔡侯紙」[266]，就像傅咸的〈紙賦〉裡面說的：

> 禮隨時變，而器與事易。既作契以代繩兮，又造紙以當策。猶純儉之從宜，亦唯變而是適。[267]

這就是說，一個時代有一個時代的禮儀、制度和思想觀念，用來承載、顯現它們的器物也要與時俱進。書契文字取代結繩記事是文明的一大進步，而造紙術的發明，又是文明向前邁進一步的物化表徵。

當然，這並不是說，紙完全是蔡倫個人毫無憑藉的全新創造。其實，在蔡倫之前，就有了纖維造紙的技術，比如在 20 世紀的考古發現中，陸

---

[265] 王子今：〈秦始皇的閱讀速度〉，《博覽群書》2008 年第 1 期。
[266] 錢存訓：《書於竹帛》，上海書店出版社 2003 年版，第 115 頁。
[267] 蘇易簡：《文房四譜》卷四，《叢書整合》本，商務印書館 1939 年版，第 60 頁。

續有西漢乃至戰國的古紙出土，但有一點可以確信無疑：造紙技術經由蔡倫之手而更加精湛，且在他的推動下廣為流傳。

如果說書法家是一位胸懷韜略的將軍，那紙無疑就他縱橫捭闔、施展勇力和智謀的戰場了。戰場地勢開闊平坦、土質堅硬，有利於將軍揮戈馳騁；紙的尺幅合宜、質地細勻，自然也有助於書法家運腕自如、盡情揮灑。據說王羲之本人作書，只用張永義所造的紙張，因為這種紙「緊光澤麗，便於行筆」[268]；而陸雲在編輯、謄寫陸機的文集時，沒有找到精美的紙張，心中留下無限的遺憾：

> 書不工，紙又惡，恨不精！[269]

由紙不精而心生恨意，大概是文人特有的矯情，然而也正是這份對待生活細節面面俱到、刻意求精的痴迷和執著，使平淡無奇的紙竟也能日新月異、氣象萬千，躋身高雅的藝術品之列，成為文人墨客放置案頭、日常欣賞和把玩的對象。

《文房四譜》中說，東晉末年的權臣桓玄，作「桃花箋紙，縹綠青赤者，蓋今蜀箋之制也」[270]。所謂「箋」，就是尺幅較小的紙張，「桃花箋」即是青紅相間、精緻明麗的箋紙。在南朝時期，上層文人間就有了把玩、吟詠「桃花箋」的風尚，如《玉臺新詠》裡收錄的梁代江洪的一首〈為傅建康詠紅箋〉詩：

> 雜彩何足奇，唯紅偏作可。
>
> 灼爍類蕖開，輕明似霞破。

---

[268] 董逌：〈廣川書跋〉，盧輔聖主編：《中國書畫全書》第 1 冊，上海書畫出版社 1993 年版，第 787 頁。

[269] 嚴可均：《全上古三代秦漢三國六朝文》第 2 冊，中華書局 1985 年版，第 2041 頁。

[270] 蘇易簡：《文房四譜》卷四，《叢書整合》本，商務印書館 1939 年版，第 49 頁。

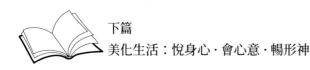
鏤質卷芳脂，裁花承百和。

且傳別離心，復是相思裡。

不值情牽人，豈識風流座。[271]

　　這是一首脂粉氣息濃郁的豔情詩，詩歌的主角雖未出場，但必是一個妖嬈多情且略帶傷感的女子，她正沉浸在與情人離別的淡淡哀愁中，用「桃花箋」寫信給他，傾訴衷腸。那箋紙粉紅明豔、脆薄透明，像初綻的芙蓉，又似明滅的雲霞，因為有這女子的摩挲、把玩，沾染了芬芳的氣息。在這裡，箋紙就不僅僅是承墨供書的工具了，而成了瀰漫著相思和感傷的信物。

　　大名鼎鼎的「蜀箋」，就承續了這濃得化不開的脂粉氣。

　　從《文房四譜》的記述來看，蜀箋的製作工序極為複雜，造紙本身似乎已經無足輕重了，人們更看重的是紙張後期的顏色暈染、紋理壓製和圖案繪製等。這種「繁縟可愛」的箋紙對製作環境和工藝的要求極高，須得潔淨、清幽、纖塵不染之所；對工匠提出了更高的要求，他們必須排除塵俗雜念、凝神靜思，既順從色彩在紙張上面發散、暈染產生的自然紋樣和色塊，又施以巧妙的構思和刻繪。這樣才能巧奪天工，造出精緻明麗而又不露人工雕琢痕跡的箋紙。

（傳）孫位〈高逸圖〉唐代 現藏於上海博物館

---

[271] 徐陵著，吳兆宜注，程琰刪補：《玉臺新詠》（上冊）卷五，中華書局 1985 年版，第 204 頁。

在唐代，人們就已開始把十色蜀箋當作餽贈親友的禮物，就連主張「色即是空，空即是色」的出家人，也對十色箋的「色」迷戀不已，如僧人齊己就寫過一首〈謝人惠十色花箋並棋子〉詩：

> 陵州棋子浣花箋，深愧攜來自錦川。
> 海蚌琢成星落落，吳綾隱出雁翩翩。
> 留防桂苑題詩客，惜寄桃源敵手仙。
> 捧受不堪思出處，七千餘里劍門前。[272]

友人不遠千里，從成都帶來兩樣精美的禮物相贈，齊己自然異常感動。用海蚌殼磨成的棋子，他想轉贈給隱居世外的高人，而十色箋紙，他就不捨得用了，留待那些科場得意的青年才俊們來題詩用吧！「吳綾隱出雁翩翩」是比喻的說法：吳綾是江蘇吳江所產的著名絲綢，紋樣高貴、色彩絢爛，從唐代開始就是進貢皇室的貢品，齊己把十色箋比作吳綾，從中我們可以想像它有多麼精美！

另一位以製箋著稱的薛濤，是晚唐時期的著名女詩人。她生於長安，長於成都，居住在郊外的浣花溪畔。她有感於蜀箋篇幅稍大，常常寫完一首詩後還留有許多空白，便設計出一種形制更精緻、色彩更清雅的「八行箋」，並用它來和當時的著名詩人元稹、白居易、杜牧、劉禹錫等人通訊、詩歌酬唱。「薛濤箋」也就馳名海內了，令許多文人墨客心嚮往之。晚唐詩人韋莊就有一首〈乞彩箋歌〉：

> 浣花溪上如花客，綠暗紅藏人不識。
> 留得溪頭瑟瑟波，潑成紙上猩猩色。

[272] 毛晉編：《白蓮集》卷七五，臺灣明文書局 1981 年影印版，第 100 頁。

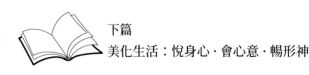
> 手把金刀擘彩雲，有時剪破秋天碧。
>
> 不使紅霓段段飛，一時驅上丹霞壁。
>
> 蜀客才多染不供，卓文醉後開無力。
>
> 孔雀銜來向日飛，翩翩壓折黃金翼。
>
> 我有歌詩一千首，磨礱山岳羅星斗。
>
> 開卷長疑雷電驚，揮毫只怕龍蛇走。
>
> 班班布在時人口，滿袖松花都未有。
>
> 人間無處買於霞，須知得自神仙手。
>
> 也知價重連城璧，一紙萬金猶不惜。
>
> 薛濤昨夜夢中來，殷勤勸向君邊覓。[273]

說薛濤箋貴若拱璧、一紙萬金恐怕有些誇張，但韋莊以一代辭章名家，竟然費盡心思向人討要薛濤箋，足以說明它在當時的風靡程度了。薛濤箋之所以廣為流布，當然首先因其製作精美絕倫，滿足了人們對精緻、清雅的日常生活用品的需求，但從某種程度上說，薛濤本人作為「浣花溪上如花客」，與文人墨客們詩酒唱和的風流韻事，也為薛濤箋平添了許多詩意、浪漫的色彩。

也正因此，它敞開了一個浪漫的審美想像空間，讓居住在蜀地的人能夠借物怡情，給枯燥、平淡的日常生活帶來些許的慰藉。比如李商隱在〈送崔珏往西川〉詩中說：

> 年少因何有旅愁，欲為東下更西遊。
>
> 一條雪浪吼巫峽，千里火雲燒益州。
>
> 卜肆至今多寂寞，酒壚從古擅風流。

---

[273] 韋莊著，聶安福箋註：《韋莊集箋註》，上海古籍出版社 2002 年版，第 348 頁。

　　　　浣花箋紙桃花色，好好題詩詠玉鉤。[274]

　　崔珏也是知名的才子，後來中進士第，進入仕途，清廉正直、擅斷案，被稱為「崔判官」。從李商隱的詩來看，崔珏去西川，似乎有不得已的苦衷，並不情願。於是李商隱便羅列了西川種種雄奇壯麗的自然景色來安慰他。當然，更重要的是那裡還有種種文采風流的歷史文化氛圍，如司馬相如和卓文君的愛情傳奇，以及前面韋莊詩歌中提到的「浣花溪上如花客」的薛濤。「浣花箋紙桃花色，好好題詩詠玉鉤」，一幅小小的彩箋，引得多少才華橫溢的辭章才子心馳神往，又給他們的日常生活帶來多少情感和審美的撫慰！

　　箋紙雖然精美，但畢竟尺幅狹小，只可供賦詩、寫信之用，放置案頭、珍藏於笥內，固然是清雅可愛，但只適合於小情調、小境界的排遣。若想像王羲之那樣揮戈躍馬、縱橫馳騁，箋紙的空間就顯得異常逼仄了。

　　好在古人的才情並不偏執於「小」。在蜀箋風行天下的同時，大尺幅的精製紙張也流行起來，為才氣縱橫、不可局促於方寸之間的大情懷、大境界提供了施展拳腳的空間，這就是宣紙。韓愈〈毛穎傳〉裡說毛穎是宣州人士，宣紙可以算作毛穎的同鄉，並且因此而得名「宣紙」。據說在唐代，許多附庸風雅的人家，經常儲備上百張的宣紙，用蠟浸染，使之透亮，以便於摹寫書畫作品。[275]

　　說宣紙，就不能不說說澄心堂紙。「澄心堂」是五代時期南唐先主李昪在金陵所建造的一棟建築，專門用來宴飲會客。後來，後主李煜在澄心堂中藏書、作書畫、與文人雅士宴飲交遊，他所用的紙張，是專門命人

---

[274] 李商隱著，馮浩箋註：《玉溪生詩集箋註》卷三，上海古籍出版社 1979 年版，第 655 頁。

[275] 張彥遠：《歷代名畫記》卷二，盧輔聖主編：《中國書畫全書》第 1 冊，上海書畫出版社 1993 年版，第 127 頁。

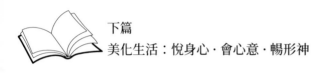
製作、僅供御用的，就被人們稱為「澄心堂紙」。澄心堂紙質地均勻而密實，紋理細緻、表面光潔、透亮輕脆，是紙中絕品。[276] 後人曾說，李煜御用的文房用具李廷圭墨、龍尾石硯和澄心堂紙，是「天下之冠」[277]。

那麼，澄心堂紙好在哪裡，何以冠絕天下呢？

我們看看有幸獲得澄心堂紙的人是怎麼描述它的。北宋寶元三年（西元 1040 年），歐陽脩送給梅堯臣兩張澄心堂紙，梅氏不勝欣喜，專門寫了一首〈永叔寄澄心堂紙二幅〉來記錄此事：

> 昨朝人自東郡來，古紙兩軸緘縢開。
>
> 滑如春冰密如繭，把玩驚喜心徘徊。
>
> 蜀箋脆不禁久，剡楮薄慢還可咍。
>
> 書言寄去當寶惜，慎勿亂與人翦裁。
>
> 江南李氏有國日，百金不許市一枚。
>
> 澄心堂中唯此物，靜幾鋪寫無塵埃。
>
> 當時國破何所有，帑藏空竭生莓苔。
>
> 但存圖書及此紙，輦大都府非珍瑰。
>
> 於今已逾六十載，棄置大屋牆角堆。
>
> 幅狹不堪作詔命，聊備粗使供鸞臺。
>
> 鸞臺天官或好事，持歸祕惜何嫌猜。
>
> 君今轉遺重增愧，無君筆札無君才。
>
> 心煩收拾乏匱櫝，日畏扯裂防嬰孩。
>
> 不忍揮毫徒有思，依依還起子山哀。[278]

---

[276] 費著：《箋紙譜》，《叢書整合》本，商務印書館 1939 年版，第 2 頁。

[277] 王闢之：《澠水燕談錄》，中華書局 1981 年版，第 97 頁。

[278] 朱東潤：《梅堯臣集編年校注》卷十，上海古籍出版社 1980 年版，第 156 頁。

　　這是說南唐國破後，李煜的藏書和澄心堂紙都被趙宋皇室據為己有，棄置在庫房中六十多年無人問津。遙想當年李後主在位時，澄心堂紙乃御用珍品，千金難買，而今卻被用來做公文稿紙，真是蒼黃翻覆，不勝晞嘘！梅堯臣是在感嘆時人暴殄天物，還是在傷悼南唐的風流韻事？或許是兼而有之。「滑如春冰密如繭」一句，凝練傳神，把澄心堂紙光潔、厚實、晶瑩透亮的特性傳達出來。有幸獲贈兩張，實屬不易，所以他乾脆珍藏起來。

　　六年後，也就是慶曆六年（西元 1046 年），又有人送給他百張澄心堂紙。這次他又寫了一首詩，除了反覆陳述澄心堂紙所寄託的歷史興亡外，還詳細地介紹了它的製作工藝：

> 寒溪浸楮春夜月，敲冰舉簾勻割脂。
>
> 焙乾堅滑若鋪玉，一幅百錢曾不疑。
>
> 江南老人有在者，為予嘗說江南時。
>
> 李主用以藏祕府，外人取次不得窺。
>
> 城破猶存數千幅，致入本朝誰謂奇。
>
> 漫堆閒屋任塵土，七十年來人不知。
>
> 而今製作已輕薄，比於古紙誠堪嗤。
>
> 古紙精光肉理厚，邇歲好事亦稍推。
>
> 五六年前吾永叔，贈予兩軸令寶之。
>
> 是時頗敘此本末，遂號澄心堂紙詩。
>
> 我不善書心每愧，君又何此百幅遺。
>
> 重增吾報不敢拒，且置縑箱何所為。[279]

---

[279]　梅堯臣：《答宋學士次道寄澄心堂紙百幅》，朱東潤：《梅堯臣集編年校注》卷一六，上海古籍出版社 1980 年版，第 335 頁。

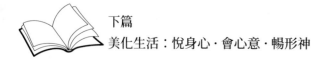

原來，澄心堂紙是在冬季製成。造紙工匠們將浸泡在寒冷的溪水中的楮皮撈出後，頂著月光舂搗紙漿，然後在凜冽清澈的溪水中沖刷、撈紙、烘乾。這樣，製出的紙堅若金石、瑩然如玉，肌理細密、精光透亮。儘管得到百餘張，梅堯臣依然不捨得用它寫字，一是因為自認書法不精，二是因為古法失傳，這種冠絕古今的紙，用一張便少一張了！

紙至蜀箋與澄心堂紙，終於聲色大開，分別在小而精雅、大而滄桑的路徑中開創出文人筆墨生涯的新氣象與新境界。如果說蜀箋更多寄託了個人化的繾綣纏綿的閒情與閒愁，那澄心堂紙則更多對映出中國文人的家國情懷、歷史關切。然而，不管是小情調，還是大境界，也都只是因為有了紙這樣一種愈加精緻的媒介，才淋漓盡致地顯現出來。

▶中國情韻：「文房四士獨相依」

筆、硯、紙、墨的歷史，就是它們在保持日常實用功能的同時不斷藝術化、審美化的歷史，也是中國文人的筆墨生涯不斷藝術化、審美化的歷史。這一歷史，濫觴於漢魏時代，到南朝而初具規模，至唐宋而終於境界大開、聲色並陳。由此也形成了獨具中國色彩的文房之美。

文房之美，並不是要褪去文房用具的實用功能，將筆、硯、紙、墨，以及其他的書寫用具轉化成與實用和日常生活毫不相干的藝術品，而是不斷將其藝術化、審美化，力求為實用的過程不斷注入藝術和審美的因素，使得日常生活平添諸多的樂趣和審美體驗。所謂「磨潤色先生之腹，濡藏鋒都尉之頭，引書煤而黯黯，入文畝而休休」[280]，就構成了傳統中國讀書人最穩定、基本的日常生活 ——「潤色先生」是硯，「藏鋒都尉」是

---

[280] 薛濤：〈四友贊〉，張蓬舟箋：《薛濤詩箋》，人民文學出版社 1983 年版，第 7 頁。

筆,「書煤」是墨,「文畞」是紙。

他們與這幾種文房器具朝夕相處,自然也就將其視作莫逆的朋友了。南宋紹熙三年(西元 1192 年),陸游被罷官閒居已有三年之久。門前冷落,罕有客至,多年的宦海浮沉令他對人情世故看得更加透澈,因而也多有遊戲筆墨的詩歌創作出來。其中有一首的題目就叫做「閒居無客,所與度日筆硯紙墨而已,戲作長句」,詩中這樣寫道:

> 水復山重客到稀,文房四士獨相依。
>
> 黃金哪得與齊價,白首自應同告歸。
>
> 韞玉面凹觀墨聚,浣花理膩覺豪飛。
>
> 興闌卻欲燒香睡,閒聽松聲畫掩扉。[281]

本來,陸游是一個有志於廓清天下、致君堯舜上的積極用世之人,

然而現實的政治和社會情形卻並未給他提供足夠展露才能的空間。無奈之下,他只能退居山野,在「清閒無事」的狀態中聊以度日。在這種情形下,如果沒有「文房四士」,也就是筆、硯、紙、墨的陪伴,供他差遣,那他胸中的積鬱又如何排遣?

或許正出於此,在陸游眼中,黃金是難與文房用具相提並論的。詩中所說的「韞玉」是魯硯的別稱,「浣花」則是蜀箋,都是他平日裡「矮紙斜行閒作草」,打發時日不可或缺的用具。「文房四士獨相依」,也就成了中國文人日常生活狀態最純粹,卻也最精緻、優雅的生活概括。

宋元以後,隨著商業、城市經濟的繁榮和商人、市民階層的崛起,整個社會對於文化、精神和審美生活的需求愈加強烈,「文房四士」也進入了尋常百姓家。儘管其中不乏附庸風雅的商人和地主,只是拿它們來裝點

---

[281] 錢仲聯:《劍南詩稿校注》卷二六,上海古籍出版社 1985 年版,第 1860 頁。

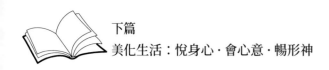
門庭、支撐臉面。但客觀地說，筆、紙、墨、硯的普及，對於整個社會的文化、藝術和審美素養的提升都產生了巨大推動作用，商人和市民階層的日常生活，也因為有了它們的點綴，注入了文化和藝術的氣息。

　　這些炫人耳目、數不勝數的文房用具，有的至今仍活躍在收藏家和文人雅士的案頭、掌上。它們能給當代人的生活增添怎樣的美感和藝術氣息，依賴於我們自身的品鑑力和欣賞力……

第六章
從「琴棋書石」到「賞玩之美」

莫將戲事擾真情，且可隨緣道我贏。

—— 王安石〈棋〉

平生玩物遊戲爾，把酒孰知情所寄。

—— 陳造〈次韻梁廣文重午弔古〉

堪嘆琴棋書畫，虛中悅目怡情。內將靈物愈相輕。
怎了從來性命。

—— 王哲〈西江月・四物〉

▶說「長物」：閒情何處寄？

南朝劉義慶的《世說新語・德行篇》記載過這樣一則故事：

王恭從會稽（今浙江紹興）回來，本家叔父王忱去看望他，見到他坐著一領六尺竹蓆，就說：「你從東邊回來時，應該帶了許多這東西，能不能給我一領？」王恭聽後默不作聲，等王忱走後，就讓人把自己的竹蓆送給他了，自己則換成了草墊子。王忱聽說此事後，非常慚愧。王恭說：

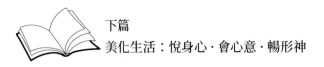
丈人不悉恭，恭作人無長物。[282]

所謂「長物」，就是贅餘無用之物。從此之後，「身無長物」就成了用來描述貧窮、簡樸生活的成語。對於那些有能力和機會來獲取錦衣美食的人來說，「身無長物」又往往用來描述他們廉潔、高尚的品行和節操。

而那些希冀長物、迷戀長物，為獲取長物殫精竭慮、不擇手段的人，則被看成品行和節操有缺陷、瑕疵，有累於人生境界的提升。這樣的典故，在《世說新語・雅量篇》裡也有記載：祖約嗜財、阮孚好鞋。有人去拜訪祖約時，撞見他數錢，一見客人，神色驚慌，把來不及藏起來的兩小箱子財物挪到身後，「傾身障之，意未能平」；而另外一人去拜訪喜歡收藏鞋子的阮孚時，看見他正忙著給鞋子上蠟，就感嘆說：

未知一生當著幾量屐！[283]

也就是說，你挖空心思蒐集那麼多鞋子，又費心費力愛惜保養，可是你這一輩子，能穿得了幾雙鞋呢？聽到這樣的挖苦和責難，一般人本會火冒三丈起來理論，而阮孚卻毫不介懷，照舊「神色閒暢」地忙活著。因此，《世說新語》說他比視財如命、驚慌失措的祖約有「雅量」。然而，「雅量」畢竟只是「雅量」，只能說明阮孚待人接物有氣度、不斤斤計較，他愛鞋與祖約愛財一樣，被劉義慶看成「同是一累」。

這「累」，就是負累、妨礙，是人超凡脫俗、歸全反真道路上的障礙。儒家經典《尚書・大禹謨》中有一句話說：

人心唯危，道心唯微；唯精唯一，允執厥中。[284]

[282] 徐震堮：《世說新語校箋》上冊，中華書局 2004 年版，第 24 頁。
[283] 徐震堮：《世說新語校箋》上冊，中華書局 2004 年版，第 199 － 200 頁。
[284] 阮元：《十三經註疏》上冊，上海古籍出版社 2007 年影印版，第 136 頁。

根據後人的解釋，人生來就稟賦「天地之性」和「氣質之性」。天地之性就是純然向善、不摻雜任何私慾的「道心」，因為它太純粹、太抽象，所以很難為人所發現；氣質之性卻是食色之欲，催逼著人不斷向外界攫取以滿足私欲，因此比較危險。只有竭力克制嗜好和欲望，全神貫注於追求道心，才不至於被氣質之性矇蔽，才有可能達到聖人的境界 [285]。這四句簡短的話，被後來的儒家奉為不可違背的「十六字心傳」，給長物做了負面的評價 —— 物欲情累。

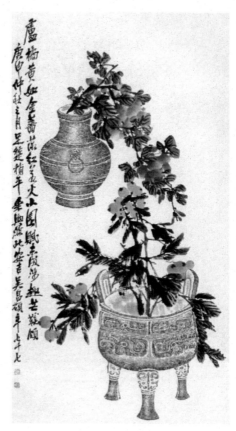

吳昌碩〈清供圖〉 近現代
現藏於故宮博物院

---

[285] 馮友蘭：《中國哲學史》（下），三聯書店 2009 年版，第 337 — 341 頁。

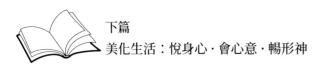
可是，千載而下，真正能擺脫物欲情累的又有幾人？且不說那些打著「存天理，滅人欲」的旗號，人前道貌岸然、人後沉湎酒色，縱情放欲的「假道學」之士，就是那些被載入中華文明史冊的典範人物，又何嘗真正超越了凡俗世界、日常生活？屈原偏嗜華美的衣服，「制芰荷以為衣兮，集芙蓉以為裳」；陶淵明好菊與酒；李白更是嗜酒如命，「會須一飲三百杯」，「天子呼來不上船」；杜甫喜食酒肉，「酒債尋常行處有」，甚至死於過量飲酒吃肉[286]；歐陽脩好奇石；蘇軾有「墨癖」……到了明清時期，嗜酒、嗜茶、嗜花木、嗜禽魚、嗜書畫、嗜古董、嗜美食、嗜山水、嗜蹴鞠、嗜博弈、嗜美人、嗜戲劇等，這些摻雜了氣質之性的長物，充斥著文人士大夫的生活空間，似乎離開了長物，人就百無聊賴、生存難以維繫。

明清之際的散文家張岱寫過一篇〈自為墓誌銘〉。在這篇構思奇崛的文章裡，他回顧自己的一生，竟翻檢出一連串莫可名狀的情欲物累：

> 蜀人張岱，陶庵其號也。少為紈褲子弟，極愛繁華，好精舍，好美婢，好孌童，好鮮衣，好美食，好駿馬，好華燈，好煙火，好梨園，好鼓吹，好古董，好花鳥，兼以茶淫橘虐，書蠹詩魔。勞碌半生，皆成夢幻。年至五十，國破家亡，避跡山居，所存者破床碎几、折鼎病琴，與殘書數帙、缺硯一方而已。布衣蔬食，常至斷炊。回首二十年前，真如隔世。[287]

張岱「勞碌半生，皆成夢幻」的痛苦、虛妄、荒誕，源於明清易代的大動盪使他從一個養尊處優的世家子弟，淪落為山野村夫。個人的生活一落千丈，社會歌舞昇平的繁華景象一去不返，這樣天翻地覆的變化怎能不

---

[286] 郭沫若：《李白與杜甫》，人民文學出版社 1972 年版，第 316 — 317 頁。
[287] 張岱著，雲告點校：《瑯嬛文集》，嶽麓書社 1985 年版，第 199 頁。

令人有恍如隔世之感！然而，細心閱讀這段文字便能發現，即便破衣蔽體、饔飧不繼了，張岱還是要隨身攜帶一些看似無用的折鼎病琴、殘書缺硯。他的文學成就，就表現在這些鋪敘、描摹長物的文字中。更進一步說，如果沒有「極愛繁華」的生活經歷，他的文學聲望、歷史地位也真就「皆成夢幻」、無往不復了！

如此說來，是長物，是情欲物累，成就了張岱！這實在是有些不可理喻：長物累人，所以我們要時刻謹記「人心唯危」、「玩物喪志」的訓誡；長物又助人，使人名垂史冊，所以我們記住了那些蓄聲伎、嗜茶酒、好歌舞、癖山水、愛美食、造園林、賞長物、寫閒書的風雅名士。

究竟該如何看待長物？或許，這個問題應該換個提法：究竟應該怎麼看待人本身的情與欲？是要做一個棄絕了七情六欲、趣味寡淡的聖徒，還是要做一個放蕩不羈、縱情適性的浮浪子弟？

這當然是一個沒有標準答案、因人而異的話題。摒棄情欲、缺少趣味和嗜好，不一定能夠超凡入聖；親近凡俗、放縱欲望也不能保證成為風雅名士。問題的關鍵在於我們應該思考如何應對生活和人生的閒暇，如何排遣揮之不去的「閒情」。

這就是要為「閒情」尋求一個寄託。管道正確、方式得體，就不會產生消極的後果。如果百無聊賴、肆意妄為，就有十二分的危險，不僅有損自身，還會禍及他人。古人早就對此洞若觀火，因此對「閒」特別防範。如《周易》說：「閒邪存其誠」，「閒邪」就是「防閒邪」的意思，亦即防範因閒而入邪、作惡。因此，「閒邪存誠」就成了中國文化傳統針對人的閒暇時光專門訂立的教條，前面所說的「人心唯危」，從某種程度上也由此而來。而我們日常生活中常用的一些成語、習語，也往往對「閒」有高度的警惕和嚴厲的批評，諸如「閒是閒非」、「遊手好閒」、「蕩檢逾閒」

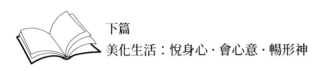

等。「防閒」最好的方式，自然是「存其誠」，保持對道德崇高境界的誠
摯和專注，在日常生活中不斷修德成善。具體的途徑，就是一面讀聖賢之
言，虛心向善，一面檢點自我，克制欲望。

陶淵明曾在一首詩中說：

閒居三十載，遂與塵事冥。詩書敦宿好，林園無世情。如何捨此去，
遙遙至南荊。[288]

我們都知道陶淵明「少無適俗韻」，不肯為五斗米折腰。但他在閒居
無事的時候，也孜孜不倦地讀《詩經》和《尚書》。這說明儒家經典在古
人心目中不僅是科舉考試的敲門磚，更是修身養性的最重要途徑。《晉書》
裡還曾記載過一個故事：王濟懂得相馬，又非常喜歡馬，何嶠愛財，聚斂
無度。對此，杜預曾概括道：「濟有馬癖，嶠有錢癖。」晉武帝聽說這句
話後，問杜預：「卿有何癖？」杜預回答說：「臣有《左傳》癖。」[289] 白居
易也在〈山中獨吟〉中說：

人各有一癖，我癖在章句。萬緣皆已消，此病獨未去。[290]

白樂天所說的「章句」，是指儒家經典著作的註解。山居無事，讀章
句而成癖成病，由此可見儒家經典的影響對古人來說，已經深入骨髓。

然而，並不是所有的人都能把「閒情」寄託在讀經典上面。經典也不
能完全滿足人的情感、欲望和意志的需要。而「閒情」，恰恰是人從社會
實踐中解脫出來之後的閒暇中，所萌生的情感落寞和心靈空虛，恰恰是感

---

[288] 陶淵明：〈辛丑歲七月赴假還江陵夜行塗口〉，逯欽立校注：《陶淵明集》，中華書局 2008 年版，第 74 頁。
[289]《晉書》第 4 冊卷三四，中華書局 1974 年版，第 1032 頁。
[290] 白居易著，朱金城箋校：《白居易集箋校》卷七第 1 冊，上海古籍出版社 1988 年版，第 407 頁。

性的、審美的需要。也唯有能夠滿足這些需求的長物，才能夠助人排遣閒情，獲得感性的愉悅和審美的快樂。只有在這種滿足中，人才能從生命意志的感性釋放獲得積極的快感，進而體驗自由的生命境界。這樣，我們實在不能輕視長物、壓抑長物、抵制長物了。

那麼，長物有哪些？中國人又是如何借長物消閒的？

王問 〈煮茶圖〉 明代 現藏於臺北故宮博物院

▶閒賞：琴棋書石的價值

長物是贅餘無用之物。贅餘無用，是指和人的現實生活欲望了不相干，不能滿足人的吃飯、穿衣等直接生存欲望和名利、財勢等社會欲求。但是，它們卻能從形、色、香、味、聲等感官形式層面滿足人的趣味需求，使人獲得對於世界的完整的、富有情趣的體驗。

張岱曾經做過一個極為恰當、形象的比喻：

世間有絕無益於世界、絕無益於人身，而卒為世界、人身所斷不可少者，在天為月，在人為眉，在飛植則為草本花卉，為燕鸝蜂蝶之屬。若月

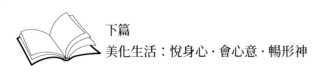
之無關於天之生殺之數，眉之無關於人之視聽之官，草花燕蝶之無關於人之衣食之類，其無益於世界、人身也明甚。而試思有花朝而無月夕，有美目而無燦眉，有蠶桑而無花鳥，猶之乎不成其為世界，不成其為面龐也。[291]

月亮無關乎四時更迭、萬物生養；沒有了眉毛，人也一樣能看清世界萬物；花鳥就更是飢不可食、寒不可衣了。然而沒了月，也就沒有了花前月下的浪漫體驗；沒了眉，也就沒有了眉清目秀的俊俏面龐；沒了花鳥，自然也就沒了「感時花濺淚，恨別鳥驚心」的清詞麗句……沈春澤在給文震亨的《長物誌》寫的序文中，說得更為清楚：

夫標榜林壑，品題酒茗，收藏位置圖史、杯鐺之屬，於世為閒事，於身為長物，而品人者，於此觀韻焉，才與情焉，何也？挹古今清華美妙之氣於耳目之前，供我呼吸，羅天地瑣雜碎細之物於几席之上，聽我指揮，挾日用寒不可衣、飢不可食之器，尊踰拱璧，享輕千金，以寄我之慷慨不平，非有真韻、真才與真情以勝之，其調弗同也。[292]

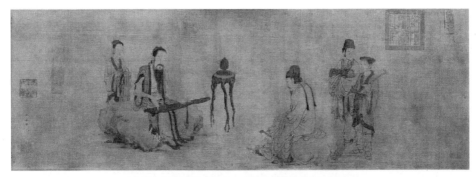

王振鵬〈伯牙鼓琴圖〉元代 現藏於故宮博物院

---

[291] 張岱著，雲告點校：〈祭秦一生文〉，《瑯嬛文集》，嶽麓書社 1985 年版，第 265 頁。
[292] 文震亨著，陳植校注，楊超伯校訂：《長物誌校注》，江蘇科學技術出版社 1984 年版，第 10 頁。

「林壑」、「酒茗」、「圖史」和「杯鐺」，是指園林、茶酒、圖書、字畫和古董器物等，它們對人的生存來說，自然是沒有切身的價值的，但是為何許多人會對此情有獨鍾，不惜一擲千金？這就要特別注意沈春澤在這些長物之前所用的那些「動詞」了 ——「標榜」、「品題」、「收藏」、「位置」。「標榜」和「品題」是指揭示園林、茶酒的美妙，並加以品評；「位置」就是設計和擺放。這些動詞所揭示和強調的是人與長物的互動。長物本身是沒有多少價值的，但如果人的才學、情致和品味參與進去，長物所蘊含的「古今清華美妙之氣」才會一覽無餘，人的才學、情致和品味也會隨之彰顯。

人與物的互動，也就是才學、情致和品味的參與，才是「閒事」與「長物」的靈魂所在。這就是「閒賞」，因「閒」而「賞」，因「賞」而「適」，從而消遣了閒情，體會到生活和人生的樂趣。

中國古代的養生家們尤其注重閒賞，把閒賞看成是超脫世俗苦悶的絕佳途徑，比如宋代趙希鵠在《洞天清祿集》中說：

> 人生一世間，如白駒過隙，而風雨憂愁，輒居三分之二，其間得閒者才一分耳。況知之而能享用者，又百之一二。於百一之中，又多以聲色為受用，殊不知吾輩自有樂地，悅目初不在色，盈耳殊不在聲。[293]

「悅目初不在色，盈耳初不在聲」中的聲與色，特指女色、聲伎等喚起人的肉欲感官刺激。既然這些都不能算作賞心悅目之物，那究竟什麼才能給人帶來真正的快樂呢？這就是那些遠離了肉體欲望和世俗名利的真正的「長物」 —— 書畫、琴棋、古董和奇石等。這些東西固然是物以稀為貴，但真正懂得欣賞、體驗它們的人，購置和收藏它們，並不是為了囤積

---

[293] 趙希鵠：《洞天清祿集》，《叢書整合》本，商務印書館 1939 年版，第 1 頁。

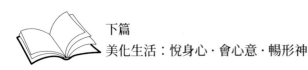

居奇以獲重利，而是在閒暇的時候，在窗明几淨的靜室雅居內，把它們擺放出來，與三兩知心好友一同欣賞和品評。觀書畫，在欣賞古人書法、畫藝之美的同時，感受蘊含其中的淋漓元氣；賞古董，穿透鐘、鼎、尊、爵表面斑駁的銅綠，想像古代的歷史興亡；玩奇石名硯，體會天工開物、鬼斧神工的奇崛或人力雕琢卻渾然天成、巧奪天工的妙處；撫古琴，手揮五弦、目送歸鴻，沉醉在悠揚、素樸、淡雅的琴聲中，忘卻一切世俗的煩惱……如此，琴、棋、書、石，就在庸常、世俗、繁雜的日常生活世界裡開疆拓土，開闢出一方純粹的情感、精神享受的審美空間。難道世間還有比這更有價值的享受嗎？

古人閒賞的對象涵蓋古今、包羅永珍。比如影響巨大的生活美學著作《遵生八箋》的作者高濂，就說自己在有閒的時候，除了賞玩古董外，還常常焚香鼓琴、栽花種竹。[294] 另一個著名文人馮夢禎則更詳細地羅列出「十三事」：

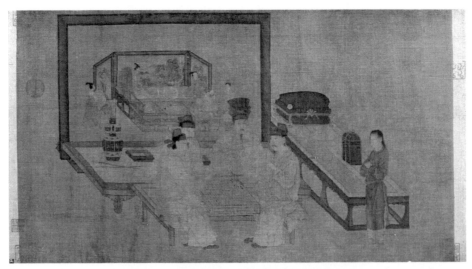

周文矩〈重屏會棋圖〉 五代 現藏於故宮博物院

---

[294] 高濂著，王大淳點校：《遵生八箋》，巴蜀書社 1992 年版，第 500 頁。

　　隨意散帙，焚香，瀹茗品泉，鳴琴，揮塵習靜，臨摹法書，觀圖畫，弄筆墨，看池中魚戲，或聽鳥聲，觀卉木，識奇字，玩文石。[295]

　　在這「十三事」裡，馮夢禎並未刻意區分哪些為古，哪些為今，哪些屬人工，哪些是自然，而是一視同仁，只要涵泳了「古今清華美妙之氣」，就一概拿來，為我所玩、為我所賞。欣賞的過程，並不是與外物、對象截然對立，而是突出和強化了人自身的參與。對待書，要「散帙」，隨心所欲地閱讀；香須親手焚；茶要親手泡；泉水要細細品味；拂塵要揮動；書畫要觀摩臨寫；奇石要把玩摩挲⋯⋯此種氣度、胸襟和眼力、情趣，是把天地自然萬物都看成審美欣賞的對象，也是把自己投入到天地自然萬物的懷抱中，在人與物、內與外的渾然交融中體驗真正的「天人合一」的境界。

　　說到「天人合一」，可能有些玄虛。讓我們看看白居易是如何體會「天人合一」之境的。元和十一年（西元 816 年）秋天，白居易遊覽廬山勝景，流連忘返，便在那裡建造了一座草堂。草堂的規模很小，用料未經精雕細琢，其中的布置和陳設也異常簡單：

　　堂中設木榻四，素屏二，漆琴一張，儒、道、佛書各三兩卷。樂天既來為主，仰觀山，俯聽泉，旁睨竹樹雲石，自辰至酉，應接不暇。俄而物誘氣隨，外適內和。一宿體寧，再宿心恬，三宿後頹然嗒然，不知其然而然。[296]

　　木榻是可供坐臥的小矮床，素屏是未經圖繪雕琢的屏風，漆琴也並非名貴的古董，而是當時流行的一種用桐木漆製而成的琴，至於儒、道、佛

---

[295] 馮夢禎：〈真實齋常課記〉，《快雪堂集》卷四五，《四庫全書存目叢書》集部第 164 冊，齊魯書社 1997 年影印版，第 648 頁。

[296] 白居易：〈草堂記〉，朱金城箋校：《白居易集箋校》第 4 冊卷四三，上海古籍出版社 1988 年版，第 2736 頁。

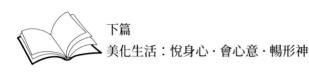

書，想必也是常見的吧！然而，就是這樣簡陋的居室、常見的陳設和並不古舊名貴的琴與書，卻給白居易帶來了審美的沉醉！這些人造物，被放置到了合適的自然空間中，從而營造出了一種人工與自然極為和諧的生活空間。

白居易在草堂中仰可觀遠山翠微，俯可聽澗底鳴泉，外有茂密的竹木花卉、造型奇絕的怪石，內有屏與榻、琴與書；屏可障避風日，榻則可坐可臥，琴可興起而撫，書可意動而覽……這是一種綜合了自然風物和人文氣息，並且強化到極致的閒適、舒暢的生活和審美空間，自然的律動和人文的氣息撲面而來，令人應接不暇，人也自然就融合、沉醉在這空間裡。「物誘氣隨」說的是自然（也就是「天」）對人的吸引，以及人對自然的順隨。可以說，這是人的生活空間的自然化，也是自然空間的人化，這就是「天人合一」的境界。

不過，「人心唯危，道心唯微」，「天人合一」的生活境界雖然美妙，但在天與人、道心與人心之間，畢竟橫亘著深不見底的鴻溝，人心稍有不慎，閒情與閒賞稍涉現實欲望，人與天、人心與道心就會背道而馳，陷入萬劫不復的深淵。對此，那些鍾情於琴、棋、書、石的人感受尤其真切。比如，明代傾動士林、名滿天下的陳眉公（名繼儒）就說過：

> 予寡嗜，顧性獨嗜法書名畫，及三代秦漢彝器瑗璧之屬，以為極樂國在是。然得之於目而貯之心，每或廢寢食不去思，則又翻成清淨苦海矣！[297]

本來，收藏和鑑賞古董書畫是為了消磨時光，尋求清淨和快樂，在世俗生活世界建立一個「極樂國」，但是「嗜古者見古人書畫，如見家譜，

---

[297] 陳繼儒著，印曉峰點校：《妮古錄・序》，華東師範大學出版社 2011 年版，第 1 頁。

豈容更落他人手」[298]？這可真就成了情欲物累，就像我們在「文房之美」章裡說過的那樣，李常嗜墨如命，拜訪相知好友往往例行抄家；蘇軾搶奪黃庭堅的古墨，還傷了二人的和氣。對他人而言，不勝其煩；對自己而言，更常陷入求之不得、寢食難安的苦惱，可謂得了清淨，卻墮入苦海，這就是我們在後面將要討論的「嗜癖」。「清淨苦海」一語說得真是貼切！

那麼，如何才能既得清淨，又不至於墮入苦海呢？

▶「養眼」與「養心」：賞玩的層次與境界

陳眉公的「清淨苦海」之嘆，說明單靠「淨几明窗，一軸畫，一囊琴，一隻鶴，一甌茶，一爐香，一部法帖；小園幽徑，幾叢花，幾群鳥，幾區亭，幾拳石，幾池水，幾片閒雲」[299]這些長物，或許能夠填補心靈的空虛落寞，排遣了閒情閒愁，卻不一定能保證從現實欲望中解脫出來，獲得了無罣礙和羈絆的生命自由。這樣說來，琴、棋、書、石未免也淪落為妨害人心的俗物了！

好在古人對此已經有了深刻的體認，並在日常生活和賞玩活動過程中不斷反省、思索，探索出了超越困境的方法和智慧，那就是與琴、棋、書、石保持一定的現實距離，克制內心從實際上占有它們的欲念和衝動，以純然審美的、超脫世俗功利的眼光來賞玩其形式美感。這就是我們通常所說的「養眼」與「養心」。

「養眼」是指透過賞玩獲得視、聽、味、嗅、觸等感性層面的愉悅和放鬆，這是賞玩之美的發軔之始。宋代詩人蘇舜欽（字子美）說：「人生

---

[298] 陳繼儒著，印曉峰點校：《妮古錄・序》，華東師範大學出版社 2011 年版，第 74 頁。
[299] 陳繼儒著，羅立剛校注：《小窗幽記（外二種）》，上海古籍出版社 2010 年版，第 74 頁。

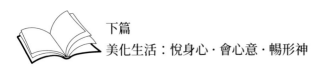

內有自得，外有所適，亦樂矣！何必高位厚祿，役人以自奉養，然後為樂？」[300]「自得」是指內在的舒暢、滿足，「所適」則是能夠提供這種滿足、舒適的外部條件和環境。這種「內有自得，外有所適」的快樂，首先展現在感性的愉悅和滿足上。說這話時，蘇舜欽正處在人生最為晦暗的階段：他因為支持范仲淹的新政，被政敵構陷，削職為民，流寓蘇州；長姐死於京城，不能親赴弔唁，只能在數千里外暗自傷神。好友韓維（字持國）寫信責備他遠離故土、隔絕親友。他在回信中說：

> 此雖與兄弟親戚相遠，而伏臘稍充足，居室稍寬，又無終日應接奔走之苦，耳目清曠，不設機關以待人，心安閒而體舒放；三商而眠，高春而起，靜院明窗之下，羅列圖史琴尊，以自愉悅；逾月不跡公門，有興則泛小舟出盤闔二門，吟嘯覽古於江山之間。渚茶野釀，足以消憂；蒪鱸稻蟹，足以適口。又多高僧隱君子，佛廟勝絕；家有園林，珍花奇石，曲池高臺，魚鳥留連，不覺日暮。[301]

也就是說，自己流寓蘇州，雖然與親友故舊相隔千里，但衣食和居住條件都還不錯，又省去了奔走人事的疲憊。最令人流連忘返的是蘇州安閒舒適的生活狀態。耳目清淨，心胸曠達，不用機關算盡去應付官場是非，日常起居隨心所欲；閒暇無聊的時候，就把玩欣賞圖史琴尊、珍花奇石，或盪舟出遊，品茶飲酒……所謂「耳目清曠」、「心安閒而體舒放」，就是這種賞玩之美所帶來的感性愉悅和滿足吧！

為了「養眼」，文人雅士常常修築園林、亭臺，藉此來抵禦外部世

---

[300] 蘇舜欽著，沈文倬校點：〈答韓持國書〉，《蘇舜欽集》卷十，上海古籍出版社 1981 年版，第 110 頁。

[301] 蘇舜欽著，沈文倬校點：〈答韓持國書〉，《蘇舜欽集》卷十，上海古籍出版社 1981 年版，第 110 頁。

界、人事紛擾的侵蝕。蘇舜欽在蘇州營造的滄浪亭，至今仍在，留待後人追憶他的閒適與曠達。而白居易也曾建造過多處園林、別墅，修葺完工後，常常得意揚揚地說：「設如宅門外，有事吾不知！」[302] 門外是熙熙攘攘、功名利祿；門內是閒情逸致、自得自適。這份閒適自得的生活空間，自然也並非一道門檻就能劃定的，而是由琴、棋、書、石環繞點綴起來的。元代文人陳謨曾築有「一蓬春雨軒」，在〈一蓬春雨軒序〉中說：

先生營是軒，雜蒔花卉，左右圖書，風晨月夕，茶煙香篆，奇古之玩好，絕俗之名流，日相與嬉娛其間。[303]

前面提到的陳眉公雖然為嗜古癖所困惑，常有「清淨苦海」之嘆，但他似乎也只是說說而已，並無觸及靈魂的深刻反思，反倒常常炫耀他的「閒人閒事」：

清閒之人不可惰其四肢，又須以閒人做閒事：臨古人帖，溫昔年書，拂幾微塵，洗硯宿墨；灌園中花，掃林中葉。覺體稍倦，放身匡床上，暫息半晌可也。[304]

這些「閒事」，全都無關乎飢寒、功利，而只是為了活潑身體的感覺，或觀、或聽、或嗅、或味、或觸，動靜隨心，坐臥任意，實在是把身體和感官當作美的訊號接收器，藉著五官和身體充分體驗世界的美感。金聖歎評點《西廂記》時，寫過一篇冠絕古今的奇文，細數人生的三十三則「不亦快哉」，其中一則說：

---

[302] 白居易：〈春葺新居〉，朱金城箋校：《白居易集箋校》第 1 冊卷八，上海古籍出版社 1988 年版，第 460 頁。
[303] 李修生主編：《全元文》第 47 冊卷一四四六，鳳凰出版社 2004 年版，第 134 頁。
[304] 陳繼儒著，羅立剛校注：《小窗幽記》，上海古籍出版社 2010 年版，第 73 頁。

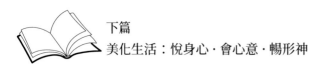
春夜與諸豪士快飲，至半醉，住本難住，進則難進。旁一解意童子，忽送大紙炮可十餘枚，便自起身出席，取火放之。硫磺之香，自鼻入腦，通身怡然，不亦快哉！[305]

就像是林語堂在《生活的藝術》裡面所說的，我們的精神和感官是複雜地糾結在一起的，「精神的歡樂」也只有透過「身體上的感覺」才能夠成為真正的歡樂！[306] 金聖歎對硫磺之香「自鼻入腦」，進而「通身怡然」之感受描繪，讓我們真切地體驗到了「身體上的感覺」引發的「精神上的歡樂」。

「精神上的歡樂」，就是「心」的歡樂。從身體到精神，也就是從「養眼」到「養心」，這是賞玩之美的較高層次。賞玩之美之所以能夠保持與世俗慾念的距離，也全然在於古人在賞玩活動中保持著一種「養心」的自覺，有意識地將琴、棋、書、石之美形式化、抽象化和精神化。這種形式化、抽象化和精神化的結果，就是在具體賞玩對象的物質形式之上，開闢出一種超越了古今、遠近、人我界限的藝術生活境界。

我們都熟知「高山流水」的典故。《呂氏春秋‧本味》中記載，伯牙擅鼓琴，鍾子期則精於鑑賞音樂。伯牙用琴聲渲染泰山的雄壯時，子期聽後就讚嘆道：「善哉乎鼓琴，巍巍乎若太（泰）山！」片刻之後，伯牙又用琴聲表現流水的浩瀚，子期又讚賞說：「善哉乎鼓琴，湯湯乎若流水！」[307] 子期之所以精鑑如此，成為伯牙的「知音」，一方面固然因為他天賦中對音樂的敏感，另一方面更在於古人在琴藝，也就是鼓琴的技術層面之上，形成了一種有關情感表現、形象塑造和意境營造的共識，這就是「琴

[305] 艾舒仁編，冉苒校點：《金聖歎文集》，巴蜀書社 1997 年版，第 387 頁。
[306] 林語堂著，越裔譯：《生活的藝術》，群言出版社 2009 年版，第 94 頁。
[307] 許維遹撰，梁運華整理：《呂氏春秋集釋》卷一四，中華書局 2009 年版，第 312 頁。

德」。「高山流水」的琴音，就是「琴德」的具體呈現，伯牙和子期都具有高尚的「琴德」，故而心意相通，成為「知音」。

那麼，什麼是「琴德」呢？唐代著名的道士司馬承禎在〈素琴傳〉中說：

> 孔子窮於陳、蔡之間，七日不火食，而弦歌不輟；原憲居環堵之室，蓬戶甕牖，褐塞匡坐而弦歌。此君子以琴德而安命也。許由高尚讓王，彈琴箕山；榮啟期鹿裘帶索，攜琴而歌。此隱士以琴德而興逸也……是知琴之為器，德在其中矣。[308]

孔子厄陳蔡、原憲居陋巷，是儒家傳統聖賢之安貧樂道、不以窮通顯達為意的理想人格的象徵；而許由、榮啟期則代表了道家不慕榮利、自然無為的人格理想。在古人看來，儒家的聖人、道家的至人理想，都是借「弦歌」也就是鼓琴而展現出來的。因此，他們也就認為，或急或徐、或高亢或低沉、或悠揚或短促的琴聲中，實際上次蕩著鼓琴者的人格和道德境界。人格和道德境界越純粹、高尚，琴德也就越超邁，就像《史記》裡面所記載的那樣，「舜彈五弦之琴，歌〈南風〉之詩而天下治」[309]。舜不用刑罰律令，而是以琴聲、歌詩教化萬民，竟然可以天下大治，這當然是不可想像的，但在古人心中，卻對「琴德」及其人格培養、道德教化作用有絕對堅定的信念。

也正因此，古人把撫琴作為「養心」最重要的途徑之一。東漢學者應劭就說，琴雖然只是一種樂器，但對君子來說，「琴最親密，不離於身」，即使身居窮閻陋巷、深山幽谷，也不能丟棄。[310] 在他們看來，心是

---

[308] 董浩等編：《全唐文》第 6 冊卷九二四，山西教育出版社 2002 年版，第 5687 頁。
[309] 司馬遷：《史記·樂書》第 4 冊，中華書局 1963 年版，第 1235 頁。
[310] 應劭著，王利器校注：《風俗通義校注》卷六，中華書局 1981 年版，第 293 頁。

「道」而琴是「器」，撫琴、聽琴的過程，也就是由「器」入「道」的修練過程，正直勇毅的人撫琴、聽琴可以更加堅毅，忠貞孝悌的人撫琴、聽琴可以更加堅貞，貧窮孤苦的人撫琴、聽琴能夠排遣悲苦，就連那些生性浮躁、偏邪的人，都可以透過撫琴、聽琴變得沉靜、莊重。[311] 手指撩撥、撫動琴弦，竟有如此功效！這就不難理解，為何白居易策劃搬到廬山草堂時，拋棄一切，也不願意落下琴了。

在中國歷史上，以琴「養心」最著名的要數嵇康。嵇康有一篇〈琴賦〉，他在正文前的小序中說：

余少好音聲，長而玩之，以為物有盛衰，而此無變，滋味有厭，而此不倦。可以導養神氣，宣和情志，處窮獨而不悶者，莫近於音聲也。[312]

焦秉貞〈孔子聖蹟圖‧在陳絕糧〉清代 現藏於美國聖路易斯美術館

---

[311] 薛易簡：《琴訣》，蔡仲德：《中國音樂美學史數據注釋》，人民音樂出版社 1990 年版，第 465 頁。
[312] 嵇康撰，戴明揚注：《嵇康集校注》卷二，人民文學出版社 1962 年版，第 83 頁。

　　嵇康自幼喜好琴音，長大後又時時調弄、賞玩。這種愛好並不因時間的流逝而消退，反而愈演愈烈。究其原因，大概就在於鼓琴可以抒發積鬱、調氣養心，使人在窮困、孤獨、苦悶的時候依舊能夠氣定神閒、怡然自適，達到不以物喜、不以己悲的自由、超然境地。

　　嵇康的超然，大概可以從其臨終彈奏〈廣陵散〉窺見一斑。據《晉書》的記載，嵇康為人灑脫不羈，「越名教而任自然」，從不拘泥於虛偽的禮教，遭到當權者的嫉恨，被處以極刑，三千太學生為他求情，終不許。臨刑前：

> 康顧視日影，索琴彈之，曰：「昔袁孝尼嘗從吾學〈廣陵散〉，吾每靳固之。〈廣陵散〉於今絕矣！」時年四十，海內之士莫不痛之。[313]

　　對於嵇康而言，行刑東市或許並不足以令其動容。他所惋惜的唯有〈廣陵散〉沒有了傳人，成為絕唱。嵇康在琴聲的涵養中已經達到了泯滅生死、齊同萬物的至人境界，在他看來，生與死只不過是天地自然執行的結果。生是生命從混沌不息的大化中結晶、賦形，而死則是重新返回自然的懷抱。

　　從琴到琴音，再到琴德，賞琴、玩琴所獲得的美感，也逐步從具體的、感官的快樂，上升到普遍的、自由的生命境界，這是一個從「養眼」到「養心」的延續，也是賞玩之美從具體到普遍、從情感到精神的飛躍。唐寶曆元年（西元 825 年），白居易在蘇州刺史任上，遊覽了郡治城內的一處園林，寫下一首〈郡中西園〉詩：

> 閒園多芳草，春夏香靡靡。深樹足佳禽，旦暮鳴不已。院門閉松竹，庭徑穿蘭芷。愛彼池上橋，獨來聊徙倚。魚依藻長樂，鷗見人暫起。有時舟隨風，盡日蓮照水。誰知郡府內，景物閒如此。始悟喧靜緣，何嘗系遠邇。[314]

---

[313]　房玄齡等：《晉書》第 5 冊卷四九，中華書局 1974 年版，第 1374 頁。
[314]　白居易著，朱金城箋校：《白居易集箋校》第 3 冊卷二一，上海古籍出版社 1988 年版，第 1402 頁。

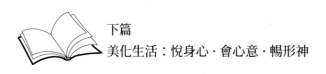
喜歡到山野修築園林、別墅以尋求寧靜和閒適的白居易萬萬想不到，在喧囂的城內竟然隱藏著一處生機盎然、情趣無限的幽靜之所。他進而說道：「誰知郡府內，景物閒如此。始悟喧靜緣，何嘗系遠邇。」這是針對自己以往對鬧與靜、近與遠的誤解而發出的，同樣，對於那些把認為「養眼」無關乎「養心」，「養心」必須閉上眼睛的人而言，又何嘗不是如此呢？

▶「一賞而足」：賞玩之美與人生境界

明清之際的生活美學家李漁在《閒情偶寄》中說過一句發人深省的話，恰可作為對賞玩之美的絕佳概括：

> 眼界關於心境，人欲活潑其心，先宜活潑其眼！

「活潑其心」的目的，也就是追求一種有智慧、有毅力擺脫物欲情景，達到心無所繫的自由境界 —— 這裡所說的「自由」，並不是隨心所欲、為所欲為，而是指衝破了慾望束縛、心無罣礙的人生境界。

有「奇石癖」的歐陽脩就是這樣一位超世拔俗的高人。唐宋時期，賞玩奇石蔚然成風，許多知名人士如李德裕、牛僧孺、白居易、柳宗元、蘇軾、米芾、黃庭堅、陸游等都沉迷於收集、欣賞奇石，留下了大量吟詠奇石之美的詩文。其中最著名的「石癖」患者當屬牛僧孺。

牛僧孺是晚唐著名的政治鬥爭「牛李黨爭」中「牛黨」的領袖人物，曾在唐穆宗、唐文宗在位期間擔任宰相。據說他為官廉潔，兩袖清風，「治家無珍產，奉身無長物」，唯獨對奇巧瑰怪、意趣天成的太湖石情有獨鍾。恰好他的門生故吏遍布太湖流域，常常挖空心思奉送各種奇石來討

好他。這就是典型的投其所好了。
本來，賞玩奇石本身只是個人趣
味，無足輕重，但若想到龐大、笨
重的太湖石的開採、運送過程，不
知要靡費多少人力、物力，再加上
僚屬們奉送禮物，又是各有所圖，
牛僧孺的「石癖」顯然就得另作評
判了。

　　白居易說那些石頭是造物的奇
觀，「自一成不變以來，不知幾千
萬年，或委海隅，或淪湖底，高者
僅數仞，重者殆千鈞，一旦不鞭而
來，無脛而至，爭奇騁怪，為公眼
中之物」[315]。太湖石「不鞭而來，
無脛而至」，不正是巧妙的挖苦
嗎？牛僧孺一世的清廉美譽，就這
樣毀於「石癖」！

王一亭、吳昌碩〈米芾拜石圖〉
近現代 私人收藏

---

[315] 白居易：〈太湖石記〉，朱金城箋校：《白居易集箋校》第 6 冊外集卷下，上海古籍出版社 1988
　　　年版，第 3937 頁。

有了牛僧孺的前車之鑑，後來者自然要慎重行事。歐陽脩對待「石癖」和奇石的態度，尤為值得稱道。慶曆年間，歐陽脩貶官滁州（今安徽滁州），在菱溪發現了一塊體積龐大、造型怪異的奇石。窮鄉僻壤居然有此奇石，歐陽脩自然不會錯過。不過，經他仔細勘察，原來溪邊還有一處遺址，是唐末五代名將劉金的故園遺址，而這塊奇石，就是劉氏園中之物。劉金是五代吳國奠基者楊行密部下的一員驍將，號稱「三十六英雄」之一，生前不可一世，死後故園頹圮，只留下這一塊奇石供人憑弔。專門建造園林存放奇石的牛僧孺，死後又何嘗不是藏品四散呢？想到這裡，歐陽脩感慨頗深：

夫物之奇者，棄沒於幽遠則可惜，置之耳目，則愛者不免取之而去……好奇之士聞此石者，可以一賞而足，何必取而去也哉？[316]

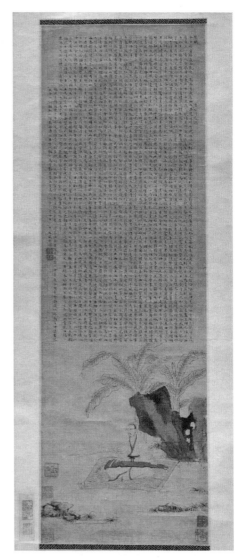

文徵明〈蕉石鳴琴圖〉 明代
現藏於無錫博物院

---

[316] 歐陽脩：〈菱溪石記〉，李逸安點校：《歐陽脩全集》，中華書局 2001 年版，第 579 頁。

　　正所謂「君子之澤，五世而斬」。劉金如此、牛僧孺如此，捫心自問，歐陽脩又何嘗能例外？因此，與其將奇石攫為己有，占為私產，還不如公之於眾，讓世人都能欣賞到它的奇異之美。

　　這就是歐陽脩的賞玩境界，更是他的生活態度和人生選擇所能達到的崇高境界。毫不誇張地說，「一賞而足」堪稱中國文化史上振聾發聵的空谷足音。「一賞而足」，既承認感性世界的美好，不錯過生活、人生和世界的每個精彩的片刻，又能掙脫感官欲求的羈絆，進入悠遊自在、心無所繫的自由之境。

　　這種審美的生活態度和人生取向，是中國賞玩美學傳統留給當下最富啟發的智慧。在如今這個日常生活高度審美化、藝術化了的時代，悅耳悅目之物聲色各異、名目繁多，日新月異地以幾何倍數增長。如果我們在五光十色、目不暇接的物的世界中，沒有一種「一賞而足」的審美態度，又如何能從物的包圍中掙扎而出，體驗到真正的自由呢？

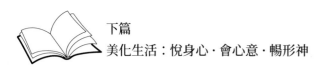
第七章
從「花道茶藝」到「居家之美」

與善人居，如入芝蘭之室，久而不聞其香，即與之化矣。

—— 《孔子家語・六本》

寒夜客來茶當酒，竹爐湯沸火初紅。尋常一樣窗前月，才有梅花便不同。

—— 杜耒〈寒夜客來〉

不是閒人閒不得，閒人不是等閒人。

—— 陳繼儒《偃曝談餘》

▶丈夫插瓶花？

西元 1643 年中秋節之夜，大明王朝岌岌可危，已是傾覆的前夕，大詩人錢謙益卻與柳如是對坐燈下，陪她插瓶花，並不時發表些品評議論：

水仙秋菊並幽姿，插向磁瓶兩三枝。低亞小窗燈影畔，玉人病起薄寒時。
淺淡疏花向背深，插來重摺自沉吟。劇憐素手端相處，人與花枝兩不禁。
懶將沒骨貌花叢，渲染由來惜太工。會得遠山濃淡思，數枝落墨膽瓶中。
幾朵寒花意自閒，一枝叢雜已斕斑。憑君欲訪瓶花譜，只在疏燈素壁間。[317]

---

[317] 錢謙益著，錢仲聯標校：〈燈下看內人插瓶花戲題四絕句〉，《牧齋初學集》上冊，上海古籍出版社 1985 年版，第 732 頁。

　　從這幾首絕句中，我們大概能讀出錢、柳二人插瓶花的技藝與風格。花的種類不多，只取時鮮的水仙、菊花兩種，數量也只有兩三枝，取其疏朗、簡約的清幽淡雅之美。插花時不尚穠豔，第三首所說的「懶將沒骨貌花叢」即是如此。「沒骨法」是傳統中國畫技法的一種，講究不用線條勾勒形貌，而只是依賴於墨色濃淡、顏色深淺來層層暈染。「懶將」一語說明錢謙益對這種暈染繁複、色澤明麗的藝術風格並不感冒，他所追求的是「遠山濃淡思」，也就是蕭散淡遠的審美效果。最後一首詩說明，他對二人的成果頗為自矜，認為即使拿來《瓶花譜》相比照，也不過如此。

　　讀到此處，相信許多人會大惑不解，乃至憤怒不已。憤怒的是國家存亡的危機之秋，一代文宗、士林領袖錢謙益竟然無動於衷，依然沉醉在繾綣纏綿的兒女私情中；困惑的是即便錢謙益不恤國計民生，專注於享受閒適生活，也應該是琴棋書畫、茶酒泉石，而不是大丈夫作小兒女態，擺弄纖仄便娟的插花遊戲吧？

　　這實在是委屈了錢牧齋，我們有必要為他做些辯護。

　　首先，明王朝之所以岌岌可危，全然是由於它自身已經腐朽、衰敗到了不堪一擊的地步，不管是內部的農民軍揭竿而起，還是關外的鐵騎虎視眈眈，明朝大廈將傾都是大勢所趨。這一點，熟悉歷史的人自然都了解，無須贅言，因此沒有必要揮舞著道德的大棒，要求錢謙益為氣數已盡的明朝殉葬。

　　其次，大丈夫作兒女態、插瓶花，在古代實屬司空見慣。在傳統時代，文人士大夫才是花藝、花道的主力軍。且不說古典文學中難以計數的以吟詠、描繪瓶花和插花為主題的詩文，單就傳世的瓶花類著作來說，也全部都是文人士大夫的作品，著名的有五代時期張翊的《花經》、宋代林洪的《山家清事》、明代張德謙的《瓶花譜》、袁宏道的《瓶史》、屠本畯

的《瓶史月表》，以及高濂的《遵生八箋》、文震亨的《長物誌》、屠隆的
《考槃餘事》、李漁的《閒情偶寄》等生活美學著述中有關瓶花的部分內
容等。

　　比起來高濂、張德謙、袁宏道、屠隆、李漁等大約同時代的人，錢謙
益的插花技藝或許還不入流，他不過是明代瓶花風氣和時尚中的一個追隨
者而已，連談花道的專門著述都沒有，只能算作「門外漢」。

錢慧安〈簪花圖〉清代
現藏於臺北故宮博物院

蘇六朋〈簪花圖〉清代
現藏於臺北故宮博物院

▶人不可一日無茶？

中國文人士大夫階層的飲茶之風起源甚早，茶藝、茶道也向來被看成是有閒、有錢之人的專利，魯迅先生就在一篇文章中說過：

有好茶喝，會喝好茶，是一種「清福」。不過要享這「清福」，首先就須有工夫，其次是練習出來的特別的感覺。[318]

不錯，茶的香氣之濃淡、色澤之深淺、味道之甘苦，以及泡茶所用之水的優劣……這些細微的差別，只有感覺細膩、敏銳的人才能體驗得到，這就是魯迅所說的「工夫」。此種工夫，只有生活優裕、閒適恬靜的人才能訓練出來。

到了元代，「早起開門七件事，柴米油鹽醬醋茶」[319] 就成了人們對日常生活所需的基本概括了。在八百年前，普通中國人的日常生活已經離不開茶了。如果再加以追索，這一時間似乎至少還可以上溯二百年。如北宋名臣王安石就說過：

人固不可一日無茶飲。

夫茶之為民用，等於米鹽，不可一日以無。[320]

為何人不可一日無茶？這自然要從茶的療疾、養生和保健功能說起。從漢代開始，中國人已經發現了茶的特殊藥用功效，如東漢華佗的《食論》、晉代張華的《博物誌》、弘君舉的《食檄》等著作中，均記載過茶之藥用和養生作用。隨著飲茶風氣的盛行，茶的功能也逐漸被進一步發掘出

---

[318] 魯迅：〈喝茶〉，《魯迅全集》第五卷，人民文學出版社 1972 年版，第 357 頁。
[319] 高增德等輯：《古今俗語整合》（第四卷），山西教育出版社 1989 年版，第 97－98 頁。
[320] 王澤農主編：《萬病仙藥 茶療方劑》，科學技術文獻出版社 1994 年版，第 36－37 頁。

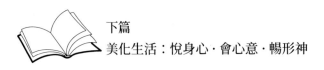
來，到了明代，李時珍在《本草綱目》中對茶的功效進行了集大成式的概括：降火祛暑、提神破困、解酒食毒、祛痰利尿等。[321] 茶既有如此功效，自然會不脛而走、無翼而飛，成為天下人杯中常飲之物。

在有些時候，人們對茶的自然功效並不了解，飲茶只是隨波逐流，趨步社會流行的生活風尚而已。比如唐代人封演的《封氏見聞記》中談到唐代開始盛行於大眾消費層面的飲茶之風時說：

> 茶早採者為茶，晚採者為茗……南人好飲之，北人初不多飲。開元中，泰山靈巖寺有降魔師，大興禪教，學禪務於不寐，又不夕食，皆許其飲茶。人自懷挾，到處煮飲，從此轉相仿效，遂成風俗。自鄒、齊、滄、棣漸至京邑，城市多開店鋪，煎茶賣之，不問道俗，投錢取飲。[322]

這是有關茶館的最早記載。普通民眾中最先開始飲茶的，是那些禪教的信眾，他們認為飲茶可以破困充飢，所以自備茶葉到泰山一帶修行。但大多數人並不是禪教的信徒，也不了解茶可以「止渴，令人不眠」，只是看到他人飲茶，就隨聲附和、亦步亦趨，由此「轉相效仿」，竟然掀起了盛行千年而不衰的飲茶風俗，商人覺得有利可圖，就開設了茶鋪、茶館。

因此，中國人「不可一日無茶」的生活方式的養成，雖然不能說是陰差陽錯，卻也在相當程度上藉助了歷史偶然性的力量。《本草綱目》中的一些說法，也能印證這一點。李時珍在列舉了茶的諸多功效之後又說，茶是苦寒之物，體質虛寒、血氣較弱的人喝了，就會傷及脾胃，元氣虧損，患上痰飲、痞脹、痿痹、黃瘦、嘔逆、洞瀉、腹痛、疝瘕等病症，這種種「內傷」，就是「茶之害」。可惜老百姓並不懂得，只知人飲亦飲。他由此感嘆說：

---

[321] 李時珍著，劉衡如、劉山永校注：《本草綱目》（下冊）卷三二，華夏出版社 2008 年版，第 1256 — 1257 頁。
[322] 趙貞信：《封氏見聞記校注》卷六，中華書局 1958 年版，第 46 頁。

民生日用，蹈其弊者，往往皆是……習俗移人，自不覺爾。[323]

這樣看來，魯迅先生說的「會喝茶，喝好茶」的「清福」，並不是人人都適合享受的。「人不可一日無茶」的生活觀念和生活方式，既奠定在茶的特殊功效的基礎上，又是在社會、文化、美學等諸多觀念影響下歷史地、動態地形成的。

▶賞花：湍飛的生活熱情

花與茶在為中國人提供形、色、香、味等感性的審美感受的同時，還積澱了歷代中國人的生活情趣和理想。正所謂「茶令人爽」、「花令人韻」[324]，「閒停茶碗從容語，醉把花枝取次吟」[325] 的閒雅、恬淡之境，也成為中國人心嚮往之的理想生活狀態。就此而言，賞花、品茶不單單是一種審美的生活情趣之寄託和表達，更開啟了一種整體性的藝術化、審美化的日常生活的可能性。

這一可能性的端倪，大概可以追溯到傳說中的三皇五帝時代。

20 世紀以來相繼發現的新石器時代文化遺址中出土了大量的陶器，其中有許多器皿的表面都繪製或雕刻著花瓣的紋樣。某些遺址中，還有花木的種子出土。這說明我們的祖先在數千年前，就已開始利用花木來裝飾自己的生活。

到了《詩經》和《楚辭》時代，先民對花的了解和欣賞進入了一個境界。

---

[323] 李時珍著，劉衡如、劉山永校注：《本草綱目》（下冊）卷三二，華夏出版社 2008 年版，第 1256 頁。

[324] 陳繼儒著，羅立剛校注：《小窗幽記（外二種）》，上海古籍出版社 2010 年版，第 101 頁。

[325] 白居易：〈病假中龐少尹攜魚酒相過〉，朱金城箋校：《白居易集箋校》第 4 冊卷二六，上海古籍出版社 1988 年版，第 1814 頁。

《禮記・月令》中說，「孟春之月，東風解凍，蟄蟲始振，魚上冰，獺祭魚，鴻雁來」，好一派盎然生機！在古人看來，這個月「天氣下降，地氣上騰，天地和同，草木萌動」。這裡說的「草木」，就包括自然生長和人工培育的花草。到了「仲春之月，始雨水，桃始華（花），倉庚鳴」，寥寥數語，勾勒出一幅鳥語花香的春景……從《禮記・月令》凝練而富有詩意的描繪可知，在先秦時期，人們對花的欣賞，與他們對於自然、宇宙的理解是相統一的，草木之「華」，也就是明豔、嫵媚的花兒既能帶來感官的愉悅，又是物候和時令的風信。人們從花那裡體驗美感，感受自然的魅力，也以花為天道循環的徵兆，從花的榮枯盛衰中感悟和順從宇宙的真理，依此安排自己的生產和生活。

於是，花自然也就成了人類靈感的觸媒。《詩經》中有許多以草木「起興」的詩篇。所謂「起興」，就是情感和思緒由觀花而蕩漾開去，聯想、延伸到日常生活和社會實踐的各個方面。比如〈周南・桃夭〉裡面說道：

桃之夭夭，灼灼其華。之子於歸，宜其室家。[326]

〈小雅・苕之華〉中說：

苕（引者注：凌霄）之華，芸其黃矣！心之憂矣，維其傷矣！[327]

這兩首詩都是用花起興，一喜一悲。〈桃夭〉是用春日粉嫩嬌豔的桃花來比擬即將出嫁的新娘子，洋溢著喜悅與歡快，以及對美好生活的嚮往；〈苕之華〉顯然是由秋日凌霄花的黃萎，聯想到自身不幸的身世，憂從中來，不可斷絕。《詩經》中寫到的草木多達 143 種[328]，其中最動人的，就是這些觀春秋代序、賞一花一木來吟唱生活體驗的絕唱了。

---

[326] 高亨：《詩經今注》，上海古籍出版社 1980 年版，第 8 頁。
[327] 高亨：《詩經今注》，上海古籍出版社 1980 年版，第 366 頁。
[328] 孫作雲：〈《詩經》中的動植物〉，《孫作雲文集・詩經研究》，河南大學出版社 2003 年版，第 7 頁。

　　《詩經》是由後人蒐集、編訂的，可以看成整個時代、社會的集體審美意識的結晶。而《楚辭》則是中國文人詩歌的淵藪，從它對花草的吟詠更能看出此時上層社會觀花、賞花的動向：鮮花、芳草在《楚辭》中已經成為獨立的審美對象，並被賦予了積極的道德內涵。根據宋代人的統計，僅屈原的〈離騷〉一篇中，吟誦過的花草多達 55 種，較為常見的有芙蓉、菊、蘭、杜若、荼、芷、桂、辛夷、木蘭等。[329] 如其中集中吟詠花草的一段說：

　　余既滋蘭之九畹兮，又樹蕙之百畝。畦留夷與揭車兮，雜杜衡與芳芷。冀枝葉之峻茂兮，願俟時乎吾將刈。雖萎絕其亦何傷兮，哀眾芳之蕪穢。[330]

　　屈原說過，「昔三后之純粹兮，固眾芳之所在」，「三后」說的是大禹、商湯、周文王，他們都有純美的道德境界，周圍聚集了大量的人才，詩句中所說的「眾芳」，也就是指品行賢德的人才。[331] 所以，這一段講述種植花草的經歷，實際上暗喻自身撫育人才的艱辛。以花草比喻君子，是花草的道德化和人格化；反過來說，也是道德和人格的自然化：最高的道德和人格境界，不就應該是芬芳至美的嗎？就像是《孔子家語》中所說的那樣：

　　芝蘭生於深林，不以無人而不芳；君子修道立德，不謂困窮而改節。[332]

　　由此，賞花活動被賦予了積極的道德內涵，欣賞的過程，也就伴隨著道德修持的提升。千載而下，但凡對中國詩歌史稍有涉獵的人，在賞花、詠花的同時，都會不由自主地聯想到《詩經》、《楚辭》賦予花草的人文精神內涵。

---

[329] 吳仁杰：《離騷草木疏》，《叢書整合》本，商務印書館 1939 年版。
[330] 洪興祖著，白化文等點校：《楚辭補註》，中華書局 1963 年版，第 10 頁。
[331] 洪興祖著，白化文等點校：《楚辭補註》，中華書局 1963 年版，第 7 頁。
[332] 陳士珂輯：《孔子家語疏證》卷五，上海書店 1987 年影印本，第 135 頁。

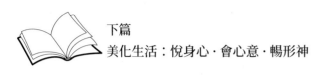
　　秦漢以後，花草所象徵的理想、人文精神逐漸世俗化、生活化，人們在日常生活中越來越普遍的種花、養花、賞花，借花來裝點日常起居、保養生命。司馬相如的〈上林賦〉、〈子虛賦〉和班固的〈兩都賦〉，以及《三輔黃圖》、《西京雜記》等文學作品和歷史文獻表明，漢代人對花草投入了巨大的熱情，在長安、洛陽等地星羅棋布的園林廣廈中，種植著名目繁多的奇花異草，春榮秋謝、四時代興。人們或是穿行在似錦的繁花中遊宴，或是折取時鮮的花朵放在居室中、佩在身上，那景象，正是：

> 綠房翠蒂，紫飾紅敷。
>
> 黃螺圓出，垂蕤散舒。
>
> 纓以金牙，點以素珠。[333]

　　正所謂「花開富貴」，在太平、繁庶、氣象宏大的漢文化背景下，人們對於生活的熱情如同泉湧井噴，就在這姹紫嫣紅的花飾中淋漓盡致地揮灑出來。

　　對花的熱情，展現了中國人對於凡俗人生、日常生活的積極、樂觀的信念。人們不僅取花的美豔來裝點生活起居，營造芬芳襲人的生活情境，還試圖開掘花的養生、保健功能，以花入藥、入食、入酒。如《西京雜記》說：

> 九月九日，佩茱萸、食蓬餌、飲菊花酒，令人長壽。菊花舒時，並採莖葉，雜黍米釀之，至來年九月九日始熟，就飲焉，故謂之「菊花酒」。[334]

[333] 張奐：〈芙蕖賦〉，費振剛等輯校：《全漢賦》，北京大學出版社 1997 年版，第 526 頁。
[334] 葛洪：《西京雜記》卷三，中華書局 1985 年版，第 20 頁。

　　雖然長壽，甚至羽化登仙的夢想不斷被證明是子虛烏有的，但這種生活行為，客觀上使得中國人的生活內容變得更加豐富多彩，給枯寂的人生、平淡的生活增添了無限的樂趣。明代人王象晉在《群芳譜》中的總結，堪稱醒世恆言：

予性喜種植，斗室傍羅盆草數事，瓦缽內蓄文魚數頭，薄田百畝，足供饘粥。郭門外有園一區，題以涉趣，中為亭，顏以二如，雜藝蔬茹數十色，樹松竹棗杏數十株。植雜草野花數十器，種不必奇異，第取其生意鬱勃，可覘化機……每花明柳媚，日麗風和，攜斗酒，摘畦蔬，偕一二老友，話十餘年前陳事。醉則偃仰於花茵莎榻淺紅濃綠間，聽松濤，酬鳥語，一切升沉寵辱，直付之花開花落。[335]

　　從這段描述來看，「二如亭」就是一個由花木裝點起來的人間仙境！在這裡，觀花開花落，可以由美啟真，達到對宇宙大化的理解；花木果實，可以提供美味；培植、澆灌花草，可以發揮人本身的創造性；把養花、種花的經驗與已有的農書、花史相參照，還可以增添知識。尤為重要的是，這是一個雖在塵世之中，卻又與世俗隔絕的、封閉的生活情境和審美空間，醉醒隨心、仰臥任意，實在是自由自在！

　　「一花一世界」，花就是濃縮、提純後的生活理想。進入唐宋以後，直至明清，中國人對花的熱愛達到了無以復加的狂熱地步。據說唐代，「長安百花時，風景宜輕薄。無人不沾酒，何處不聞樂。」[336] 這是何等盛大、繁華的人文景觀！每到春日遲遲之際，滿城士女「乘車跨馬，供

[335] 王象晉輯纂，伊欽恆詮釋：《群芳譜詮釋（增補訂正）》，農業出版社1985年版，第1頁。
[336] 劉禹錫：〈百花行〉，瞿蛻園箋證：《劉禹錫集箋證》卷二七，上海古籍出版社1989年版，第847頁。

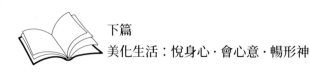
帳於園圃，或郊野中，為探春之
宴」[337]。曾目睹這一盛大奇觀的詩
人蘇頲、楊巨源分別用詩句對此進
行過概括：

> 飛埃結紅霧，遊蓋飄清雲。[338]
> 若待上林花似錦，出門俱是看
> 花人。[339]

這空前的賞花熱情，滋潤出洋
洋大觀的花文化。花的喧鬧、絢
麗、明豔之美，折射出傳統中國人
生活觀念和理想中「動」的一面，
也就是充滿對美好生活的渴望和憧
憬，不斷開拓自身的審美情趣、生
活品味，充分發揮創造性、想像力
的一面。

吳昌碩〈歲朝清供圖〉近代
現藏於故宮博物院

---

[337] 王仁裕：《開元天寶遺事》卷下，《叢書整合》本，商務印書館 1939 年版，第 28 頁。

[338] 王仁裕：《開元天寶遺事》卷下，《叢書整合》本，商務印書館 1939 年版，第 20 頁。

[339] 楊巨源：〈城東早春〉，《全唐詩》（上冊）卷三三三，上海古籍出版社 2006 年影印版，第 823 頁。

▶品茶：返璞歸真的生活理想

茶的沉靜、樸素、平淡，則呈現出中國人「靜」的另一面，那就是不事雕琢、洗去鉛華、返璞歸真的生活理想。茶性苦寒，利於清熱降火。古人飲茶，多是為了清心、除煩，使思慮和心神歸於雅靜玄遠。如文震亨《長物誌》說：

> 香、茗之用，其利最溥。物外高隱，坐語道德，可以清心悅神。初陽薄暝，興味蕭騷，可以暢懷舒嘯。晴窗搨帖，揮麈閒吟，篝燈夜讀，可以遠闢睡魔。青衣紅袖，密語談私，可以助情熱意。坐雨閉窗，飯餘散步，可以遣寂除煩。醉筵醒客，夜語蓬窗，長嘯空樓，冰弦戛指，可以佐歡解渴。[340]

這段文字中的「外」、「隱」、「清」、「蕭」、「暢」、「舒」、「閒」、「遠」、「私」等字樣，是古人飲茶、品茶、論茶最常用到的。一種清幽玄遠、雅靜恬淡的生活旨趣，與「微寒無毒」的茶相得益彰，揭示出了傳統中國人物與心、日常生活與人生境界的祕響旁通，構成了「人不可一日無茶」的生活觀念和方式的最終追求。

人沒有了茶，照樣可以生存。但「人不可一日無茶」，茶這種生活的非必需品卻轉換成了必需品。按照古人的說法，最先發現茶的是神農氏。清人陳元龍編纂的《格致鏡原》引述了《本草》中的一段話：

> 神農嘗百草，一日而遇七十毒，得茶以解之。[341]

---

[340] 陳植校注，楊超伯校訂：《長物誌校注》，江蘇科學技術出版社 1984 年版，第 394 頁。
[341] 陳元龍：《格致鏡原》卷二一，《影印文淵閣四庫全書》第 1031 冊，臺灣商務印書館 1983 年版，第 284 頁。

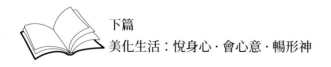

　　原來，茶的價值之發現，竟是如此偶然！陳元龍接著說：「今人服藥不飲茶，恐解藥也。」直到今天，我們仍然延續著服藥後不喝茶的做法。先民最先了解到的，就是茶的「解毒」功能。茶在最初，即被當成一種具有藥用和養生保健功能的食物。相傳神農氏曾作《食經》，其中就有「茶茗宜久服，令人有力，悅志」的說法。[342] 早在西周時代，中國人就開始人工種植茶樹，以供上層貴族日常服食了。《詩經·豳風》的〈七月〉和〈鴟鴞〉兩篇中，就有採茶的描述：「採茶薪樗」、「予所捋茶」。[343] 根據《爾雅》和後人解釋，「荼」就是茶，它的葉子「可炙作羹飲」[344] ——「羹飲」也就是粥。用茶煮粥，自然和後來的飲茶大不相同。

　　古書中甚至有以茶為菜的記載，《茶經》中提到的晏嬰就是一位。晏子在齊國為相，生活簡樸，飲食無肉，常吃「茗菜」[345]，「茗菜」就是茶。拿苦茶當菜，恐怕並非出於簡樸，而是有另外的目的。古人認為茶「令人有力，悅志」，到了後來，以訛傳訛，就出現了「苦茶，久食羽化」、「茗茶，輕身換骨」的說法，成功的例子有道教仙人丹丘子、黃山君等。[346]

　　魏晉以後，有關茶的神異功效的傳說漸次消歇，中國人對茶的態度由動而靜，不再追求外在的生命時空經驗的拓展，而是轉向內在生命體驗的調適。與此同時，服食茶的方式，也由煮粥、食菜變為用水烹煮，這堪稱中國茶文化史上的一大轉折。晉代杜育的〈荈賦〉中說：

　　靈山唯嶽，奇產所鍾……厥生荈草，彌谷被崗。承豐壤之滋潤，受甘

---

[342] 李昉等：《太平御覽》第 4 冊卷八六七，中華書局 1960 年影印版，第 3844 頁。
[343] 高亨：《詩經今注》，上海古籍出版社 1980 年版，第 207 頁。
[344] 郭璞：《爾雅註疏》，《十三經註疏》下冊，上海古籍出版社 2007 年影印版，第 2638 頁。
[345] 陳元龍：《格致鏡原》卷二一，《影印文淵閣四庫全書》第 1031 冊，臺灣商務印書館 1983 年版，第 283 頁。
[346] 李昉等：《太平御覽》第 4 冊卷八六七，中華書局 1960 年影印版，第 3844 頁。

露之霄降。月唯初秋，農功少休。偶結同旅，是採是求。水則岷方之注，
挹彼清流。器擇陶簡，出自東隅。酌之以匏，取式公劉。唯茲初成，沫沉
華浮。煥如積雪，曄若春敷。……[347]

「荈」是茶的別稱，為古時候蜀地的方言。這篇賦說在饒有靈氣的大
山中，生長著漫山遍野的茶樹。它們吸收了天地精華，長勢喜人。秋收
後，作者和一二趣味相投的人，結伴到深山採茶，用陶器從清澈的岷江中
取水，烹煮茶葉。新鮮的茶湯「沫沉華浮」，色如積雪、光如春日，實在
美不勝收！此時人烹茶、飲茶，已經開始欣賞和品味茶本身能帶給人的感
官享受和審美體驗了。大約同時的張載，寫過一首〈登成都樓詩〉，也對
蜀地所產的茶大加讚賞。他說：

芳茶冠六清，溢味播九區。人生苟安樂，茲土聊可娛。[348]

「六清」是古人常常飲用的六種飲品，如水、漿、甜酒等。張載認為
茶的滋味遠勝於「六清」。特別值得留意的是後兩句「人生苟安樂，茲土
聊可娛」，也就是說，這裡的生活如此美好，我權且留在此地享受人生之
安樂吧！先前人對飲茶抱有的那種羽化登仙的期待，在此時已經煙消雲散
了。人們轉而借飲茶、品茶來清心寡欲，追求恬淡、平和的日常生活體
驗。西晉文學家劉琨在一封家書中對姪子說，前些天有人給他安州乾茶一
斤，他希望姪子能再給弄點兒：

吾體中潰悶，時仰真茶。[349]

---

[347] 杜育：〈荈賦〉，胡山源編：《古今茶事》，上海書店 1985 年影印版，第 149 頁。
[348] 胡山源：《古今茶事》，上海書店 1985 年影印版，第 149 頁。
[349] 李昉等：《太平御覽》卷八六七，中華書局 1960 年影印版，第 2844 頁。

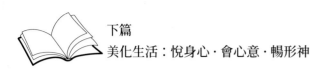

這說明人們開始理性地發揮和利用茶的真正價值了。茶能祛火、降燥、提神、明目，對於雅好清談的魏晉士人來說不啻一劑良藥。據說東晉名士王濛好飲茶，還常以茶待客，要求客人也一定要陪他喝茶。有的人一提到要去王濛家，便說「今日有水厄」[350]。「水厄」就是水災，想來王濛飲茶的場面，必定十分壯觀！

唐代以前，飲茶之風盛行於南方，北方人還不適應「水厄」。北朝北魏人王肅最初在南方做官，喜歡飲茶。回到北方後，又喜歡吃羊肉、喝酪漿。有人就問他，究竟是茶的滋味好，還是酪漿好？王肅竟然說，茶水「不堪與酪為奴」[351]！《封氏見聞記》中也說過，唐代初期北方人還不喜飲茶。這本書還提到，飲茶之所以風靡大江南北，主要歸功於兩個人——陸羽和常伯熊。

陸羽，字鴻漸，復州竟陵（今湖北天門）人，童年時寄居佛寺，不堪忍受僧人欺凌，逃脫為伶人，後來隱居苕溪。據史書記載，陸羽一生鬱鬱不得志，獨嗜飲茶，便將所有的精力灌注在採茶、煎茶、飲茶、品茶上，《封氏見聞記》中說的《茶論》，就是他所著的《茶經》。[352]

《茶經》分為上、中、下三卷，詳細介紹了茶的來源、採製辦法、烹茶器具、飲茶方法等，使原來簡單、隨意的飲茶活動變得複雜、精緻起來，由此形成了「茶藝」「茶道」。他說，「萬物皆有至妙」，飲茶亦然。飲茶有「九事」，要極盡其精妙都非常困難，這就是茶之「九難」。何謂「九事」？

一曰造，二曰別，三曰器，四曰火，五曰水，六曰炙，七曰末，八曰煮，九曰飲。

[350] 李昉等：《太平御覽》卷八六七，中華書局 1960 年影印版，第 2844 頁。
[351] 陸羽：《茶經》卷下，《叢書整合》本，商務印書館 1939 年版。
[352] 《新唐書》第 18 冊卷一九六，中華書局年 1975 版，第 5611－5612 頁。

「九事」又因何而難？陸羽說：

陰採夜焙，非造也。嚼味嗅香，非別也。羶鼎腥甌，非器也。膏薪庖炭，非火也。飛湍壅潦，非水也。外熟內生，非炙也。碧粉縹塵，非末也。操艱攪遽，非煮也。夏興冬廢，非飲也。[353]

這就是說，採造、辨別好茶，盛茶、炙茶、煮茶和飲茶器具，以及煮茶所用的水、火和飲茶的方式等，都有專門的學問，並非純粹的形式問題 —— 這就把飲茶上升到了至精至妙的精神體驗的高度。

飲茶與精神享受的結緣，是陸羽為中國文化傳統做出的重大貢獻。他也因此獲得了超凡入聖的歷史聲望。從唐代開始，賣茶葉、開茶館的，就把陸羽的塑像供奉在店鋪中，奉為「茶神」。

陸羽之後，常伯熊又踵事增華，來往於文人士大夫之間，表演茶藝茶道，終於使得飲茶成為人人嚮慕的生活時尚。至遲在陸羽生前，唐代的文人士大夫中間已經流行起品茶的休閒方式了，如陸羽的友人顏真卿曾和陸士修等人有一首〈月夜啜茶聯句〉，記述了他們在靜夜朗月之下觀花品茶的體驗：

泛花邀坐客，代飲引情言。醒酒宜華席，留僧想獨園。不須攀月桂，何假樹庭萱。御史秋風勁，尚書北斗尊。流華淨肌骨，疏瀹滌心原。不似春醪醉，何辭綠菽繁。素瓷傳靜夜，芳氣滿閒軒。[354]

這首詩較為典型地反映出了一時的風尚所趨 —— 三五友人閒坐庭院，以茶代酒，做徹夜閒談。所謂「清言」，就是不涉世俗功名利祿的閒言語，這種超越塵俗的放鬆、舒暢的生活體驗，不須像古人那樣從幻想和

---

[353] 陸羽：《茶經》卷下，《叢書整合》本，商務印書館 1939 年版。
[354] 彭定求等編：《全唐詩》（下冊）卷七八八，上海古籍出版社 2006 年影印版，第 1937 頁。

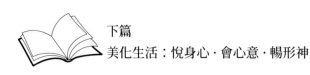
想像中求取，只消一杯清茶即可。關於茶之「淨肌骨」、「滌心原」的功能概括，都是現實的、活生生的生活經驗，是由飲茶帶來的情感、審美和精神享受。而「素瓷」、「芳氣」等，則暗示出一種洗去鉛華、返璞歸真的審美趣味和生活理想。

這種趣味和理想，在進入宋代以後被更多的人所接受。唐代以前，飲茶並非飲清茶，而是要加入薑、鹽、蔥、桂皮、茱萸、薄荷等調味劑。陸羽在《茶經》中首倡飲清茶，品味茶之「雋永」，宋人蔡襄、黃庭堅等人繼起而力革在茶中加入刺激性佐料的做法，終於使飲茶的審美趣味定格在「沖淡」、「清和」之美 [355]，成為歷代飲茶人心中的金科玉律。南宋林洪的飲饌著作《山家清供》中附有「茶供」一節：

> 東坡詩云：「活水須將活火烹。」又云：「飯後茶甌味正深。」此煎法也。《茶經》亦以「江水為上，山與井俱次之」。今世不唯不擇水，且入鹽及茶果，殊失正味。不知唯蔥去昏、梅去倦，如不昏不倦，亦何必用？ [356]

「正味」也就是茶本身的清淡之味。鹽之味鹹、蔥之味辛、梅之味酸，如此烹製的茶湯雖然五味俱全，卻掩蓋了茶本身的味道。擯除這些刺激性強的味道，專注於清淡之味，實際上是想在「鹹酸之外」，體會清淨幽遠、含蓄內斂的審美感覺和精神體驗。他們要借茶的「味」，來訓練、培養出更為細微、精妙、玄遠的審美感覺。這樣，平淡的凡俗人生和日常生活的內在經驗，而不是外在的斑斕世界的誘惑，成為他們關注的重心。

不過，許多人不免覺得單純飲茶味道寡淡，果茶、花茶還是很有市場。這在那些深諳茶之三昧的文人士大夫來說，自然是沒有品味和逸趣

---

[355] 黃卓越：《品茶：性情與風尚》，黃卓越、黨聖元主編：《中國人的閒情逸致》，廣西師範大學出版社 2007 年版，第 136 頁。
[356] 林洪：《山家清供》卷下，《叢書整合》本，商務印書館 1939 年版，第 23 頁。

的。如明代高濂在《遵生八箋》中批評以花果入茶:「芽茶,除以清泉烹外,花香雜果,俱不容入。人有好以花拌茶者,此用平等細茶拌之,庶茶味不減,花香盈頰,終不脫俗。」[357] 徐渭在〈煎茶七類〉也說,嘗茶須先以清泉漱口,然後徐徐飲啜,細細品味茶湯由脣至舌、至喉的甘美,這樣才能「孤清自縈」。飲茶時吃其他果品,會喧賓奪主,遮掩茶本身沖淡雋永的香味。[358] 世俗中人,自然不解其中味。《紅樓夢》第四十一回寫劉姥姥隨賈母、寶玉等到櫳翠庵吃茶,道人妙玉用舊年的雨水,烹製茗茶老君眉。劉姥姥嘗過之後說:「好是好,就是淡些,再熬濃些更好了!」一句話引得哄堂大笑。[359]

中國人飲茶、品茶的歷史,就是不斷剔除外在欲念、影響,漸次回歸世俗人生、日常生活和內心體驗的歷程,也是世俗人生、日常生活和內心體驗的價值和重要性不斷被發現、開掘、深化的歷程。羽化昇仙的虛妄追求、酸鹹苦辣的味覺體驗,逐漸被淡化、消解,代之以不可言宣的沖淡、清和、雋永的審美和精神體驗。品茶即是修道、悟道,這大概也就是古人常說「非真正契道之士,茶之韻味亦未易評量」的原因吧![360]

▶花道、茶藝與居家之美

花主動,茶主靜;花尚人工,茶尚自然;花為外飾,茶為內緣;花寄情致,茶蘊道趣。賞花與品茶,固然有著審美情趣、生活態度和人生觀念的差異,但在古人的觀念中,動與靜、人工與自然、外飾與內緣、情致與

---

[357] 高濂著,王大淳點校:《遵生八箋》,巴蜀書社 1992 年版,第 717 頁。
[358] 徐渭著,劉禎選注:《徐文長小品》,文化藝術出版社 1996 年版,第 264 頁。
[359] 曹雪芹:《脂硯齋批評本紅樓夢》下冊,鳳凰出版社 2010 年版,第 325 頁。
[360] 李日華:《六研齋筆記》卷一,《影印文淵閣四庫全書》第 867 冊,臺灣商務印書館 1983 年版,第 503 頁。

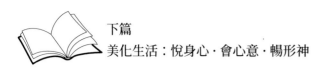

道趣之間並非截然對立、非此即彼。這是幾千年的中國生活所積澱、生成的生活智慧，恰如中國文化的原典《周易》所言：

一陰一陽之謂道。[361]

「一」，不是簡單的數量詞，將至高無上的道判為陰陽兩截，而是齊一、統攝的意思。道顯現在陰與陽等形式中，而又超越了具體的陰與陽。人們透過世間萬物或陰或陽的顯現特徵，能夠參悟出道的不同側面，但只有捨棄偏執一端的做法，從整體上看陰與陽的循環往復，對立轉化，才能對道之全體有所了解。[362] 這超邁的智慧，展現在日常生活中，就是不在動靜、天人、內外、情理之間偏執一端，而是崇尚動靜結合，天人合一，內外兼修，情理圓融。賞花與品茶，貌似大相逕庭，相去甚遠，實際上又密合無間地統一在中國古人的日常生活中。

於是我們看到，古人賞花、品茶，看似孤立、簡單的生活行為和審美活動，其背後卻關聯著一整套的生活設施、生活情境，以及它們背後的生活觀念和心態。就像周作人談飲茶時所言：

喝茶當於瓦屋紙窗之下，清泉綠茶，用素雅的陶瓷茶具，
同二三人共飲，得半日之閒，可抵十年的塵夢。[363]

這是說，飲茶而有好茶，只是第一步，更為關鍵的還在於擇取清淨的處所、適宜的泉水、雅潔的茶具，然後攜一二知心茶侶，從容玩味。

賞瓶花又何嘗不是如此？

[361]《周易·繫辭上》，《十三經註疏》上冊，上海古籍出版社 2007 年影印版，第 78 頁。
[362] 黎靖德編：《朱子語類》第 5 冊卷七四，中華書局 2007 年版，第 1896 頁。
[363] 周作人：〈喝茶〉，止庵校訂：《周作人自編文集·雨天的書》，河北教育出版社 2002 年版，第 54 頁。

就拿花瓶的選擇來說，有「春冬用銅，夏秋用磁（瓷）……堂廈宜大，書室宜小」等諸多講究[364]。至於插花、擺放和欣賞之法，更是專門的學問，非潛心精研，大概很難領會其中雅趣。

插瓶花、賞瓶花和烹茶、品茶的藝術，被稱為「花道」和「茶藝」。花道和茶藝是表，是實踐，而這實踐內在的初衷和底蘊，則是傳統中國人對日常生活境界的追求。飲茶、賞花並不是純粹為了「茶」和「花」，而是有茶外之旨、花外之韻，也就是前面說的動靜結合，天人合一，內外兼修，情理圓融的日常生活體驗和境界。

那麼，如何實現這種境界？這就要說到中國傳統的「家居有事之學」了。所謂「家居有事之學」，是針對老子的「避世無為之學」而言的。在老子的生活觀念中，「五色令人目盲，五音令人耳聾，五味令人口爽，馳騁畋獵令人心發狂，難得之貨令人行妨」，也就是說，斑斕的色彩令人眼花撩亂，喪失辨別真偽的能力；嘈雜的聲音擾亂人的聽覺，使人無法傾聽真理的聲音；味道豐富的食物迷惑人的味覺；縱橫馳騁、戲遊狩獵使人心性流宕狂野；珍貴稀有的物品勾起人的貪欲，使人行為不檢……所以他主張「不見可欲，使心不亂」。不見可欲，固然可以使心性平和、寡淡，但人是社會性的群居動物，除非躲避到深山老林中，又如何能「不見可欲」呢？而古往今來，又有多少人能徹底摒棄「聲色貨利」的誘惑？[365] 而「家居有事之學」恰恰是與之針鋒相對的：「家居」是相對於「避世」而言；「有事」則是針對「無為」而言。「家居有事」，就是要讓人在現實的日常生活中充分體驗到感性的愉悅、精神的快樂，營造世俗的、日常的居家之美。[366]

---

[364] 張德謙：《瓶花譜》，《叢書整合》本，商務印書館 1939 年版，第 1 頁。
[365] 李漁著，單錦珩點校：《閒情偶寄》卷六，浙江古籍出版社 2010 年版，第 339 頁。
[366] 趙強：〈閒情何處寄？——《閒閒情偶寄》的生活意識與境界追求〉，《文藝爭鳴》2011 年第 2 期。

這種居家之美就是要使日常生活情境達到「物物皆非苟設，事事俱有深情」的審美化和藝術化的高度，就是力求使自己的日常生活中「過目之物盡是畫圖，入耳之聲無非詩料」。[367]

---

[367] 李漁：《閒情偶寄》卷四，浙江古籍出版社 2010 年版，第 177 頁、第 230 頁。

第八章
從「雅集之樂」到「交遊之美」

君子周而不比，小人比而不周。

—— 《論語・為政》

相呴以溼，相濡以沫，不如相忘於江湖。

—— 《莊子・大宗師》

友遍天下英傑之士，讀盡人間未見之書。

—— 陳繼儒《小窗幽記》

▶分享快樂的真理

莊暴去朝見齊宣王。該國君是個熱衷於發展文化事業的人，延請了大批「文學遊說之士」來到他的國都，安排在稷下學宮，「不治而議論」[368]—— 每日放言高論，卻沒有治國安民的實際行動。莊暴剛開口，齊宣王就大手一揮：「寡人喜歡聽音樂，我們還是聊聊音樂吧！」

一句話就把莊暴滿肚子的大道理噎了回去。他回頭跟孟子抱怨這事兒，認為齊國沒救了。更出乎意料的是，孟子竟然信心滿滿地說，大王如

---

[368] 司馬遷：《史記・田敬仲世家》第 6 冊，中華書局 1963 年版，第 1895 頁。

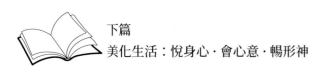

果真心喜歡音樂，那齊國還算不錯了！

沒過幾天，孟子去見齊宣王的時候，提起此事。齊宣王猜到孟子不過是變著法兒說他的「王道」理想、「禮樂」文明，就主動降低姿態說：寡人喜歡的是世俗的靡靡之音，和您說的那些不搭邊兒！

孟子常年遊說諸國，自然深諳眼前這位國君的防禦心理，就賣個關子說：大王您有所不知，只要喜歡音樂，就很不錯了。先王的音樂和流行音樂也差不多，沒有想像中的那麼崇高！

齊宣王果然上當了，忙不迭地說：您快告訴我是怎麼個道理？

孟子就用這幌子引君入甕，從享受音樂講到與民同樂，再到施惠於百姓。至於遊說的效果，是可以想見的。邏輯的力量畢竟停留在話語層面，要想讓驕奢淫逸的國君放下身段與民同樂，切實做點惠民的政事，單靠辯論恐怕不行。

不過，孟子和齊宣王的一問一答，卻無意間道出了中國人兩千年來持續不變的關於生活享受和快樂的一種心理：

（孟子）曰：「獨樂樂，與人樂樂，孰樂？」

（齊宣王）曰：「不若與人。」

（孟子）曰：「與少樂樂，與眾樂樂，孰樂？」

（齊宣王）曰：「不若與眾。」[369]

獨樂不如眾樂，這是關於快樂及其分享的真理。高高在上的國君都懂得與人分享快樂，能夠獲得更大的快樂，更何況普通人？所以在中國人的人生觀念裡，「朋友之道」特別重要，「朋友」被看成是五種基本的人倫

---

[369] 孟子：《孟子·梁惠王（下）》，朱熹：《四書章句集註》，中華書局 2003 年版，第 213 頁。

關係（「五倫」）之一。《左傳》中
說：「天子有公，諸侯有卿，卿置
側室，大夫有貳宗，士有朋友。」[370]
這裡所說的「朋友」關係，當然首
先建立在互相切磋、交流，以促進
學識和品行的提升上，所謂「君子
以文會友，以友輔仁」[371]。朋友間
互相解答疑難問題，分享對經典和
道義的理解，以及藝術作品、審美
體驗等，能夠帶來極大的快樂！

　　所以《論語》中說：「有朋自遠
方來，不亦樂乎？」[372]

　　和朋友一起探討真理、切磋學
問這麼枯燥的事兒，尚且快樂如
斯，更何況是一起登高作賦、飲酒
觀樂、品茗對弈、鑑古賞奇？

文徵明〈攜琴訪友圖〉明代
現藏於臺北故宮博物院

---

[370] 上海古籍出版社編：《十三經註疏》下冊，上海古籍出版社 2007 年影印版，第 1958 頁。
[371] 朱熹：《四書章句集註》，中華書局 2003 年版，第 47 頁。
[372] 朱熹：《四書章句集註》，中華書局 2003 年版，第 47 頁。

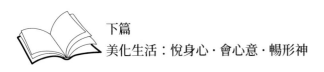

　　林語堂先生總結過中國古代真正懂得「生活的藝術」的「生活藝術家」們的特點：「他如更想要享受人生，則第一個必要條件即是和性情相投的人交朋友，須盡力維持這友誼，如妻子要維持其丈夫的愛情一般，或如一個下棋名手寧願跑一千里長途，去會見一個同志一般。」[373] 我們的文明史上鑲刻了難以計數的尊友、尚友的典故：管鮑知心、季札掛劍、伯牙摔琴、殺雞作黍、雪夜訪戴、千里尋嵇、阮籍青眼、竹林痛飲、蘭亭歡會、隴頭贈梅、灞橋折柳、西園雅集……這與朋友分享快樂的文化基因，還流淌在我們的血脈中！這些故事和體驗本身，就足以支撐起一個偉大的情感、精神、藝術、文化的傳統了。

▶遊宴之樂

　　《世說新語．傷逝》篇記載過一則令人感傷的軼事：王粲有一個怪癖，喜歡聽驢叫。他英年早逝，在葬禮上，已經貴為魏王世子的曹丕，也就是後來的魏文帝忽然想起這一出，對那些曾同遊多年的朋友說：

> 王好驢鳴，可各作一聲以送之。[374]

　　於是乎本應悲戚、肅穆的葬禮上驢叫聲此起彼伏。這一幕貌似不可理喻，但卻直接擊中人心最柔軟的部位，千載而下，讀來仍令人黯然神傷。學驢鳴，展現了曹丕心性極為複雜的面目：在權力鬥爭中，他奸詐、殘忍，連手足之情都毫不顧忌；與朋友交往，卻推心置腹，一往情深。

　　曹丕與王粲等人的友情，建立在多年攜手同遊、宴飲歡會的生活經歷

---

[373] 林語堂著，越裔譯：《生活的藝術》，群言出版社 2009 年版，第 148 頁。

[374] 劉義慶著，徐震堮校箋：《世說新語校箋》下冊，中華書局 2004 年版，第 347 頁。

之上。他有一封寫給另一位友人吳質的信，回憶起當年的遊宴之樂，言辭清理、情真意切：

> 每念昔日南皮之遊，誠不可忘。既妙思六經，逍遙百氏，彈棋間設，終以六博。高談娛心，哀箏順耳。馳騖北場，旅食南館。浮甘瓜於清泉，沈朱李於寒水。白日既匿，繼以朗月。同乘並載，以遊後園。輿輪徐動，參從無聲，清風夜起，悲笳微吟，樂往哀來，愴然傷懷。余顧而言，斯樂難常，足下之徒，咸以為然。今果分別，各在一方。元瑜長逝，化為異物，每一念至，何時可言？[375]

作「南皮之遊」時，曹丕年方十八九歲，正是年少輕狂、意興遄飛的時節。所以信中所說的「樂往哀來，愴然傷懷」，大概是摻雜了那個時代特有的對人生苦短、世事無常的普遍感傷情緒，與青春期懵懂、躁動、莫可言喻的悵惘心緒。也正是在這個人格塑成的關鍵時期，他與吳質、阮瑀、徐幹、陳琳、應瑒、劉楨等人朝夕相處，同住同遊，建立了情同莫逆的友誼！曹丕在一首題為〈孟津〉的詩中寫道：

> 良辰啟初節，高會構歡娛。[376]

也就是說，良辰美景，駕車出遊，舉辦盛大的宴會尋歡作樂。這是友朋交遊最主要的方式之一，也是最直接、最集中、最強烈的交遊之樂的獲取方式。早在周代，遊宴歡會就已經非常流行了。《詩經》中有許多記載周朝貴族們「高會構歡娛」的詩，如〈小雅〉之〈天保〉、〈常棣〉、〈鹿鳴〉等均是此類。後來的儒生往往要給這些詩帶上「禮教」的帽子，說飲

---

[375] 曹丕著，易健賢注：《魏文帝集全譯》，貴州人民出版社 2009 年版，第 178 頁。
[376] 曹丕著，易健賢注：《魏文帝集全譯》，貴州人民出版社 2009 年版，第 351 頁。

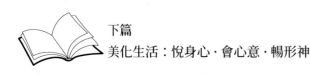

酒的目的不是為了尋歡作樂，而是要和樂兄弟、維護君臣關係等，難道這兄弟相洽之樂、君臣相得之樂，竟不是「快樂」嗎？

我們只看〈小雅‧鹿鳴〉中的一句詩就能一目了然了：

呦呦鹿鳴，食野之苹。我有嘉賓，鼓瑟吹笙……鼓瑟鼓琴，和樂且湛。我有旨酒，以燕樂嘉賓之心！[377]

這分明是說，鹿在呦呦地唱著歌兒，悠閒地吃著野地裡的青草；我家來了好朋友，趕緊大張筵席、吹彈作樂；彈瑟的彈瑟，鼓琴的鼓琴，吹笙的吹笙，聽起來真歡快；拿出我的美酒來，讓我的朋友在宴會上一醉方休，徹底盡興！如果說非要給這詩歌蒙上倫理的色彩，那這人倫的和諧，也是根植於主客之間不分彼此的物質享受的分享。

貴公子和他的朋友們年少輕狂、不諳世事，所以他們在宴飲中獲得的快樂是純粹的、明朗的、積極的，流淌著生命的激情和生活的熱情。而對於那些深陷現實苦悶中的難兄難弟而言，宴飲之樂就顯得有些「苦中作樂」了。這種快樂，是為了消解在銅牆鐵壁一般黑暗、堅硬的現實中屢屢碰壁，受挫而沉澱下來的積鬱，所謂「澆胸中壘塊」是也。曹氏兄弟的父輩們在宴會中就常常流露出這樣的苦悶和哀思：

對酒當歌，人生幾何？譬如朝露，去日苦多。慨當以慷，憂思難忘。何以解憂，唯有杜康！[378]

這裡所感嘆的「人生幾何」，有了人到中年、壯志難酬的沉甸甸的生活體驗和人生感悟，因而詩人慷慨不平的心緒、深隱難遣的幽思才更真

---

[377] 高亨：《詩經今注》，上海古籍出版社 1980 年版，第 217 — 218 頁。
[378] 曹操：〈短歌行〉，余冠英：《三曹詩選》，人民文學出版社 1999 年版，第 7 頁。

切、更能引發觀者的共鳴。曹氏一代「奸雄」，挾天子以令諸侯，可謂得志之人，尚且如此，更何況那些在現實政治中屢屢失意，甚至對這名利場深感絕望的人？他們對於酒的依賴，理由就更充分了，他們在宴飲中所分享的，也不僅僅是美酒所能帶來的感官刺激和愉快體驗了。《世說新語·任誕》篇中說：

> 陳留阮籍、譙國嵇康、河內山濤，三人年皆相比，康年少亞之。預此契者：沛國劉伶、陳留阮咸、河南向秀、琅琊王戎，七人常居於竹林之下，肆意酣飲，故世稱「竹林七賢」。[379]

「竹林七賢」是魏晉名士中的翹楚，他們相聚「肆意酣飲」，實際上是知心好友聚在一起，分擔生命的苦悶，一同發洩對於現實、社會和政治的不滿。阮籍縱飲，是以一種戕害自己生命健康的方式，來發洩胸中的不平之氣。而嵇康、山濤、劉伶、阮咸、向秀等人也是如此，就連後來變節的王戎，也隱藏著滿腹的牢騷。據說他投靠司馬氏後，做了尚書令的要職，穿著華麗的官服、乘坐軒車，途徑黃公酒壚時，想起昔日的竹林之遊，不僅感慨萬端：

> 吾昔與嵇叔夜、阮嗣宗共酣飲於此壚，竹林之遊，亦預其末。自嵇生天、阮公亡以來，便為時所羈紲。今日視此雖近，邈若山河。[380]

這是觸景生情、睹物思人的真情流露。他眼前浮現的不僅是當年七賢在竹林中酣飲高歌、旁若無人的自由自在，更是身不由己而又不便言說的恐懼、憂慮。嵇康對抗司馬氏，堅決不合作，被砍了腦袋；阮籍雖然沒有

---

[379] 劉義慶著，徐震堮校箋：《世說新語校箋》下冊，中華書局 2004 年版，第 390 頁。
[380] 劉義慶著，徐震堮校箋：《世說新語校箋》下冊，中華書局 2004 年版，第 348 頁。

這麼激烈，但也只能靠頹廢放縱來獲得司馬氏的容忍，最終鬱鬱而終⋯⋯這樣的悲慘下場，有幾人願意親身嘗試？王戎說的「為時所羈絆」一語裡面，實則暗藏著生於亂世汙穢之中，出處之間都危機四伏的人生體驗！

▶雅集之美

嵇康被殺，給放蕩不羈、對抗權貴的名士當頭一棒：要個性、自由、尊嚴，還是要生存？《世說新語》中引用了一段〈向秀別傳〉中的話：

> 後康被誅，秀遂失圖，乃應歲舉到京師，詣大將軍司馬文王。文王問曰：「聞君有箕山之志，何能自屈？」秀曰：「常謂彼人不達堯意，本非所慕也。」一坐皆悅。[381]

嵇康被誅殺後，向秀看到了拒絕合作的慘痛結局，就不再堅持隱居不仕了。「一坐皆悅」，其樂融融，這是用暴力和殺戮經營出來的和諧景象！不出仕、拒絕為當權者粉飾太平就要被剷除；入仕又是違心之舉，所以許多人採取了折中的辦法：出仕但不務實，不做當權者的幫凶，而是口不議論時政、手不離塵尾酒樽，乾脆悠遊自在地享受人生。三五好友相聚時，或揮塵談玄，辯論一些虛無縹緲的話題，要不就是大張筵席，品美酒、觀聲伎、賦新詩⋯⋯總之是與現實的政治和社會保持著隔絕。這隔絕出來的聚會，就是我們通常所說的「雅集」的濫觴。

「雅集」之「雅」，是與世俗相對而言的，是一種生活的品味與審美的趣味。儘管雅集也逃不出世俗的時空畛域，但人們總試圖在世俗人生、日常生活、名利世界之外，開闢出一片寧靜、高雅、絕塵的審美空間。這

---

[381] 劉義慶著，徐震堮校箋：《世說新語校箋》上冊，中華書局 2004 年版，第 43 頁。

一審美空間，大都安放在遠離城市喧囂、人群嘈雜的山水或園林中；有資格參加雅集的人，都是高蹈絕俗、不慕榮利的，至少在此時此地，要暫時放下名利之圖；飲酒自然是雅集必不可少的內容，但酒就像是服藥前的引子，先行的鋪墊，飲酒、聲伎之歡的目的是激發人的雅興，醞釀靈感，最終為雅集者所推崇的往往是詩文或書畫作品。

〈竹林七賢與榮啟期〉 南朝畫像磚

有這麼一篇文章，大概粗識文字的人都能背出它的前幾句：

永和九年，歲在癸丑，暮春之初，會於會稽山陰之蘭亭，修禊事也。群賢畢至，少長咸集。此地有崇山峻嶺，茂林修竹，又有清流激湍，映帶

左右，引以為流觴曲水，列坐其次。雖無絲竹管弦之盛，一觴一詠，亦足
以暢敘幽情。[382]

　　沒錯，這就是被稱為「天下第一行書」的〈蘭亭集序〉，作者是「書
聖」王羲之。東晉穆帝永和九年（西元 353 年）三月初三，王羲之與謝
安、謝萬、王獻之、王凝之、王徽之、孫統、孫綽、華茂等四十多位東
晉名士在會稽山陰的蘭亭聚會。聚會的名義是「修禊事」，也就是在水邊
祭祀、祈福，這是先秦時代流傳下來的習俗。蘭亭遠離都市，背靠崇山峻
嶺，前臨清澈溪流，四周長滿了綠樹修篁，實在是踏青休閒的好去處。

　　王羲之等人就在亭邊溪畔席地而坐。「引以為流觴曲水」，就是開掘
「流杯池」，引來溪流，順著流水的走勢設好席位，把酒杯放在水流中，
任其漂流。人坐在水邊，酒杯飄過來就取而飲之。因為「流杯池」大都形
狀蜿蜒曲折，所以稱之為「流觴曲水」[383]。「一觴一詠」就是說一邊飲
酒，一邊作詩。這次聚會，對與會者的要求之一就是要作詩，因為有十五
人沒完成任務，各被罰酒三斗。[384]

　　王羲之特別強調說，這一天「天朗氣清，惠風和暢，仰觀宇宙之大，
俯察品類之盛，所以遊目騁懷，足以極視聽之娛，信可樂也」！正所謂山
水之美，可以滌盪胸中塵渣，令人忘卻世俗煩惱。不過樂極往往生悲，他
筆鋒一轉，就開始渲染濃郁的悲情：我們雖然今日在此地極盡歡快，可這
快樂究竟是短暫的；況且人生天地間，如白駒過隙，忽然而已。這樣說起
來，人生的歡樂實在是太短暫了！

[382] 王羲之：〈蘭亭集序〉，吳楚材、吳調侯著，韓欣整理：《古文觀止》卷七，天津古籍出版社
　　　2010 年版，第 389 頁。
[383] 萬繩楠：《魏晉南北朝文化史》，黃山書社 1989 年版，第 140 頁。
[384] 劉義慶著，徐震堮校箋：《世說新語校箋》下冊，中華書局 2004 年版，第 346 頁。

　　整篇〈蘭亭集序〉的情緒，就在這「貪生怕死」、「好逸惡勞」的悲痛中達到了頂點，並且戛然而止！這真有些令人意外。按常理而言，你至少得曲終奏雅，在結尾處講一番齊同萬物、看破生死的大道理呀！可是王羲之卻明明白白、一字一頓地告訴讀者：「一死生為虛誕，齊彭殤為妄作！」也就是說，認為生和死沒有什麼區別的說法不過是痴人妄語，更不應該把長壽和夭折看成一樣！

　　後來的人解讀這篇文章時往往推崇他的「自然趣味」、「高曠情懷」，大都言不及義，甚至牽強附會。這哪裡是「自然趣味」？分明是對生命自然之道的控訴！這又何嘗展現了「高曠情懷」？分明是不敢正視哪怕是尚且非常遙遠的死亡！

　　只有清人金聖歎獨具慧眼，讀懂了王羲之的心境：

> 此文一意反覆生死之事甚疾，現前好景可念，更不許順口說有妙理妙語，真古今第一情種也。[385]

　　金聖歎拈出一個「情」字，實在高明。王羲之對眼前美景與此刻快樂的留戀與不捨，以及他對人之不免一死的洞見，表現出一種洞達生命本質的透闢：人始終是要死的，面對死亡的恐懼和憂慮，任何哲理、說教都是虛妄無力的，改變不了這一必然結局。這有限的生命，應該交付給良辰美景、賞心樂事，還是投身到汙濁的塵俗中隨波逐流？

　　答案自然是可以想見的。王羲之是折中派名士的翹楚，他在「規矩」與「自由」之間找到了一個折中的平衡，既不踏入「名教」的禁地，也不為「名教」的勢利所劫。他對生命的依戀之情，主要都灌注在藝術創造和

---

[385] 金聖歎選評，朱一清、程自信校注：《天下才子必讀書》，安徽文藝出版社 1992 年版，第569 頁。

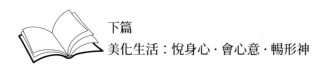
朋輩交遊兩件事上了。他說書法是「玄妙之伎」，如果不是胸懷曠達、見解高妙的人，是學不好的[386]；朋友交遊，又何嘗不是如此？他說：

> 夫人之相與，俯仰一世。或取諸懷抱，晤言一室之內；或因寄所託，放浪形骸之外。雖趣舍萬殊，靜躁不同，當其欣於所遇，暫得於己，快然自足，不知老之將至。及其所之既倦，情隨事遷，感慨系之矣。向之所欣，俯仰之間，已為陳跡，猶不能不以之興懷。況修短隨化，終期於盡！[387]

在人際交往中，人的目的、好惡是千差萬別的，所袒露出的情趣、性格也面目各異，但不論哪種情形，只要人與人一拍即合，暫時滿足了內心的渴求，就會獲得莫大的快樂！人生苦短的煩惱也就拋到九霄雲外去了。待到雙方熟而生厭之後，感受和心情又會有一番變化，不由生出無端的感慨！

經王羲之這麼一說，執著於友情的人難免會別有一番滋味在心頭——交遊之樂真的如此短暫、虛幻、偶然嗎？

王羲之沒有給出確切的答案。執著的人未免要搵一把辛酸淚，通達的人則會有蘇軾在〈和子由澠池懷舊〉詩中所流露出的心境：

> 人生到處知何似，應似飛鴻踏雪泥。
>
> 泥上偶然留指爪，鴻飛那復計東西？[388]

人生世間，如同南來北往的鴻雁一般。鴻雁踏雪留痕，不過是必然之偶然，也就是說，它要落腳停歇，就必然會在某地留下蛛絲馬跡，然而，具體到哪裡歇腳，卻不過是偶然的無心之舉罷了！人生一世，草木一秋，不過就

---

[386] 王羲之：〈書論〉，楊素芳、後東生編：《中國書法理論經典》，河北人民出版社 1998 年版，第 16 頁。

[387] 王羲之：〈蘭亭集序〉，吳楚材、吳調侯著，韓欣整理：《古文觀止》卷七，天津古籍出版社 2010 年版，第 389－390 頁。

[388] 蘇軾：〈和子由澠池懷舊〉，王文浩輯注：《蘇軾詩集》卷三，中華書局 1982 年版，第 97 頁。

是這「雪泥鴻爪」，又何必斤斤計較呢？儘管享受這偶然的快樂就是了！

這就是王羲之的蘭亭逸趣。他洞穿了人生之不真實、不可靠、不值得執著和留戀的真相，繼而能以一種豁達的、絕俗的、擺脫了情欲物累的姿態來待人接物，用審美的方法來處理人際關係，不苛求盡善盡美、不妄圖天長地久。這種心態貌似頹喪，實則是獲得自由與解脫的大智慧！

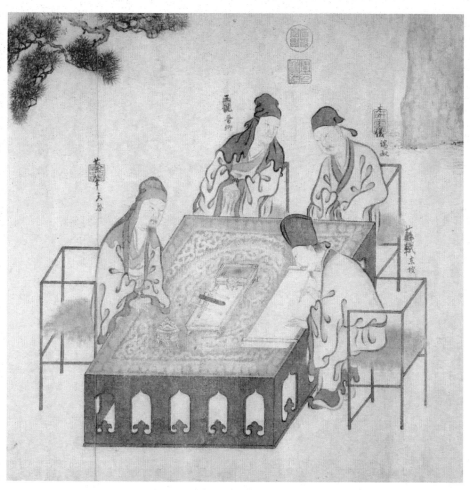

李公麟〈西園雅集圖〉區域性 北宋 現藏於臺北故宮博物院

馬遠〈西園雅集圖〉區域性 南宋 現藏於美國納爾遜・艾金斯藝術博物館

中國文化史上另一場激動人心的文人雅集，上演於北宋時代。

宋代文人雅集更講究形式之雅。而最能展現出這種形式之雅的，大概就是大畫家李公麟的〈西園雅集圖〉中所刻繪的「西園雅集」了。「西園」是東京（今河南開封）的一處園林，園子的主人王詵，是宋英宗的駙馬，出身名門，喜歡收藏書畫、古董。他與蘇軾、蘇轍、黃庭堅、米芾等著名文人來往密切，常常在府邸或園林中舉辦宴會，一起吟詩作賦、鑑賞古董、撫琴揮毫、談禪論道，〈西園雅集圖〉所呈現的就是這種場面。

米芾曾經寫過一篇〈西園雅集圖記〉，用精妙的文字把這幅名畫塑造的人物形象展現出來：

李伯時效唐小李將軍為著色泉石，雲物、草木、花竹，皆絕妙動人，而人物秀髮，各肖其形，自有林下風味，無一點塵埃氣，不為凡筆也。

其烏帽黃道服捉筆而書者，為東坡先生。仙桃巾紫裘而坐觀者，為王晉卿。幅巾青衣，據方几而凝視者，為丹陽蔡天啟。捉椅而視者，為李端叔。

後有女奴，雲鬟翠飾，侍立自然，富貴風韻，乃晉卿之家姬也。

孤松盤鬱，上有凌霄纏絡，紅綠相間。下有大石案，陳設古器、瑤琴，芭蕉圍繞。坐於石盤旁，道帽紫衣，右手倚石，左手執卷而觀書者，為蘇子由。團巾繭衣，手秉蕉箑而熟視者，為黃魯直。

幅巾野褐，據橫捲畫淵明〈歸去來〉者，為李伯時。披巾青服，撫肩而立者，為晁無咎。跪而捉石觀畫者，為張文潛。道巾素衣，按膝而俯視者，為鄭靖老。

後有童子執靈壽杖而立。二人坐於盤根古檜下，幅巾青衣，袖手側聽者，為秦少游。琴尾冠、紫道服，摘阮者，為陳碧虛。

唐巾深衣，昂首而題石者，為米元章。幅巾袖手而仰觀者，為王仲至。

前有髯頭頑童，捧古硯而立。後有錦石橋、竹徑，繚繞於清溪深處。翠陰茂密中，有袈裟坐蒲團而說無生論者，為圓通大師。旁有幅巾褐衣而諦聽者，為劉巨濟。二人並坐於怪石之上。

下有急湍潨流於大溪之中，水石潺湲，風竹相吞，爐煙方裊，草木自馨，人間清曠之樂，不過於此。嗟乎，洶湧於名利之域而不知退者，豈易得此耶！自東坡而下，凡十有六人，以文章議論，博學辨識，英辭妙墨，好古多聞，雄豪絕俗之資，高僧羽流之傑，卓然高致，名動四夷。後之攬者，不獨圖畫之可觀，亦足彷彿其人耳。[389]

---

[389] 米芾：《寶晉英光集‧補遺》，《叢書整合》本，商務印書館 1939 年版，第 76 頁。

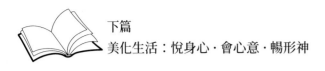

　　畫中除侍女、童子外，共計十六人：蘇軾、王詵、蔡肇、李之儀、蘇轍、黃庭堅、李公麟、晁補之、張耒、鄭嘉會、秦觀、陳景元、米芾、王欽臣、圓通大師、劉涇。這些人大都是著名的文人，詩詞、書畫無不精通，而陳景元、圓通大師則分別是當時著名的道士和禪師。

　　〈西園雅集圖〉所表現的，不是某次確切的文人聚會，而是集中表現了以蘇軾、黃庭堅、米芾等人為中心的文人交際圈平日裡的雅集情形。

　　這幅圖的人物有六組，他們或三或兩，分享著不同的快樂：頭戴烏帽、身著黃道袍的蘇軾正在臨池揮翰，而披紫裘、帶仙桃巾的王詵和方巾青衣的蔡肇、李之儀等聚精會神地在一旁觀摩；戴道士帽、著紫衣的蘇轍和戴團巾、穿繭衣的黃庭堅則正沉浸在鑑賞古董清玩的愉悅裡；李公麟則一副江湖野老的扮相，正在畫陶淵明〈歸去來〉圖，晁補之、張耒、鄭嘉會等人正津津有味地在一旁觀賞；陳景元戴著高高的道冠，旁若無人地撫琴，秦觀完全被這清妙的琴音征服了；有「石癖」的米芾裝扮復古，正在對著石頭揮毫，王欽臣袖手仰觀，似乎在比較米芾和蘇軾書法的優劣；遠離這些人的清溪深處，圓通大師和劉涇二人正在交流參禪的心得。

　　從西園雅集的情形來看，宋代文人士大夫的雅集活動，的確與魏晉時代有了很大不同。雅集的藝術氛圍更為濃郁，與會者的性情、心態也趨於淡泊、閒適，沒有了王羲之〈蘭亭集序〉中所流露出的那種追問生死的緊張和焦慮。在宋人這裡，生命的價值和意義已經不再構成念茲在茲的大關節、大問題了，因為他們已經找到了安放心靈的良好途徑，那就是營造優雅、精緻、絕俗的日常生活空間。

　　這就是最精緻、最優雅的生活藝術和生活美學！

▶古代文人的「社」與「會」

《紅樓夢》第三十七回寫道：寶玉自賈政點了學差出門去後，就成了脫韁的野馬，「每日裡在園中任意縱性的逛蕩，真把光陰虛度，歲月空添」。如此漫無目的放縱自我，時間長了也難免無聊，這時探春差人送來一副花箋，上面寫道：

> 今因伏几憑床處默之時，因思及歷來古人中，處名攻利敵之場，猶置一些山滴水之區，遠招近揖，投轄攀轅，務結二三同志，盤桓於其中，或豎詞壇，或開吟社，雖一時之偶興，遂成千古之佳談。[390]

探春姑娘「才自精明志自高，生於末世運偏消」，對整飭上下、重振家風抱有一腔熱忱，卻難見實效，恰似官場上失意的文人、落魄的秀才。所以她消遣尋樂，也頗得文人風神，「豎詞壇」、「開吟社」就是古代文人交遊的一種組織形式——會社。

明代人方九敘在〈西湖八社詩帖序〉中說過：

> 夫士必有所聚，窮則聚於學，達則聚於朝，及其退也，又聚於社，以託其幽閒之跡，而忘乎闃寂之懷。是蓋士之無事而樂焉者也。[391]

這就是說，會社是學問、政治之外的文人生活空間，是用來打發無聊時光、免去岑寂枯燥之苦的交遊行為。中國人結會社的歷史淵源長久，自魏晉時代就初現端倪，如東晉時代著名僧人釋慧遠就組織過「白蓮社」，與雷次宗等十七位同仁研究佛理；唐代白居易與張渾、劉真等人結成「香

---

[390] 曹雪芹：《脂硯齋批評本紅樓夢》上冊，鳳凰出版社 2010 年版，第 289-290 頁。
[391] 祝時泰輯：〈西湖八社詩帖〉，《叢書整合續編》第 154 冊，上海書店出版社 1994 年影印本，第 475 頁。

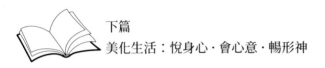

山九老會」，在一起吟詩談禪、頤養天年；到了宋元以後，尤其是明清時代，文人結社交遊蔚然成風，社與會就成了宴飲、雅集之外另一種主要的交遊形式：有了明確的興趣和話題中心、大致固定的成員、結構鬆散的組織和舉辦活動的規則。

中國最早的「學問型會社」就是前面提到的白蓮社。東晉末年，廬山東林寺的僧人釋慧遠與雷次宗、劉遺民等十八人在寺中結社。東林寺中有一處池塘，植有白蓮花，因此號稱「白蓮社」；這十八位社友，也因此被稱為「蓮社十八高賢」。關於白蓮社的具體活動，我們已經很難考察清楚了，不過，從「十八高賢」相約「同修淨土之法」的宗旨來看，「白蓮社」應該是以究明佛理、弘揚佛法為己任的以僧人和對佛教感興趣的文人為主。[392] 據說，白蓮社的主持者釋慧遠仰慕陶淵明的高風亮節，寫信拉他入夥，陶淵明知道佛教戒律不許飲酒，就提出一個條件：如果准許飲酒，便可加入。面對這個觸犯清規戒律的條件，釋慧遠當做何決斷？文獻中記載的是：

　　許之，遂造焉，忽攢眉而去。[393]

張激〈百蓮社圖〉區域性 北宋 現藏於遼寧省博物館

[392] 陳舜俞：《廬山記》卷二，李衝昭：《南嶽小錄（外四種）》，上海古籍出版社 1993 年影印版，第 21 頁。
[393] 佚名：〈蓮社高賢傳〉，王質等著，許逸民校輯：《陶淵明年譜》，中華書局 1986 年版，第 253 頁。

　　陶淵明為何會皺著眉頭離開？古人沒有交代。唐代詩僧齊己曾寫過一首〈題東林十八賢真堂〉詩，說「陶令醉多招不得，謝公心亂入無方」[394]，前一句能解答這個問題：陶淵明嗜酒如命，即使准許他在佛寺中飲酒，大概也不會容忍他成天喝得酩酊大醉吧！後一句說的則是謝靈運，據說他恃才傲物、塵心雜亂，請求加入白蓮社，卻被釋慧遠拒絕了。這些當然都是傳說，不過傳說背後蘊含的結社觀念卻是值得注意的，那就是「同聲相應，同氣相求」的交遊原則。

　　唐宋以後，文人因切磋學問、交流思想而結成會社的例子越來越多，最典型的莫過於書院和講學會了。前者著名的如石鼓、白鹿、應天、嵩陽、嶽麓、茅山六大書院，後者則以朱熹、陸九淵、王陽明等人的講學活動最盛。儒生們聚集在一起，交流讀書心得、探討詮解儒家經典的經驗，以及修身養性的方法等，對中國學術和思想的演進都產生了巨大的推進作用。也有部分讀書人聚在一起，研究科舉文章的作法，如宋代呂本中說自己兄弟三人曾經與汪信民、黎確、饒德操等「會課」，具體的做法是「每旬作雜文一篇，四六表啟一篇，古律詩一篇。旬終會課，不如期者罰錢二百」[395]。不僅明確規定了具體的會課方式，還制定了處罰條例，這大概是最早的「會社章程」吧！到了明代，「時文社」（研究八股作法）盛行一時，應該受到了呂本中等人的「會課」的啟發。[396]

　　正所謂「人生識字憂患始」，每當社會動盪、政治黑暗之際，文藝和學問型會社就會突顯出強烈的政治和社會批判色彩，進而演變成「政治性會社」，這在晚明時代展現得尤為突出。[397]

[394] 呂子都選注：《歷代僧詩精華》，東方出版中心 1996 年版，第 120 頁。
[395] 呂本中：《東萊呂紫薇師友雜誌》，《叢書整合》本，商務印書館 1939 年版，第 2 頁。
[396] 陳寶良：《中國的社與會》，浙江人民出版社 1996 年版，第 275 頁。
[397] 郭紹虞：〈明代的文人集團〉，《照隅室古典文學論集》上冊，上海古籍出版社 1983 年版，第 529 頁。

周文矩〈文苑圖〉五代 現藏於故宮博物院

　　晚明的東林黨、復社和幾社等學問型、文藝型會社，最初都是以講學、詩歌酬唱和會文為主旨的，然而隨著政局的頹敗、社會的沉淪，這些讀書人最終選擇了將結社轉變成一種營造社會輿論、抨擊黑暗現實的政治策略，他們發出「風聲，雨聲，讀書聲，聲聲入耳；家事，國事，天下事，事事關心」的倡議，在寒宵噩夢一般的晚明社會，挺立了中國知識分子不畏強權、擔當正義的錚錚傲骨。

　　孔尚任依照晚明史事著就的《桃花扇》中寫道：東林黨人阮大鋮背叛同志，投靠「閹黨」，做了魏忠賢的孝子賢孫，事敗後被革職，寓居南京。他不甘落寞，多次向東林黨和復社文人獻媚，企圖東山再起。沒想到他在夫子廟春祭孔子的時候，被複社文人揪住，一頓痛打，後來又試圖重金結交侯方域，請他幫忙排解，誰料又遭嚴詞拒絕。西元 1643 年端午節，南京秦淮河畔遊人如織，闔城士女都出來賞燈觀月。阮大鋮唯恐遭遇尷尬，直到半夜三更才敢出來遊賞。他的燈船剛駛到貢院門口，就看到了上書「復社會文，閒人免進」的大燈籠，一時大驚失色：

了不得，了不得！快歇笙歌，快滅燈火。[398]

　　阮大鋮聞風喪膽，是畏懼復社文人激濁揚清的輿論壓力。而文人交遊結社，竟能產生如此功效，也就是孟子所說的「至大至剛」的「浩然之氣」的人格力量吧！這種崇高、正直、有擔當的人格之美，就是孔子所說的「以文會友，以友輔仁」的交友之道的直接顯現。

　　白居易或許料想不到，他所開啟的文人結社傳統，竟能在歷史的舞臺上扮演如此重要的角色。他當時組織的「香山九老會」，不過是為了怡老養生的純粹「娛樂型會社」罷了。史書中說他晚年在東都洛陽：

疏沼種樹，構石樓香山，鑿八節灘，自號「醉吟先生」，為之傳。暮節惑浮屠道尤甚，至經月不食葷，稱「香山居士」。嘗與胡杲、吉旼、鄭據、劉真、盧真、張渾、狄兼謨、盧貞燕集，皆年高不事者，人慕之，繪為〈九老圖〉。[399]

　　香山在洛陽城南，是當時著名的佛教聖地。白居易晚年在香山養老，修築園林池館，平日與友人對飲、賦詩、談禪，自得其樂。他在〈香山寺二絕〉中說：

空門寂靜老夫閒，伴鳥隨雲往復還。

家醞滿瓶書滿架，半移生計入香山。

愛風巖上攀松蓋，戀月潭邊坐石稜。

且共雲泉結緣境，他生當作此山僧。[400]

---

[398] 孔尚任著，王季思等注：《桃花扇》，人民文學出版社 2011 年版，第 62 − 63 頁。

[399] 《新唐書・白居易傳》第 14 冊，中華書局 1975 年版，第 4304 頁。

[400] 白居易著，朱金城箋校：《白居易集箋校》第 4 冊卷三二，上海古籍出版社 1998 年版，第 2142 頁。

香山寺環境清幽、景緻雅靜，是修養身心的好去處。白居易正是看上了這一點，才決計把香山作為安度晚年的居所。他說出了下輩子要在香山寺出家的話，或許是史書上說他「惑浮屠道尤甚」的依據。其實，白居易不食葷腥、談禪宴飲，主要的目的還是想獲得「閒適」之樂。

會昌五年（西元845年）三月二十一日，74歲的白居易邀請胡杲（89歲）、吉旼（86歲）、鄭據（84歲）、劉真（82歲）、盧真（82歲）、張渾（74歲）等人在家中宴飲，終宴賦詩，白居易的詩題尤長：「胡、吉、鄭、劉、盧、張等六賢，皆多年壽，予亦次焉。偶於弊居合成『尚齒之會』，七老相顧，既醉甚歡。靜而思之，此會稀有，因成七言六韻以紀之，傳好事者。」詩題中的「齒」是年齒、年齡，「尚齒」就是尊老的意思。古語云，人生七十古來稀，在中唐時代，能同時聚集七位古稀老人，確實算是盛事了。

白居易在這首詩中還說，「七人五百七十歲，拖紫紆朱垂白鬚。手裡無金莫嗟嘆，樽中有酒且歡娛。詩吟兩句神還王，酒飲三杯氣尚粗。嵬峨犯歌教婢拍，婆娑醉舞遣孫扶。」[401] 七個老頭兒加起來正好570歲，他們都是富貴之人，穿紅戴紫，鬚髮皆白，早就把功名利祿看淡了，眼下只求含飴弄孫、頤養天年了。還好他們身體都還算硬朗，吟詩不至於費神，喝幾杯酒也還能走得動路。不過喝醉了也無妨，有孫子輩在一旁服侍著呢！

這真是老有所樂！其實狄兼謨、盧貞也參加了這次聚會，只不過他們都未到70歲，所以沒有資格進入「七老」。真正的「香山九老會」是在這年夏天，又有兩位年紀更長的老頭加入，他們是136歲的李元爽和95歲的和尚如滿。這就更是百年不遇了，白居易不禁興致大發，畫了一幅〈九老圖〉，把一干老頭兒聚眾尋樂的場景圖繪出來，還寫了一首絕句：

[401] 白居易著，朱金城箋校：《白居易集箋校》第4冊卷三七，上海古籍出版社1998年版，第2563頁。

雪作鬚眉雲作衣，遼東華表鶴雙歸。

當時一鶴猶稀有，何況今逢兩令威。[402]

　　因為兩個歲數更大的老頭的與會，這回白居易的詩就有點兒浪漫色彩了。他們被描述成白衣勝雪、乘雲御氣的樣子。遼東丁令威是傳說中得道的仙人，活了一千餘歲後，化成仙鶴歸來，大概為其他七位稍顯年輕的人物帶來了更大的信心和期待吧！

　　「香山九老會」在後世的文人交遊中具有典範性的地位。且不說宋代李昉、文彥博等名動天下的名士、高官在年老致仕後也分別組織過「九老會」和「洛陽耆英會」，就連名不見經傳的普通人，也紛紛效法白居易，結成怡老社、耆老會，定期舉辦娛樂活動，享受天年之樂。據統計，只明朝二百餘年間，各地湧現出的怡老會社就有近四十例。[403]一向喜歡附庸風雅的乾隆皇帝，更不會錯過這一石二鳥的機會，組織過多次「九老會」，一是為了顯示自己優雅閒適的文化品味，二是為了裝點盛世太平。

　　娛樂型的會社，除了怡老會外，還有一些以飲食、消夏、避寒、鬥雞、謔談、彈琴、下棋、旅遊等為主題的會社，甚至還有所謂「哭會」與「夢社」：前者是會員一同放聲大哭，後者則是相聚解夢！[404]這千奇百怪的興趣，即使在社會觀念和文化形態極為多樣的當代，恐怕也會令人耳目一新。

---

[402] 白居易：〈九老圖詩〉，朱金城箋校：《白居易集箋校》外集捲上第 6 冊，上海古籍出版社 1998 年版，第 3861 頁。
[403] 何宗美：〈明代怡老詩社綜論〉，《南開學報（哲學社會科學版）》2002 年第 3 期。
[404] 陳寶良：《中國的社與會》，浙江人民出版社 1996 年版，第 333 — 341 頁。

佚名 〈香山九老圖〉宋代

周臣〈香山九老圖〉區域性 明代
現藏於天津博物館

▶「馬疲人倦送詩忙」

　　人生總是聚少離多，宴飲雅集與結社組會雖然是交遊之美最集中、最耀眼的表現，但畢竟不是友朋來往的常態。杜甫在乾元二年（西元 759 年）自洛陽赴華州（今陝西華縣）時，途經奉先縣（今陝西蒲城），順道拜訪了一個少年好友。他已年過不惑，正值人生的谷底，此時與多年不見的好友重聚，多少有些感慨：

　　人生不相見，動如參與商。今夕復何夕，共此燈燭光。少壯能幾時，鬢髮各已蒼。訪舊半為鬼，驚呼熱中腸。焉知二十載，重上君子堂。[405]

---

[405] 杜甫：〈贈衛八處士〉，仇兆鰲注：《杜詩詳註》卷六，中華書局 1979 年版，第 512 頁。

「參」與「商」是位於西方的參星和東方的商星，它們在天際各據一端，一出一沒，永不相見。友人之間動輒闊別經年、音訊杳然，杜甫哪裡會想到，能在二十餘年後又見到這位衛八先生？他一生潦倒不濟，他的至交好友也大多如此，不像白居易等人那麼長壽，到了古稀之年還能聚在一起安享天倫，所以這「訪舊半為鬼」的感傷尤其強烈。兩年前，在秦州（今甘肅天水），他聽到訊息，說李白受到政治鬥爭的牽連，被朝廷流放夜郎，內心百感交集，寫下了膾炙人口的〈天末懷李白〉詩：

> 涼風起天末，君子意如何？
> 鴻雁幾時到，江湖秋水多。
> 文章憎命達，魑魅喜人過。
> 應共冤魂語，投詩贈汨羅。[406]

李白雖然只是貶謫，但夜郎卻是傳說中的魑魅魍魎出沒之地，見人經過，就會「吞人以益其心」，此去實在凶多吉少。江湖浩渺，遠隔千里，鴻雁傳書不知要何時才能到達，在這秋風乍起的時節，不知李白境遇如何？他是不是正在汨羅江邊吟詩作賦、悼念屈原？杜甫憂心忡忡，又想到他無辜蒙難，憂憤、無奈、絕望、思念、傷感之情一併湧上心頭，「文章憎命達」就是這種複雜情緒激盪反覆、難以克制而發出的呼號。清人仇兆鰲在點評這首詩時說：「說到流離生死，千里關情，真堪聲淚交下，此懷人最慘怛者。」[407]「千里關情」，從內涵上說，是醇厚的友誼；從形式上說，就是這一類懷遠、贈答的詩作。

在交通、通訊極不便利的古典生活情境中，用詩歌這種藝術形式來互

---

[406] 杜甫撰，仇兆鰲注：《杜詩詳註》卷七，中華書局 1979 年版，第 590 － 591 頁。
[407] 杜甫撰，仇兆鰲注：《杜詩詳註》卷七，中華書局 1979 年版，第 591 頁。

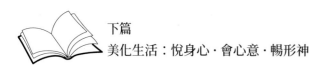
通款曲、交流情感，是中國古人在朋輩交遊時最常見的方式。所謂「千里關情」，也就是說，在他們的信念中，真誠的情誼能夠跨越空間的阻隔，一首短詩、一封書簡，足以撫慰「人生不相見」的孤獨與落寞。英國漢學家阿瑟・魏理曾概括道，「若說中國詩有半數是描寫別離之情，當不為過」[408]；而中國古人在評價唐詩時則說過：「唐人好詩，多是征戍、遷謫、行旅、別離之作」[409]。前者偏重「量」，後者側重於「質」，將這兩種說法綜合起來，就能對懷遠、贈答詩所寄託的款款深情與交遊之美有一種輪廓式的印象了。

這些詩作，大都是表現對遠在異域的友人的深切懷念，以及對其生活與人生經歷和境遇的關切。如唐元和十年（西元 815 年）六月，宰相武元衡被刺客殺死。白居易上疏奏請緝捕元凶，卻被政敵抓住了把柄。他並非諫官，率先言及此事有越權之嫌；又有人誣陷他有傷風化等。於是，一場由宰相被刺的凶殺案引發的關注重點，就從緝凶轉移到如何處置白居易上來，官場的荒誕絕倫與醜惡黑暗可見一斑！白居易先是被貶為刺史，後來又降為江州（今江西九江）司馬，這是一個相當於州刺史助理的微末職位。兩個月後，身在通州（今四川達州）的元稹得到了這一消息，他的反應是：

> 殘燈無焰影幢幢，此夕聞君謫九江。
> 垂死病中驚坐起，暗風吹雨入寒窗。[410]

---

[408] 程章燦：〈魏理眼中的中國詩歌史 —— 一個英國漢學家與他的中國詩史研究〉，《魯迅研究月刊》2005 年第 3 期。
[409] 嚴羽：《滄浪詩話・詩評》，郭紹虞校釋：《滄浪詩話校釋》，人民文學出版社 1961 年版，第 198 頁。
[410] 元稹：〈聞樂天授江州司馬〉，楊軍箋註：《元稹集編年箋註・詩歌卷》，三秦出版社 2002 年版，第 650 頁。

也是在這一年早些時候，元稹本人身陷政治漩渦，被貶為通州司馬。知己好友又罹此禍，不啻雪上加霜，大概沒有比「垂死病中驚坐起」這一動作，更能表達此時的震驚、錯愕之情了。

此詩不言關切、不語相思，卻極盡關切相思之情，局外人尚且不忍卒讀，更何況是白居易呢？他收到元稹寄來的詩後，寫下了另一首感人至深的酬答之作〈舟中讀元九詩〉：

> 把君詩卷燈前讀，詩盡燈殘天未明。
>
> 眼痛滅燈猶暗坐，逆風吹浪打船聲。[411]

江湖逆旅，長夜孤燈，友人的詩作和書信大概是最好的撫慰了。白居易在風浪顛簸中讀完元稹的詩，燈已殘、夜已半，脣亡齒寒的憂戚湧上心頭，再無一絲睡意。這兩首詩來往酬唱，都以寫景結句，風浪也好，風雨也好，既是實錄，又暗喻二人共同的艱難境遇：此時此刻，形影相弔的孤獨與苦悶、感傷與酬唱，似乎也能跨越空間的隔阻，將兩人同時籠罩起來。

元白之間這種脣齒相依、休戚與共的偉大友誼，真切地呈現在二人所寫的數量極為龐大的贈答酬唱詩作中。在如死寂的鐵幕般黑暗、沉重的政治生涯中，這偉大的友誼就像元稹窗下、白居易舟中的殘燈，雖然影影綽綽，卻也是志同道合者們相偎取暖、互相勸勉的支撐性力量。有了這溫暖的力量，即使不能避免沉淪，至少也能保持敏銳的現實感受——麻木不仁者，怎能寫出具有如此情感和心靈衝擊力的作品？

乾隆二十五年（西元 1760 年）十月，兩江總督尹繼善到蘇州處理公

---

[411] 白居易著，朱金城箋校：《白居易集箋校》卷一五第 2 冊，上海古籍出版社 1988 年版，第 947 頁。

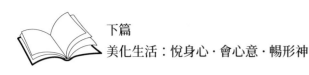
務。該總督出身滿洲貴族，仰慕中華文化，飽讀詩書、才華橫溢，十八歲中進士，此後仕途異常順利，十餘年間便一躍成為封疆大吏，可謂平步青雲，少年得志。他的學識和才華，在當時的滿朝大臣中都堪稱翹楚。《清史稿》載，乾隆皇帝最欣賞的三位大臣是李衛、田文鏡和鄂爾泰，要尹繼善效法他們。尹繼善當面回應道：「李衛，臣學其勇，不學其粗；田文鏡，臣學其勤，不學其刻；鄂爾泰，宜學處多，然臣亦不學其慎。」從這件小事中，我們大概能看出他的自信與自負。乾隆曾評價他說：「我朝百餘年來，滿洲科目中唯鄂爾泰與尹繼善，為真知學者。」[412]

尹繼善生平有一個癖好，那就是好與人詩歌唱和，尤其喜歡疊韻和詩，「每與人角勝，多多益善」。他這次到蘇州，遇見了嘉興人錢陳群。錢陳群是江南辭章才子，詩名滿天下，深受乾隆皇帝賞識，經常與他聯句作詩。據稱他致仕後，乾隆巡幸江南，還屢次召見他，唱和一番。尹、錢二人早就相識，在錢陳群的《香樹齋詩集》中，收錄過許多他們酬唱贈答的詩篇。二人再度相遇，必然有賡和之作。喜歡疊韻爭勝的尹繼善與深諳詩法的錢陳群，可謂棋逢對手。

據袁枚的《隨園詩話》記載，二人「和詩至十餘次，一時材官懍從，為送兩家詩，至於馬疲人倦」。攤上這樣喜好唱和的主人，真是僕人之大不幸！這還不算，錢陳群離開蘇州後，尹繼善又寄一首詩，讓人追到吳江繼續邀戰。錢陳群精疲力竭，情急之下，只好乞降：

歲事匆匆，實不能再和矣！願公遍告同人，說香樹老子，戰敗於吳江道上。何如？[413]

---

[412]《清史稿·尹繼善傳》第 35 冊，中華書局 1977 年版，第 10549 頁。

[413] 袁枚著，顧學頡校點：《隨園詩話》卷一，人民文學出版社 1982 年版，第 5 － 6 頁。

　　錢陳群號香樹居士，翻閱他的《香樹齋詩集》和《續集》，我們會發現其中大部分詩篇都是唱和之作，有許多組唱和詩數量都在二十首以上，應該是此道的行家裡手，為何遇見尹繼善後，區區十餘個會合，就令他鳴金收兵了呢？

　　錢陳群在這次的唱和詩中寫道：

> 卅年劉井舊相與，命駕過從邀一睞。
>
> 紛披各出遊山篇，百琲珠璣霏謦欬。
>
> ⋯⋯
>
> 熙時令僕存老成，別裁陰何去雕繢。
>
> 每逢險韻安妥帖，如請麻姑爬癢背。[414]

　　這是說他與尹繼善是四十多年的老相識了，此次蘇州相逢，各自拿出吟詠山川風物的詩篇出來切磋。尹繼善的詩作咳唾珠璣，令人拍案叫絕。他作詩不追求辭藻華麗、雕繢滿眼，而是巧妙用韻，每每押險韻，也就是不常見的韻腳。錢陳群經常應付的，是乾隆皇帝那樣自命有才、實際上藝術造詣平庸的人，碰著尹繼善這樣的高手，自然十分吃力。

　　錢氏甘拜下風，尹繼善雖然得意揚揚，卻也有些不盡興。這時，另一位後進才子袁枚加入戰局。他來到蘇州，看見錢陳群的信札，技癢難忍，賦詩一首，其中有一句說「秋容老圃無衰色，詩律吳江有敗兵」。尹繼善竟真的把戰敗錢香樹作為談資，大肆宣揚開來，誰知也身陷戰陣，不能脫身。袁枚記載道，尹繼善大喜，「又與枚疊和不休」。二人疊韻押「兵」字，尹詩有「消寒須用美人兵」、「莫向床頭笑曳兵」等句，調侃剛剛納妾的袁枚。

　　這就形成了古人的交遊之美，真乃千里關情也！

---

[414] 錢陳群：《元長節相繩庵司農以鞫讞來浙公餘流覽湖山歸舟來訪作詩見投盛稱武林之勝次韻為報》，《香樹齋詩續集》卷六，《四庫未收書輯刊》第九輯第 18 冊，北京出版社 1997 年影印本，第 428 頁。

黃慎 《捧梅圖》清代 現藏於遼寧省博物館

第九章
從「造景天然」到「園囿之美」

園日涉以成趣，門雖設而常關。策扶老以流憩，時矯首而遐觀。

—— 陶淵明〈歸去來兮辭〉

水能性淡為吾友，竹解心虛即我師。

—— 白居易〈池上竹下作〉

園悅目者也，亦藏身者也。人壽百年，悅吾目不離乎四時者是，藏吾身不離乎行坐者是。

—— 袁枚〈隨園記〉

▶「賞心樂事誰家院」？

才子崔護遊都城長安城南莊，偶然瞥見桃花陣裡某個少女的嫣然一笑，便念茲在茲不能忘懷。一年之後還要專程跑去獵豔，不果，寫了一首讓人讀後跟他一起悵惘不已的詩：

去年今日此門中，人面桃花相映紅。人面不知何處去，桃花依舊笑春風。[415]

---

[415] 孟棨：《本事詩·情感》，《叢書整合》本，商務印書館 1939 年版，第 6 — 7 頁。

不甘心的讀者還要煞費苦心，編織出更為悽惻纏綿的故事，讓那女子「死去活來」：「死」是女子讀了崔護的詩，害上相思病，一命嗚呼；「活」是崔護抱屍痛哭，感動上蒼，讓這對只有一面之緣的「有情人」終成眷屬。

佳人杜麗娘讀《詩經》「窈窕淑女，君子好逑」，芳心亂顫，無法靜心讀書。偶然想起去後花園消遣破悶。誰知那無限春光，竟惹得她越發煩愁：

> 原來姹紫嫣紅開遍，似這般都付與斷井頹垣。良辰美景奈何天，賞心樂事誰家院。朝飛暮卷，雲霞翠軒。雨絲風片，煙波畫船，錦屏人忒看的這韶光賤！[416]

花開花謝，本是自然，可懷春的少女卻觸景生情、顧影自憐：春光易逝、花時苦短，隱沒在荒涼之地無人欣賞，不就像自己這花容月貌嗎？杜麗娘意亂情迷，靠在書桌上睡了一覺，就看到一個手持一把柳條兒的俊俏少年翩翩而來……

有心的讀者自然能發現，這兩次「偶然」的發生何其相似，都緣自「遊園」。

「遊」是時機，是放鬆警惕、心扉洞開的閒逛，這樣才能捕捉到稍縱即逝的片刻，才能容得下偶然的際會扎進心頭。

「園」是空間，是日常生活、凡俗世界的法外之地，這裡才會使人忘掉「男女授受不親」的清規戒律。

中國人最早造園林，就是要在現實生活中特別開闢出一方自由的、浪

---

[416] 湯顯祖著，錢南揚校點：《牡丹亭》，《湯顯祖戲曲集》上冊，上海古籍出版社 2010 年版，第 268 頁。

漫的天地。《尚書》中說周文王告誡子孫「其無淫於觀、於逸、於遊、於田」[417]，也就是說，不要沉溺於觀賞美景、享受安逸、遨遊打獵。然而，景還是要看、樂還是要尋、獵還是要打，否則還有什麼意思？怎麼辦？築園子，劃一片地，四周用垣牆圈起來，裡面放養禽獸、種植果蔬、鑿池築臺，由專人打理，這就是最初的園林 —— 囿。[418]

囿的出現，為天子和貴族提供了專屬的娛樂、休閒空間。《史記》中說商紂王有鹿臺和沙丘兩處苑臺，他大肆聚斂，蒐羅了許多「狗馬奇物」、「野獸蜚鳥」充斥其間，還在沙丘「以酒為池，縣（懸）肉為林，使男女倮（裸），相逐其間，為長夜之歡」[419]。

《詩經》中則說老百姓們感念周文王之德政，看他為國操勞，實在於心不忍，心急如焚地給他修築了一處休閒放鬆的園林 —— 靈臺：

> 王在靈囿，麀鹿攸伏。
>
> 麀鹿濯濯，白鳥翯翯。
>
> 王在靈沼，於牣魚躍。[420]

同樣是皇家園林，商紂王的鹿臺和沙丘被描述成陰森、恐怖、汙穢之地，周文王的靈臺卻是明媚、秀美、豐澤的處所，就連裡面的母鹿都溫順可愛，飛鳥光澤靚麗，魚兒潑剌跳躍……一衍生機勃勃的景象！

孟子說，文王與民同樂，他的靈臺「芻蕘者往焉，雉兔者往焉，與民同之」[421]，砍柴割草的去得，抓野兔打野雞的也去得，簡直就是一處「公園」。

---

[417] 阮元校刻：《十三經註疏》上冊，上海古籍出版社 2007 年影印本，第 222 頁。

[418] 周維權：《中國古典園林史》，清華大學出版社 1993 年版，第 20 — 21 頁。

[419] 司馬遷：《史記·殷本紀》第 1 冊，中華書局 1963 年版，第 105 頁。

[420] 《詩經·大雅·靈臺》，高亨：《詩經今注》，上海古籍出版社 1980 年版，第 393 — 394 頁。

[421] 孟子：《孟子·梁惠王下》，朱熹：《四書章句集註》，中華書局 2003 年版，第 214 頁。

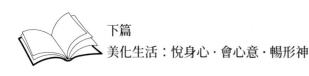

其實，不管是私密的、專屬的，還是開放的、公共的，園林都是追逐「賞心樂事」之地。其差別僅在於「獨享」還是「共享」，「獨樂」還是「眾樂」。這賞心樂事並不一定引出浪漫的故事，卻為浪漫故事的發生提供了必要的空間。

《詩經》裡的戀歌有一個共同的模式：「戀愛＋春天＋水邊」。上古時候，人們於仲春二三月萬物萌動時，在水邊祭祀生子之神「高禖」，會合男女，「奔者不禁」[422]。到了後來，祭祀「高禖」逐漸趨於形式化，仲春之月的「上巳」，演化成了一個狂歡的節日，士女遊春，不避男女。上古歌謠中所謂的「桑間濮上」，就是這一傳統的寫照。

等到後世，隨著園林的增多、開放，遊春的士人和女子就轉移了陣地，集中湧向那些景緻秀美的園林或佛寺道觀。南北朝時期，佛教風靡中華，大江南北，遍布梵宮琳宇，杜牧在〈江南春〉中說，「南朝四百八十寺，多少樓臺煙雨中」[423]，足見一時盛況；北朝也不例外，如據北魏楊衒之記載，西晉時期，僅洛陽一地，就有佛寺四十二所，而到了北朝時，「招提櫛比，寶塔騈羅」[424]，簡直無法計數了。當時遊春的盛況是「雷車接軫，羽蓋成陰。或置酒林泉，題詩花圃，折藕浮瓜，以為興適」[425]。到了四月初八佛誕日那一天，場面更為宏闊：

> 京師士女，多至河間寺。觀其廊廡綺麗，無不嘆息，以為蓬萊仙室，亦不是過。入其後園，見溝瀆蹇產，石磴礁嶢，朱荷出池，綠萍浮水，飛梁跨閣，高樹出雲，咸皆唧唧，雖梁王兔苑，想之不如也。[426]

[422] 孫作雲：〈《詩經》戀歌發微〉，《孫作雲文集・〈詩經〉研究》，河南大學出版社 2003 年版，第 288 頁、第 302 頁。
[423] 杜牧著，馮集梧注：《樊川詩集註》，上海古籍出版社 1978 年版，第 201 頁。
[424] 楊衒之著，楊勇校：《洛陽伽藍記校箋》，中華書局 2006 年版，第 1 頁。
[425] 楊衒之著，楊勇校：《洛陽伽藍記校箋》，中華書局 2006 年版，第 174 頁。
[426] 楊衒之著，楊勇校：《洛陽伽藍記校箋》，中華書局 2006 年版，第 179 − 180 頁。

不能否認，佛誕日那一天，湧進河間寺的人中有大量虔誠的信徒，但這些青年男女，顯然是來「隨喜」閒逛尋樂子的。到了唐代，賞花風氣瀰漫一時，「若待上林花似錦，出門俱是看花人」，那些名園、佛剎就更成了遊春勝地。

也只有在此時、此地，崔護目睹了「人面桃花相映紅」的驚豔，張生覷見了「未語人前先靦腆，櫻桃紅綻，玉粳白露」、「只教人眼花撩亂口難言，魂靈兒飛在半天」的崔鶯鶯，待她櫻唇輕啟、珠圓玉潤，禁不住失聲大叫：

我死也！[427]

園林裡發生的不只是才子佳人一見鍾情、私訂終身、終成眷屬的浪漫故事，還有慘淡悽切、纏綿悱惻的愛情悲劇。陸游到沈園春遊，邂逅前妻唐婉，二人本來舉案齊眉、情深似海，無奈陸母跋扈，婆媳失和，只好出妻。此時，唐婉已作他人婦，陸游感傷不已，在沈園粉壁上題下一闋〈釵頭鳳〉。唐婉依韻和了一首，述往思今，目斷魂銷，不久便鬱郁而死。多少年後，陸游故地重遊，睹物思人，耿耿於懷，寫下了情思哀戚的〈沈園〉詩：

城上斜陽畫角哀，沈園非復舊池臺。

傷心橋下春波綠，曾是驚鴻照影來。[428]

何意百鍊鋼，化為繞指柔。高呼「丈夫要為國平胡，俗子豈識吾所寓」的陸放翁，竟也有深情繾綣的一面……

---

[427] 王實甫著，王季思校注：《西廂記》，上海古籍出版社 1978 年版，第 8 頁。
[428] 錢仲聯：《劍南詩稿校注》卷三十八，上海古籍出版社 1985 年版，第 2478 頁。

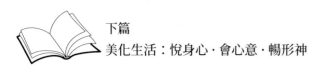
可以說，沒有了園林，中國人的生活史就會出現巨大的缺憾，中國文化的浪漫氛圍，也會失色不少。園林是我們熟知的凡俗世界中的一塊「異域」，滋潤著枯燥的日常生活，為傳統中國人獲得完整、豐富的人生體驗提供了樂土。

▶回歸自然的衝動

最早的園林 —— 囿，是古代帝王和貴族專屬的狩獵和縱樂的空間。以帝王之尊，自然不需要親自獵取肉食，他們舉行狩獵活動，目的無非有二：展示和炫耀武力，威懾諸侯和被統治者；享受馳騁縱橫和獵取野獸的樂趣。第一個目的比較容易理解，統治總是建立在武力征服的基礎之上，為了鞏固統治，適時地展示、演練一下武力是必要的。第二個目的似乎也不成問題，我們都知道縱橫馳騁和打獵能帶來極大的歡娛。問題的關鍵在於，為何縱橫馳騁和獵取野獸能給人帶來歡樂？

先秦時期，思想界曾經展開過一場聲勢浩大的有關人性的討論，我們至今耳熟能詳的是孟子的「性善論」和荀子的「性惡論」，以及《孟子》中所引用的告子的一句話：

> 食色，性也。[429]

追求食物和異性，是人天然的本性和根深蒂固的原始衝動，這無需過多解釋，田獵為何能給人帶來歡樂？答案或許就在這裡。縱橫馳騁和獵取野獸，是人的本性慾望和原始生命力的釋放。在速度、激情與殺戮的行為中，人潛意識中的本性欲望和原始衝動得到了滿足。在組織化、社會化和

---

[429] 孟子：《孟子·告子上》，朱熹：《四書章句集註》，中華書局 2007 年版，第 326 頁。

文明化的程度已經很高的商周時代，自然不允許人肆無忌憚地釋放這種本性欲望和衝動，即便他是最高的統治者。於是豢養著獵物、種植著茂密的林木的苑囿，就被創造出來。再看人的另一本性，「色」。商紂作酒池肉林，使男女赤身裸體，「相逐其間，為長夜之歡」，不正是人之原始本性的充分顯現嗎？

從這種意義上說，最早的園林構成了一個私密的、專屬的，用以滿足人的原始欲求的空間。在這裡，擁有者可以暫時擱置世間禮法和道德的約束，盡情釋放他的原始衝動。造園是為了回歸自然，而這自然，所指向的是人本性中的原始欲望和衝動。

然而，如果純粹是為了回歸「食色」的自然，園林中也就無需大興土木，蒐羅奇花異石、珍禽異獸了。這就不得不說到人的審美天性及其對自然風物的依賴。

人是自然的產物，根底裡深藏著與自然共呼吸的基因，正如梁宗岱所說：

我們發見我們的情感和情感的初苗與長成，開放與凋謝，隱潛與顯露，一句話說罷，我們的最隱祕和最深沉的靈境都是與時節、景色和氣候很密切地互相纏結的。一線陽光，一片飛花，空氣的最輕微的動盪，和我們眼前無量數的重大或幽微的事物與現象，無不時時刻刻在影響我們的精神生活，及提醒我們和宇宙的關係，使我們確認我們只是大自然的交響樂裡的一個音波……[430]

讀過這段話，我們就能明白為何陶淵明「性本愛丘山」的自我表白，會在中國文人群體中引發如此強烈的共鳴和回應了。人本來就生活在一草

---

[430] 梁宗岱著，馬海甸主編：《梁宗岱文集·評論卷》，中央編譯出版社 2003 年版，第 74 — 75 頁。

一木、一山一水之間，本是自然生態鏈中的一個有機環節。等到人類文明自成體系，逐漸從自然生態鏈中剝離出來後，就形成了遵循另一種執行機制和模式的人類共同體，或曰「人類社會」。一旦人在這種執行機制中遭遇挫折、難以適應，或者暫時脫離社會組織，回到遼闊的自然環境中，潛意識中的原始記憶就會浮現出來，召喚著人們「回歸自然」。且看南朝吳均的美文〈與朱元思書〉中對自然美景的刻繪：

> 風煙俱淨，天山共色，從流飄蕩，任意東西。自富陽至桐廬，一百許里，奇山異水，天下獨絕。水皆縹碧，千丈見底，游魚細石，直視無礙。急湍甚箭，猛浪若奔，夾岸高山，皆生寒樹。負勢競上，互相軒邈，爭高直指，千百成峰。泉水激石，泠泠作響。好鳥相鳴，嚶嚶成韻。蟬則千轉不窮，猿則百叫無絕。鳶飛戾天者，望峰息心；經綸世務者，窺谷忘反。橫柯上蔽，在晝猶昏；疏條交映，有時見日。[431]

這段景物描繪的視角以人物為中心，遠觀俯察，目光所及之處，皆極盡秀逸之態。文中說，「鳶飛戾天者，望峰息心；經綸世務者，窺谷忘反」，這「息心」與「忘反」的原因是什麼？是對自然一花一草、禽魚鳥獸的親近感。《世說新語》中說：

> 簡文入華林園，顧謂左右曰：「會心處不必在遠。翳然林水，便自有濠濮間想也，覺鳥獸禽魚自來親人。」[432]

「濠濮間想」所用的是《莊子・秋水》篇的兩個典故：其一，莊子與惠施觀魚濠水，看到「鯈魚出遊從容」，體會到自由自在的樂趣；其二，

---

[431] 歐陽詢著，汪紹楹校：《藝文類聚》卷七，上海古籍出版社 1985 年版，第 129 － 130 頁。
[432] 劉義慶著，徐震堮校箋：《世說新語校箋》上冊，中華書局 2004 年版，第 67 頁。

莊子在濮水邊垂釣，楚王派使者來請他做官，莊子問來人：「我聽說楚國有一隻神龜，已經死了三千年了。楚王把牠供奉在廟堂之上。對於這龜來說，牠是願意死了之後獲得尊崇高貴的祀奉，還是願意活著，搖著尾巴自由自在地在泥水裡爬？」[433] 莊子本人跳出了人為的社會和文化的桎梏，回到了更為廣闊自由的自然的懷抱。但對於那些沒有如此堅定的決心和勇氣的人而言，他們只能停留在「心嚮往之」的層面，這就是「濠濮間想」。

簡文帝之所以能「會心山水」，就在於他的生命、情感和意識中潛存著自然的編碼，一旦與自然相遇，便會被啟用，所以有「濠濮間想」。然而，他和大部分人一樣，又沒有勇氣與世俗社會決裂，徹底回歸自然，與自然一同呼吸，體會自己融入自然之無限的樂趣。身陷這兩難境地，又如何是好？

修築園林，建造一個具體而微的、觸手可及的自然！在園林中疊石造山、植木為林、鑿地為池，遍種佳木名卉，廣畜珍禽異獸，把田獵、女色、歌舞、美酒等全部帶進來，充分享受「回歸自然」的樂趣。當然，這種「自然之樂」，摻雜了人之本性中物質性的原始欲望和情感、審美的渴求。

也正因此，「造景天然」成為歷代園林修造中不可移易的「第一法則」——如果造出來的園林與自然不類，那豈不有悖於回歸自然的初衷？

▶造景天然：中國園林的自然之趣

「造景天然」堪稱中國園林藝術的最高法則。「造景」暗示了園林景緻依賴於人力的土木之功，而「天然」則表明了其藝術的趣味和境界追求。明代造園大師計成在《園冶》中有一句話，說造園最好選在山林地，那樣就能：

---

[433] 陳鼓應：《莊子今注今譯》上冊，商務印書館 2007 年版，第 510 頁。

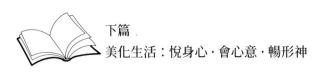

自成天然之趣，不煩人事之功。[434]

這顯然是說，人為的造園活動只有師法自然、顯現出「天然之趣」才算盡善盡美。如果露出斧鑿與堆砌的痕跡，那就是徹頭徹尾的敗筆了。《紅樓夢》裡寫道，賈府為迎接元妃省親，興建大觀園。園子落成後，賈政帶著寶玉和一群清客幫閒，在園中題匾額、擬對聯，行至「稻香村」，看到裡面「紙窗木榻，富貴氣象一洗皆盡」，老學究賈政心中甚是歡喜，眾清客極力附和，寶玉卻對這清幽景象大肆批評：

此處置一田莊，分明見得人力穿鑿扭捏而成。遠無鄰村，近不負郭，背山山無脈，臨水水無源，高無隱寺之塔，下無通市之橋，峭然孤出，似非大觀。爭似先處有自然之理，得自然之氣，雖種竹引泉，亦不傷於穿鑿。古人云「天然圖畫」四字，正畏非其地而強為地，非其山而強為山，雖百般精巧而終不相宜。[435]

寶玉認為，大觀園是元妃省親別院，氣象以富貴莊重為重，其中硬生生植入一處拙樸的田舍，未免突兀，與整體的環境不和諧。他這番議論中所說的「天然」，意思雖然極為簡單明瞭，「『天然』者，天之自然而有，非人力之所成也」，但要真正做到「有自然之理，得自然之氣」，卻並不容易。造園之大忌就是「非其地而強為地，非其山而強為山」，也就是說，造園的第一要務，是要因地制宜，根據選址的整體環境進行設計。

古人常說，「園林巧於因借，精在體宜」，其中的「因」，就是因地制宜。這是「造景」而得天然之妙的先決條件。《園冶》中有「相地」一節，專門討論因地制宜的方法。作者把園林選址的環境分為山林地、城市地、

---

[434] 計成：《園冶・相地》，張家驥：《園冶全釋》，山西古籍出版社 2002 年版，第 179 頁。
[435] 曹雪芹：《脂硯齋批評本紅樓夢》上冊，鳳凰出版社 2010 年版，第 131 頁。

村莊地、郊野地、傍宅地、江湖地等六種，詳細介紹了每一環境中的園林設計規劃方法。在這一節的總論中，他說：

> 園基不拘方向，地勢自有高低；涉門成趣，得景隨形，或傍山林，欲通河沼。探奇近郭，遠來往之通衢；選勝落村，藉參差之深樹。村莊眺野，城市便家。[436]

這是說園林的選址、地基在方向、地勢上並沒有絕對的限制，最重要的是讓人走進去之後，能感受到山林的趣味；置身其中，移步換景，在不同的視點獲取不同的景觀體驗。有的園林以山林趣味見長，有的則以水景取勝。離城市比較近的，至少要遠離交通要道，才能有奇幽之韻；如果在鄉村造園，就要全憑高低參差的樹木來營造氛圍了。鄉村造園適宜在視野開闊的地方興造，城市則要考慮到住家的方便。這只是宏觀的議論，具體到園林設計，該怎麼做呢？

計成說：「如方如圓，似扁似曲，如長彎而環璧，似偏闊而鋪雲。高方欲就亭臺，低凹可開池沼。」也就是說，園林的形狀，要根據地形本來的面目，方者順其方，圓者就其圓，扁與曲也要一仍其舊，力求做到天然之妙。如果園地狹長而彎曲，就設計成迴環的玉璧之形；如果開闊而有坡度，就要層層堆疊，營造出鋪雲疊落的效果；地勢高的地方不要剷平，而是修築亭臺，以增加它的氣勢；地勢低窪處，也用不著填平，因為它更適合開鑿池沼，那樣能顯得更加深邃……

清代中葉，乾隆皇帝六次南巡。江浙一帶的地方官吏為了點綴昇平，營造繁華富庶的「盛世景觀」，大興土木，修造了大量的離宮別院和名園勝景。揚州城瞬間華麗變身，成為名園薈萃之地，「水則洋洋然回淵九折

---

[436] 張家驥：《園冶全釋》，山西古籍出版社 2002 年版，第 175 頁。

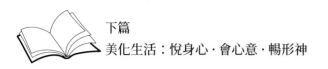

矣；山則峨峨然陞約橫斜矣；樹則棼槎發等，桃梅鋪紛矣；苑落則鱗羅布列，闐然陰閉而霅然陽開矣。」[437] 也就是說，城內開鑿了蜿蜒曲折的人工河，堆疊了嵯峨參差的假山，種植了奇花異木，大量的園林星羅棋布，相映生姿，成了宜居的花園城市。

在這一波盛大的造園風潮中，最能展現因地制宜、「得景隨形」的造園理念的，莫過於瘦西湖園林群了。瘦西湖原名保障河，是揚州舊城北門外的一段古護城河河道。河道原本曲折蜿蜒、縱橫交錯，中間分布著星星點點的小島。當地官員聘請了許多造園高手進行設計，在原來的河道基礎上加以開鑿、疏濬，利用一系列的小島，把河道隔成許多大小不等的湖面。沿湖植柳種樹，依照地勢興建了大量的橋梁和建築。

在新北門橋以西的一段河道，河面寬闊，中間浮出一道狹長的島嶼，圍繞這段湖面，修建了「卷石洞天」，主要景緻以怪石、老樹為主。「卷石洞天」往西，是揚州城的西南角，東西與南北流向的河道在此地交會，形成一個「丁」字形河口，便在這裡修建了「西園曲水」。「西園曲水」西、南兩面臨水，便以水為主體，種植了大量的荷花和柳樹，沿岸修有碼頭、濯清堂、水明樓等建築；遠離水岸的東北角，則依勢堆疊，築成假山，修建廳堂，形成負山抱水、居高臨下的獨特景觀。

「西園曲水」對面、河道西岸，原本是文人名士遊覽聚會之地，為充分發揮這一人文景觀，在這裡修建了蜿蜒曲折的迴廊，美其名曰「冶春詩社」，並築有「秋思山房」、「歌譜亭」等以應景；「冶春詩社」再往南，是一段更為開闊的河道，河中有一個長島和兩個小島，這裡適合泛舟遊覽，便在長島上興建了「虹橋修禊」，在長島對面西岸建起「柳湖春泛」，這兩個景點，合起來稱為「倚虹園」。

---

[437] 袁枚：〈揚州畫舫錄序〉，李斗著，汪北平、塗雨公點校：《揚州畫舫錄》，中華書局 2007 年版，第 9 頁。

「卷石洞天」、「西園曲水」、「冶春詩社」和「倚虹園」各具特色，又互相映襯，構成了一個以「丁」字形河道為中心的園林群[438]。它們或以怪石古木取勝，或以人造建築擅場，或重在山林野趣，或突顯人文傳統，充分展現了中國園林師法自然的妙趣。

造景天然，不僅要求園林的整體設計與周圍環境相協調，而且在具體的景觀營造上，講究仿自然之道，力求「逼真」。中國傳統園林的景觀布局，幾乎從不遵循方方正正、中規中矩的幾何原理，而是錯落參差、聚散迂迴，「複製」造物本來的面貌，它所遵循的主要是自然的、感性的和審美的趣味。李漁在《閒情偶寄》中說：

> 幽齋磊石，原非得已。不能致身巖下，與木石居，故以一卷代山，一勺代水，所謂無聊之極思也。然能變城市為山林，招飛來峰使居平地，自是神仙妙術，假手於人以示奇者也，不得以小技目之。且磊石成山，另是一種學問，別是一番智巧。[439]

這話說得極妙！興造園林，本來就是人想回歸自然，而又回不去的權宜折中之計，所以只能依照自然山水、林木的樣子依葫蘆畫瓢，「以一卷代山，一勺代水」。這道出了中國園林的本質所在：以小見大、以人工見自然，在具體而微的景緻中對映出天地自然、春秋四時的美景和妙理。

園林選址與整體設計因地制宜、與環境相協調，景觀布局以小見大、以人工見自然，與具體的景物營造要「逼真」、不露補綴穿鑿的痕跡，構成了中國園林「造景天然」之趣的三個層面。只有這三者均做到師法自然，才能羅天地四時訊息於案頭，供我呼吸；致萬物自然景觀於眼前，任我遨遊。

---

[438] 這段關於瘦西湖園林集群的描述，參見周維權：《中國古典園林史》，清華大學出版社 1993 年版，第 267-272 頁。

[439] 李漁著，單錦珩點校：《閒情偶寄》卷四，浙江古籍出版社 2010 年版，第 195 頁。

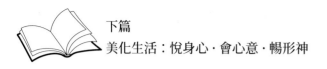

▶「使大地煥然改觀」：人工智巧

如同李漁所說，造園雖崇尚自然之趣，但園林畢竟是人造的自然，這就需要專門的「學問」和「智巧」了，因而也就出現了一批造園專家，前面提到的計成和李漁就是其中的佼佼者。明末鄭元勛在計成的〈園冶題詞〉中說：

> 予與無否（計成字）交最久，常以剩水殘山，不足窮其底蘊，妄欲羅十嶽為一區，驅五丁為眾役，悉致琪花瑤草，古木仙禽，供其點綴，使大地煥然改觀，是一快事，恨無此大主人耳！[440]

他認為計成的才華和能力超凡脫俗，憑藉一般的園林不足以充分展現。如果能把天下名山作為造園原料，讓神話傳說中的五個大力神作為勞力，供其驅使，再把仙境中的奇花異草、古樹禽鳥拿來，讓計成任意發揮，那整個天下都會為之煥然一新！

山河就在那裡，雖然搬不動、運不走，卻可以「借」來，這就是傳統造園中最具人工智巧的一種智慧和方法 —— 借景。借景是園林和建築修造中充分呼叫周圍環境因素，來拓展景觀和空間視野的方法。園林的空間是有限的，相對而言，人的視野就開闊了許多，如果在園林景觀設計時能以人的視點為中心，把遠處目見可及的景觀也容納進來，這樣就能收到從區域性見整體、以有限的空間營造無限的景緻的審美效果。計成尤其看重借景在造園中的作用，他說：

> 夫借景，林園之最要者也。如遠借，鄰借，仰借，俯借，應時而借。然物情所逗，目寄心期，似意在筆先，庶幾描寫之盡哉。[441]

---

[440] 張家驥：《園冶全釋》，山西古籍出版社 2002 年版，第 143 頁。
[441] 張家驥：《園冶全釋》，山西古籍出版社 2002 年版，第 326 頁。

　　遠借是由近處眺望遠處，鄰借是由此及彼環顧四周，仰借與俯借是根據自身所處的地勢高低，從下望上或居高俯瞰，應時而借則是根據四時環境的更迭來借景。計成認為借景是最重要的造園方法，要將這一方法付諸實踐，須得對周圍的自然和人文環境、景觀成竹在胸才行。

　　計成所總結借景方法，是中國人在兩千餘年的造園實踐中逐漸生成、積澱起來的智慧。在這一方面，越是窮困潦倒的造園者，越能將這一智慧發揮得淋漓盡致。唐肅宗上元元年（西元 760 年），也就是杜甫舉家避亂成都的第二年，一開春，他就藉助於親友的資助，在成都西郊的浣花溪畔營建了一處草堂。浣花溪風景秀美，水木清華，遠遠望去，一道澄江「纖秀長曲，所見如連環、如玦、如帶、如規、如鉤、色如鑑、如琅玕、如綠沉瓜，窈然深碧」[442]。

　　杜甫飽經離亂，此刻終於找到一個安穩的落腳處，草堂落成時，他喜不自勝，寫了一首〈堂成〉詩，詩中說草堂「背郭堂成蔭白茅，緣江路熟俯青郊。榿林礙日吟風葉，籠竹和煙滴露梢。暫止飛鳥將數子，頻來語燕定新巢」[443]。看來草堂是依山而建，背負青山，前臨碧水，草木蔥蘢，鳥語花香。然而，杜甫畢竟是流離失所的逃難之人，他建草堂，資金全憑親友資助，所需的花木、傢什也都是靠四處乞討，草堂必定是極為簡陋的。[444] 這就要充分發揮周圍自然環境的作用了。他有一首膾炙人口的〈絕句〉詩，就透露出了借景的智慧：

　　　　兩個黃鸝鳴翠柳，一行白鷺上青天。

　　　　窗含西嶺千秋雪，門泊東吳萬里船。[445]

---

[442] 鍾惺：〈浣花溪記〉，王水照主編：《中國歷代古文精選》上冊，東方出版中心 1997 年版，第 251 頁。
[443] 杜甫撰，仇兆鰲注：《杜詩詳註》卷九，中華書局 1999 年版，第 735 頁。
[444] 陳貽焮：《杜甫評傳（第二版）》中冊，北京大學出版社 2011 年版，第 503－504 頁。
[445] 杜甫撰，仇兆鰲注：《杜詩詳註》卷一三，中華書局 1999 年版，第 1143 頁。

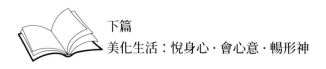
四句詩，以草堂為視點中心，仰觀俯察，分別刻繪了高低、遠近的四景：近處浣花溪畔的翠柳上鶯歌燕舞，天際一行白鷺直衝雲霄，西嶺終年不化的積雪鑲嵌在窗櫺中，門外的碼頭停靠著來自東吳的船隻。伴隨著詩人視線的轉移，遠近高低的自然和人文景觀都化作草堂的一部分，用來裝點這簡陋的茅草房。正如宗白華先生所說，「中國詩人多愛從窗戶庭階，詞人尤愛從簾、屏、欄桿、鏡以吐納世界景物」，這是一種「網羅天地於門戶，飲吸山川於胸懷的空間意識」[446]。在這種空間意識引導下，世界景物都能為我所用，愉悅我的情志、裝飾我的生活，成為我日常起居的一部分。謝靈運在營建他的山居別墅時說：

抗北頂以葺館，瞰南峰以啟軒，羅曾崖於戶裡，列鏡瀾於窗前。因丹霞以頳楣，附碧雲以翠椽。[447]

謝靈運是中國山水詩藝術的奠基者，他出身望族，是東晉名士謝玄的孫子。據說謝靈運胸懷天下之志，卻找不到一試身手的機會，宋文帝每次召見他，都不談國事，只談風月鑑賞，這雖然是他擅長的，但這種待遇，無異於倡優犬馬，只是幫閒罷了。謝靈運極度憤懣，又無從發洩，轉而寄情山水，修築園林。他的山居別墅充分展示出其在審美方面的天賦：山居坐北朝南，正對著北面的秀峰山修葺房舍，南面是低昂的群峰，開門能看到層疊的翠巒，窗外是明鏡般平靜光潔的湖水，模仿落霞的顏碳粉飾門楣，參照周圍的綠樹和雲彩，把椽子漆成碧綠。從這段描述來看，謝靈運修造山居別墅時，既在整體上充分考量環境的因素，力求人工建築與環境相和諧，又在細節設計上突出了吐納山川、借景娛目。

[446] 宗白華：〈中國詩畫中所表現的空間意識〉，《意境》，安徽教育出版社 2005 年版，第 47 頁。
[447] 謝靈運：〈山居賦〉，《宋書·謝靈運傳》第 6 冊，中華書局 1974 年版，第 1766 頁。

這就是園林設計中的「天人合一」之學。李漁曾說過，造園的最高境界是「隨舉一石，顛倒置之，無不蒼古成文，迂迴入畫，此正造物之巧於示奇也」。也就是說，園林帶給人的審美驚奇和愉悅，只有符合「造物」即自然本身的意趣而不露人工痕跡，才是真美，才具有真正的詩情畫意。然而，這種自然意趣背後，卻隱含著造園者的才情和智巧，並不是輕易之舉。他說，造園的技術，也有工拙、雅俗之分，全憑設計者的一雙慧眼，一段閒情：

> 一花一石，位置得宜，主人神情已見乎此矣。[448]

「位置」需要經營，經營就得靠才情和智慧了。李漁自稱是借景高手，他設計過一款借景窗——便面。便面就是扇子，李漁將畫舫遊船的窗子設計成扇形，用木作框，蒙上透明的紗布，鑲嵌在遊船的兩翼。乘坐這樣的船隻遊覽山水時，「兩岸之湖光山色，寺觀浮屠，雲煙竹樹，以及往來之樵人牧豎，醉翁遊女，連人帶馬，盡入便面之中，作我天然圖畫」。更妙的是，隨著船隻的遊走，這些「天然圖畫」便會「時時變幻，不為一定之形」，不僅行舟時有移步換景之妙，即使稍稍調轉角度，就會有新的景觀浮現。這樣，一天之中，大概能看到「百千萬幅佳山佳水」[449]！

▶園林與山水畫

自然之美構成了中國園林的境界追求，是造園之「道」，而人工智巧則是實現自然美景的途徑，是造園之「藝」。在造園的「藝」與「道」之間，橫亙著一座過渡的津梁，那就是中國傳統的山水畫。中國古代的著名

---

[448] 李漁著，單錦珩點校：《閒情偶寄》卷四，浙江古籍出版社 2010 年版，第 196 頁。
[449] 李漁著，單錦珩點校：《閒情偶寄》卷四，浙江古籍出版社 2010 年版，第 170 頁。

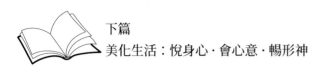

造園高手，有許多都擅長繪畫，有的本身就是著名的山水畫家，如謝靈運、閻立德、王維、白居易、俞徵、倪瓚、文震亨、計成、顧仲瑛、李長蘅、王世貞等。[450] 這並非巧合，而是因為山水畫與造園，都是再現自然的藝術，山水畫是在紙上重現胸中的山水與自然之趣，而造園則是將它付諸物質實體。從某種意義上說，山水畫乃是造園藝術的藍本。計成在《園冶》的自序中說過：

> 不佞少以繪名，性好搜奇，最喜關仝、荊浩筆意，每宗之。遊燕及楚，中歲歸吳，擇居潤州。環潤皆佳山水，潤之好事者，取石巧者置竹木間為假山，予偶觀之，為發一笑。或問曰：「何笑？」予曰：「世所聞有真斯有假，胡不假真山形，而假迎勾芒者之拳磊乎？」或曰：「君能之乎？」遂偶為成「壁」，睹觀者俱稱：「儼然佳山也！」遂播聞於遠近。[451]

這是一代造園大師的自述。他說自己少年的時候就以繪畫馳名，性情喜好遊山玩水，搜奇尋勝，最傾慕的是關仝和荊浩的山水畫。荊、關是五代時人，中國藝術史上著名的山水畫家，他們的山水畫以氣勢渾厚、構圖豐滿著稱。計成先是到北方和楚地遊歷，後來回到吳地，在潤州（今鎮江）安家。鎮江山清水秀，風景極佳，許多當地人卻不懂得欣賞，常常用一些奇形怪狀的石頭，在花木間堆積假山。計成看後常常啞然失笑。別人問他為何發笑，他回答說：「這世界上正是因為有『真』，才有所謂『假』，既然造『假山』，為何不摹仿『真山』，卻仿照祭祀春神勾芒時所壘的石堆呢？」他偶然間露了一手，用石頭堆疊了一座壁山，幾可亂真，大受稱讚，於是聲名鵲起。從這段自白來看，計成造園，實際上是從山水

---

[450] 馬千里：《中國造園藝術泛論》，詹氏書局 1985 年版，第 131－133 頁。
[451] 張家驥：《園冶全釋》，山西古籍出版社 2002 年版，第 154 頁。

畫中獲得的智慧和方法。

葉聖陶先生說過，中國園林的共同點和一直追求在於，「務必使遊覽者無論站在哪個點上，眼前總是一幅完美的圖畫。為了達到這個目的，他們講究亭臺軒榭的布局，講究假山池沼的配合，講究花草樹木的映襯，講究近景遠景的層次。總之，一切都要為構成完美的圖畫而存在，絕不容許有欠美傷美的敗筆。他們唯願遊覽者得到『如在圖畫中』的實感」[452]。那麼，古人造園，從山水畫中汲取了哪些智慧和方法？山水畫是如何構成中國園林的藍本的？

首先是空間的布局和設計。園林之美，歸根到底是要營造一種空間的藝術之美。前面說過，為了在有限的空間中營構無限的美感，造園者極其推重借景，發現了遠借、鄰借、仰借、俯借等造景方法。這種仰觀俯察、遠與近取的空間布局，就是從山水畫技法中獲得的啟迪。北宋畫家郭熙在總結山水畫的空間布局方法時提出過著名的「三遠法」：

> 山有三遠：自山下而仰山巔謂之高遠，自山前而窺山後，謂之深遠，自近山而望遠山，謂之平遠。高遠之色清明，深遠之色重晦，平遠之色有明有晦。高遠之勢突兀，深遠之意重疊，平遠之意沖融而縹縹渺渺。[453]

高遠、深遠與平遠是中國傳統山水畫最基本的三種構圖方法。因為觀賞者與景物的位置關係不同，人在欣賞景物的時候，視線往往有仰視、平視和俯視三種。而每一種位置關係和視線中，景物所呈現出的風貌也是不同的，要在一張平面的紙上呈現出如此豐富多彩的景觀，突出風景的多樣性，就必須遵循以下的繪畫原則和方法：高遠之景的色調往往清新明媚，

[452] 葉聖陶：〈拙政諸園寄深眷──談蘇州園林〉，《百科知識》1979 年第 4 輯。
[453] 郭熙著，周遠斌點校纂注：《林泉高致·山水訓》，山東畫報出版社 2010 年版，第 51 頁。

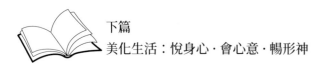

氣勢飛動突兀；深遠之景的色調往往晦暗深重，重疊反覆；平遠之景則依視線的游移而時明時暗，飄渺淡遠。

這是繪畫中的空間構圖方法，古人在造園疊山時，尤其重視借鑑「三遠法」來設計園林空間布局，營構畫意。然而，繪畫是平面的、二維的，而園林則是立體的、三維的，如何在三維空間中呈現畫意？這就要取其意趣而棄其形骸了。造園疊山的「三遠法」，主要是要分別營造出突兀、重疊和縹縹渺渺的意境，而這三種意境，則需要透過對園林空間的高低、遠近和重疊的掌控來實現。如疊山時，以園林的主視點為中心，其基本原則是近山高、遠山低，近水低、遠水高。[454] 這樣，首先能在狹小的空間內營造出突兀的山勢與幽深的水意，而當登近山遠眺時，又能呈現出深遠或平遠的遠景。平遠主要依靠開闊平朗的空間布局來營造，而深遠則透過閉合的空間設計來突顯。如《紅樓夢》中寫道，大觀園門戶初開：

> 只見迎面一帶翠嶂擋在前面。眾清客都道：「好山，好山！」賈政道：「非此一山，一進來園中所有之景悉入目中，則有何趣。」眾人都道：「極是，非胸中有大邱壑，焉想及此。」說畢，往前一望，見白石崚嶒，或如鬼怪，或如猛獸，縱橫拱立，上面苔蘚成斑，藤蘿掩映，其中微露羊腸小徑。[455]

這處假山，並非大觀園中的主要景觀，而是起隔景作用的嶂壁山，賈政的議論便是明證。但它也並非純粹的屏障，而是採取了高遠的疊山之法。山上遍布奇石，苔蘚斑駁，佳木林立，又微微露出羊腸小道，吸引著遊客凌絕頂、賞奇景。這一座山，綜合了高遠、空間閉合等多種造園手法，真如那些清客幫閒所說的，「非胸中有大邱壑，焉想及此」！

---

[454] 曹林娣：《東方園林審美論》，中國建築工業出版社 2012 年版，第 157 頁。
[455] 曹雪芹：《脂硯齋批評本紅樓夢》上冊，鳳凰出版社 2010 年版，第 127-128 頁。

　　賈政諸人上了假山，穿過石洞，「只見佳木蘢蔥，奇花爛漫，一帶清流，從花木深處曲折瀉於石隙之下。再走數步，漸向北邊，平坦寬豁，兩邊飛樓插空，雕甍繡檻，皆隱於山坳樹杪之間。俯而視之，則清溪瀉雪，石磴穿雲，白石為欄，環抱池沼……」這就是近山高、遠山低所營造的縹縹渺渺、開闊沖融的平遠意境了。置身高處，環顧周身的蘢蔥花木，俯瞰深澗中清澈的溪流，與遠處隱隱的亭臺樓閣，色調之明暗、景觀之虛實的對比尤其強烈，這就是造園從山水畫所受的第二種啟迪 —— 布景之虛實、色調之明暗等的對比。

　　虛實相生、明暗相映是中國傳統藝術創作的基本原則，宗白華先生曾概括說：

　　以虛帶實，以實帶虛，虛中有實，實中有虛，虛實結合，這是中國美學思想中的核心問題。[456]

　　從中國山水畫的藝術實踐來看，景物的布局與表現手法，如有與無、詳與略、輕與重、黑與白、濃與淡、乾與溼等各種對立統一的創作技巧，全都是以虛實關係為主導引申出來的。[457]清代畫家石濤在《苦瓜和尚畫語錄》中說：「山川萬物之具體，有反有正、有偏有側、有聚有散、有近有遠、有內有外、有虛有實、有斷有續、有層次、有剝落、有豐致、有飄渺，此生活之大端也。」這裡所說的「生活」，是指富於生機和活力，展現出宇宙自然之道的「活潑潑」的自然和社會現象。既然山川萬物本身是奇正相倚、虛實相生的，那繪畫自然要遵循這一基本原則，表現出它們的

---

[456] 宗白華：〈中國美學史中重要問題的初步探索〉，《藝境》，北京大學出版社 1998 年版，第348 頁。
[457] 劉思智：〈虛實相生，乃得畫理 —— 漫談山水畫的「虛」、「實」辯證觀〉，《濱州教育學院學報》1997 年第 1 期。

本來面目，使筆下的景物「有胎有骨、有開有合、有體有用、有形有勢、有拱有立、有蹲跳、有潛伏、有沖霄、有崛岪、有磅礴、有嵯峨、有巑岏、有奇峭、有險峻……」總之，要「一一盡其靈而足其神」。[458]

郭熙〈窠石平遠圖〉北宋 現藏於故宮博物院

　　既然自然山川萬物之道暗含了虛實相生的內在邏輯，那園林作為人造的自然空間，追求「造景天然」，就必然要遵循這一邏輯的規定。清人沈復在《浮生六記》中說：「若夫園亭樓閣，套室迴廊，疊石成山，栽花取勢，又在大中見小，小中見大，虛中有實，實中有虛，或藏或露，或淺或

---

[458] 釋道濟（石濤）：《苦瓜和尚話語錄‧筆墨章第五》，《叢書整合新編》第 53 冊，臺北新文豐出版公司 1985 年影印本，第 57 頁。

深。」[459] 這樣的道理不難體會，但要訴諸實踐，尤其是將原本二維平面上的「虛實」，用墨的濃淡、乾溼、黑白與線條的粗細、景物的有無等，轉換到三維空間中的竹木花石和亭臺樓閣的布置上，實在頗費心思，胸中若沒有大丘壑，恐怕難以「使大地煥然改觀」了。

沈復在皖城（今安徽潛山縣北）南城外遊覽過一處園林，堪稱虛實相生的造園典範。這座園林背靠城牆，南臨湖水，東西狹長，南北短促，很難經營布局，設計不好的話，園中景緻幾乎可以一眼收盡，沒有餘味。園林的建造者為了克服這一困難，採取了「重臺疊館」的造園法：

重臺者，屋上作月臺為庭院，疊石栽花於上，使遊人不知腳下有屋。蓋上疊石者則下實，上庭院者則下虛，故花木仍得地氣而生也。疊館者，樓上作軒，軒上再作平台。上下盤折，重疊四層，且有小池，水不漏泄，竟莫測其何虛何實。其立腳全用磚石為之，承重處仿照西洋立柱法。幸面對南湖，目無所阻，騁懷遊覽，勝於平園，真人工之奇絕者也。[460]

這座園林，既然選址惡劣，沒有營造景觀的縱深感、層次感的平面空間，那乾脆就將把原本平鋪的景物立體化，將庭院和花園搬到屋頂樓上，在樓上再建造臨水的迴廊，這樣原本縱橫布列的虛實景觀，如「實」的假山、花木，與「虛」的庭院、高軒、水池等，轉換成了上下交錯的立體布局。又充分發揮了借景的手法，把南面浩渺的湖水借來，成為憑欄遠眺之一景。遊人穿梭在廳堂、樓閣、庭院、迴廊、花園等不同的景觀中時，實際上是在曲折迴環地上下遊走，卻忘記了身在空中之虛。這座空中花園，還借鑑了西洋建築的樣式，給人一種身在異域的驚奇感，自然要遠勝於一般的園林了。

---

[459] 沈復著，彭令整理：《浮生六記》卷二，人民文學出版社 2010 年版，第 27 頁。
[460] 沈復著，彭令整理：《浮生六記》卷四，人民文學出版社 2010 年版，第 77 頁。

結語
為華夏生活立「美心」

每個人都要「生」，皆在「活」。

何謂「生活」？

生活是「生」與「活」的合一，「生」是自然的，「活」乃不自然。

在漢語語境裡面，「生」原初指出生、生命以及生生不息，終極則指生命力與生命精神，但根基仍是「生存」；「活」則指生命的狀態，原意為活潑潑地，最終指向了有趣味、有境界的「存在」，畫家石濤所說的「因人操此豢養生活之權」就是此義。

禪宗講求，「飢來吃飯，困來即眠」[461]。人們白天勞作，夜晚睡眠，呼吸空氣，沐浴陽光，承受雨露，享有食物，進行交媾，分享環境，這些都是我們要「過的日子」。

人們不僅要「過」生活，要「活著」，而且要「享受」生活，要「生存」。生活也不僅僅是要「存活」，在存活的基礎上，我們都要「存在」。

在西方世界，「對古人來說，存在指的是『事物』；對現代人來說，存在指的是『最內在的主體性』；對我們來說，存在指的是『生活』（Living），也就是與我們自身的直接私密關係、與事物的直接私密關係。」[462]在這個意義上，中國人早就參透了生活的價值，我們由古至今都生活在同

---

[461] 道原著，顧宏義譯註：《景德傳燈錄譯註》，上海書店出版社 2010 年版，第 387 頁。

[462] 荷西·奧德嘉·賈塞特著，謝伯讓、高慧涵譯：《哲學是什麼？》，商周出版社 2010 年版，第 245 頁。

結語　為華夏生活立「美心」

一個「生活世界」當中，而不執於此岸與彼岸之分殊。

按照「社會人類學」的觀念，人類與非人的區分就在於三點：首先，人們使用火種，不僅是為了給自己取暖，而且也為了加工他們的食物，而其他動物則不能。其次，人們致力於與他人之間的性關係，而其他動物則不能。再次，人類透過圖繪、毀損身體抑或穿著衣服的方式，來改變他們的「自然的」身體形式，而其他動物則不能。[463]

簡單說來，人類與動物的差異，第一在於做熟食物，第二在於性關係，第三則是裝飾身體。這就是生活的最基本方面 —— 食、色與裝，這也是所謂「身生活」的基本層面。當然，人類超出動物的更在於「心生活」方面，動物也有情感，但只有人類的情感才是「人化」的。[464]

實際上，人與動物的基本區分就在於，人是能「生活」的，而動物只是「存活」，所以才能「物競天擇」地進化，人類當然也參與進化，但是卻能以自身的歷史與文明影響進化的程式。

的確，我們皆在享用著美食、空氣、陽光、美景、勞作、觀念、睡眠，如此等等，但這些對象卻並不被呈現出來，我們只是依賴它們而生活。[465] 一方面，我們的確享有了如此種種對象，但另一方面，我們還在「感受」著這林林總總。

在我們呼吸、觀看、進食與勞作的時候，當我們感受到它們的時候，不僅可能有痛苦，而且更可能有快慰，還可能有著的各式各樣感受。每個人，對於自己的「所過」生活與「所見」他人的生活，都有一種感性的體驗。

---

[463] Edmund Leach, Social Anthropology, Fontana，1982，p.118.

[464] 「身生活」與「心生活」的兩分，是歷史學家錢穆的分法，「人類自有其文化歷史以後的生活，顯然和一般動物不同，身生活之外，又有了心生活，而心生活之重要逐步在超越過身生活」，參見錢穆：《人生十論》，廣西師範大學出版社 2004 年版，第 61 頁。

[465] Emmauel Levinas, Totality and Infinity, Matinus Nijhoff Publisher，1979，p.110.

這便是對於生活的「享受」，人們不僅過日子，而且，還在「經驗」（體驗）著他們的生活。

實際上，「所有的享受都是生存的方式（way of being），但與此同時，也是一種感性（sensation）」[466]。我們知道，「美學」（aesthetics）這個詞，原本就是感性與感覺的意思，美學之原意就是「感性之學」。

所以說，「生活美學」就是一種關乎「審美生活」之學，是追問「美好生活」的幸福之學。

幾乎每個人都在追尋「美好的生活」。「美好」的生活，起碼應包括兩個維度，一個就是「好的生活」，另一個則是「美的生活」。「好的生活」是「美的生活」的基礎，「美的生活」則是「好的生活」的昇華。

「好的生活」，無疑就是有品質的生活，所謂衣食住行用的各個方面都需要達到了一定水準，從而滿足民眾的物質需求；而「美的生活」，則有更高的標準，因為它是有品質生活，民眾在這種生活方式當中要獲得更多的身心愉悅。

有品質的生活，實際上，最終便指向了幸福的生活。所謂「來自某物的生活就是幸福。生活就是感受性（affectivity）與情感（sentiment），過生活就是享受生活」[467]。

由古至今的中國人，皆善於從生活的各個層級上，去發現生活之美，享受生活之樂。中國人的生活智慧，就在將「過生活」過成了「享受生活」。

中國人的美學，從根本上就是一種生活美學，而本書所深描的就是中國人的生活之美。

---

[466] Emmauel Levinas, Time and the Other, Duquesne University Press，1987，p.63.

[467] Emmauel Levinas, Totality and Infinity, Matinus Nijhoff Publisher，1979，p.115.

結語　為華夏生活立「美心」

基本上，生活的價值可以分為三類：其一為生理的價值，其二為情感的價值，其三則為文化的價值。

首先，生活具有生理的價值。所謂「食色性也」，古人早已指明人們的「本化之性」。然而，生理終要為情感所昇華，否則人與動物無異。從生理到情感，這就是從「性」到「情」的轉化，「生活就是『相續』。唯識把『有情』……叫做『相續』」[468]。

其次，生活具有情感的價值。所謂「禮做於情」，原始儒家便已指明「情的禮化」，這一方面就是化情為禮，另一方面也是「禮的情化」，禮「生」於情也。進而，從情感到文化，從儒家角度看，就是從「情」到「禮」的融化。

再次，生活具有文化的價值。所謂「人文化成」即是此義，這是情禮合一的結果。這就是儒家為何始終走「禮樂教化」之途，它來自「禮樂相濟」之悠久傳統的積澱。文化作為一種生活，乃是群體性的生活方式。

簡而言之，從「性」、「情」到「文」，構成了生活價值的基本維度，生活美學也涵蓋了從「自然化」、「情感化」到「文化化」的過程。

由此而來，根據價值的分類，生活美學也就此可以三分：

其一就是「生理的」生活美學，這是關乎廣義之「性」的，如飲食、飲茶、交媾等等，飲茶在東方傳統當中成了不折不扣的「生活的藝術」，所以才有「茶道」的藝術。

其二是「情感的」生活美學，這是關乎廣義之「情」的，交往之樂趣就屬此類，如閒居、交遊、雅集、人物品藻等等，這些在中國古典文化當中都被賦予了審美化的性質。

其三才是「文化的」生活美學，這是關乎廣義之「文」的。在文化當

---

[468] 梁漱溟：《東西文化及其哲學》，商務印書館 1987 年版，第 55 頁。

中，藝術就成了精髓，比如中國傳統的詩、書、畫、印、琴、曲，但是文化在古典中國亦很重要，園林苗圃之美、博弈遊藝之美、遊山玩水之美都是如此。

追本溯源，「人之所以不是非人（non-man），那是由於他們已經創造出了藝術想像力，這種藝術想像力是與語言和其他模式化形式的使用緊密相關的，而且隨意表現出來，例如音樂與舞蹈。」[469] 這意味著，藝術化的生活，也是人類區分於動物的重要差異。

動物不能創造藝術，也不能生成文化，馬戲團的大象進行「繪畫」那是訓練師進行生理訓練的結果。動物不能創造藝術，這是無疑的，至於動物能否審美，動物學家曾觀測到大猩猩凝視日落的場景，但是目前還難以得到科學上的證明。

人類是「審美的族類」，是「藝術的種族」，從而與動物根本拉開了距離，能夠審美地活、審美地生！

中國的「生活美學」，恰恰回答了這樣的問題：我們為什麼要「美地活」？我們如何能「美地生」？

所以說，我們也是在找回「中國人」的生活美學，這是由於，要為中國生活立「心」！立「美之心」！

---

[469] Edmund Leach, Social Anthropology, Fontana，1982，p.108.

後記
為當代人找回「生活美學」

—— 《中國科學報》劉悅笛訪談錄

《中國科學報》：

您一直倡導「生活美學」，這個概念的內涵是什麼？

劉悅笛：

簡單說來，我所提出的「生活美學」，就是一種回歸生活的新美學，它力主審美活動回到現實世界。美是從生活中生長出來的，不是超逾生活並與生活絕緣的存在。美學不是高頭講章，理論是灰色的而生活之樹長青，要到生活本身那裡去尋美的根源。我在 2001 年形成了這種主張，所以它是新世紀的新美學，2005 年我的《生活美學》為開門之作。[470]

美學要回到廣闊生活，生活要與審美聯通，那麼，生活美學就要著力發掘生活世界的審美價值，提升生活經驗的審美品格，增進當代公民的人生幸福。美是讓人「樂活」的，美的過程就是一種健康與可持續的生活方式，美的體驗正是衡量這種生活品質的感性指標。然而，這種貼近生活本源的樂活方式，還有「藝活」的更高形態，由此進入美境，方能助人走向藝術化的生活。樂活偏重身體，藝活側重於心靈，從樂活到藝活之昇華，便能塑造出身心合體的人生審美境界。

目前，從全球到中國的美學界，都在實現著一種生活論轉向。2011 年

---

[470] 劉悅笛：《生活美學 —— 現代性批判與重構審美精神》，安徽教育出版社 2005 年版。

的《生活中的美學》一書我所打出的推介詞就是：全球的生活美學，美學的中國生活。美學從原本關注藝術，進而聚焦環境，到如今則回到生活了。[471] 今年我又與國際美學協會主席柯提斯・卡特在英國劍橋學者出版社主編了新書《生活美學：西方與東方》（*Aesthetics of Everyday Life：West and East*），更是將中國的生活美學智慧推舉到了國際的舞臺。[472]

《中國科學報》：

當代社會生活中有很多不美的因素和現象，面對這類現象該如何應對？

劉悅笛：

面對這種現象，我們要在全社會倡導一種「公民生活美學」！我認為，審美不僅是一種文明素養，而且，也是一種文化人權。當今中國理應倡導「公民美育」與「社會美育」來保護文化的成長。

「公民美育」是說，審美能力應該成為公民的基本素質之一，審美本身也是一種人權，屬於人的最基本的權力。《世界人權宣言》的第 27 條就說：「人人有權自由參加社會的文化生活，享受藝術，並分享科學進步及其產生的福利。」根據這一基本原則，審美也可以被看作是一種文化人權。但沒有相應的審美素質的人群，即使面對好的文化藝術也不能參與其中，這就需要在保證審美作為人人分享的權利的同時，推動民眾的審美文明基本素養之培養。

同樣，「社會美育」的基本訴求是，要求審美成為衡量社會發展的感性尺度，就像保護環境只是個倫理訴求，但是環境是否美化則是更高級的標準，審美是社會發展的高級尺度與標竿。審美不僅可以成為衡量環境優

---

[471] 劉悅笛：《生活中的美學》，清華大學出版社 2011 年版。

[472] Liu Yuedi and Curtis L.Carter eds., Aesthetics of Everyday Life：West and East, Cambridge Scholar Press，2013.

劣的高級標準，而且也成為衡量我們日常生活品質的中心標準。讓世界更美好，成為當代美學家們內在的基本籲求。然而，當美學家們都承認美學擁有改變世界的能量之時，他們的潛臺詞都是在說：並不是所有的生活都可以使得世界變得更加美好，審美化的生活才能成為改變世界的高級標尺。審美不僅可以作為社會進步的標尺，同樣也是生活品質的基本標準。

《中國科學報》：

如何增加我們生活中的審美因素，美化我們的生活？

劉悅笛：

我給每個公民的建議就是，要做「生活藝術家」。做我們自己的生活藝術家，就是要像藝術家創造藝術品一樣去創造自己的生活。更簡單地說，生活藝術家是將人生作為藝術，而不是為藝術而藝術，他們絕對不是職業藝術家，但卻可以用藝術與審美的態度去對待人生與社會。這就要求，我們要積極地向感性的生活世界開放，要善於使用藝術技法來應對生活，要將審美觀照、審美參與、審美創生綜合起來，以完善我們的生活經驗。給藝術家以「生活」這樣的字首，就是在將藝術「向下拉」的同時，將生活「向上拉」。只有成了「生活的」藝術家，生活才能成為藝術家般的生活，只有成為生活的「藝術家」，藝術與審美才能回到生活的原真狀態。

對於中國的普通民眾而言，誰不想生活得更美好呢？所謂美好的生活，我覺得起碼應包括兩個維度，一個就是「好的生活」，另一個則是「美的生活」。好的生活是美的生活的現實基礎，美的生活則是好的生活的高度昇華。好的生活毫無疑問就是有「品質」的社會，所謂衣食住行用的各個方面都需要達到一定水準，從而滿足民眾的基本物質需求；而美的生活，則有更高的標準，因為它是有「品質」的生活，民眾在這種生活方

後記　為當代人找回「生活美學」

式當中要獲得更多的審美享受。有品質的生活，實際上，最終便指向了幸福的生活。人的幸福其實就是個大美學問題，也就是生活美學問題。「美者優存」成了生活美學的基本規定，不斷增長的審美價值，的確成了提升生活品質的內在動力，同時也是生活品質的外化標準。

《中國科學報》：

當代中國人的審美與中國古典美學傳統相比發生了哪些變化？

劉悅笛：

中國的生活美學傳統是個始終未斷裂的傳統，就像制度儒家與理論儒學在 20 世紀被屢次顛覆，而生活儒學仍存在於百姓日用之內而不知那樣。中國古典美學就是原生態的生活美學傳統，從而形成了一種「憂樂圓融」的中國人的生活藝術。從詩情畫意到文人之美，從筆硯紙墨到文房之美，從琴棋書石到賞玩之美，從詩詞歌賦到文學之美，從茶藝花道到居家之美，從人物品藻到鑑人之美，從雅集之樂到交遊之美，從造景天然到園圃之美，從歸隱山林到閒遊之美，從民俗節慶到民藝之美，都屬於中國傳統生活美學的拓展疆域。

但不可否認，古典美學傳統在當代還是得到了現代轉換。首先從審美主體看，傳統的文人審美與民俗審美在而今轉化為大眾的審美，傳統社會階層造就了雅俗分賞的格局，當今大眾與菁英文化則在逐漸融合。其次從審美媒材看，農業社會的審美載體經過了工業革命後，而進入電子時代，如今使用新媒體技術的人們，可以下載網路鋼琴來演奏，下載譜曲器來編曲，下載美術館圖片來欣賞，生活美育正在轉變為在大眾身邊的自我培育。最後從審美對象看，前面兩點就決定了當代人所喜愛的人工世界與自然宇宙已全然不同以往了。

《中國科學報》：

當代中國人該如何建設一個良好的審美心態和審美眼光？其中古典美學能造成什麼樣的作用？

劉悅笛：

答案就在於，我們如何打造每個人自己的生活美學，如何共同創造公民們共同的生活美學。中國古典美學的延續與繼承，恰恰決定了我們的生活美學是「中國人」的生活美學，生活美學的傳統要在當今得到創造性轉化。由此出發，我們才能走向一種審美化的文明生態，從而達到人與自然、社會、他人之間的和諧共處，達到人類、社會與自然之間的和諧共進！

風月無邊——中國古典生活美學：

儒家美學 × 道家哲學 × 禪宗實踐，靜觀生活的美，古代文人日常融入現代文化

作　　　者：劉悅笛，趙強

發　行　人：黃振庭

出　版　者：崧燁文化事業有限公司

發　行　者：崧燁文化事業有限公司

E - m a i l：sonbookservice@gmail.
com

粉　絲　頁：https://www.facebook.
com/sonbookss/

網　　　址：https://sonbook.net/

地　　　址：台北市中正區重慶南路一段
61 號 8 樓

8F., No.61, Sec. 1, Chongqing S. Rd.,
Zhongzheng Dist., Taipei City 100, Taiwan

電　　　話：(02)2370-3310

傳　　　真：(02)2388-1990

印　　　刷：京峯數位服務有限公司

律 師 顧 問：廣華律師事務所 張珮琦律師

定　　　價：420 元

發 行 日 期：2024 年 06 月第一版

◎本書以 POD 印製

Design Assets from Freepik.com

國家圖書館出版品預行編目資料

風月無邊——中國古典生活美學：
儒家美學 × 道家哲學 × 禪宗實踐，
靜觀生活的美，古代文人日常融入
現代文化 / 劉悅笛，趙強 著 . -- 第
一版 . -- 臺北市：崧燁文化事業有限
公司 , 2024.06
面；　公分
POD 版
ISBN 978-626-394-396-4(平裝)
1.CST: 生活美學 2.CST: 中國美學
史
180.92　113007801

電子書購買

爽讀 APP

臉書